Die Riviera von Genua bis La Spezia

Cinque Terre
und ligurische Küste

Christoph Hennig

OASE

© 13. überarbeitete Aufl. 2001
Oase Verlag
Postfach 344
D-79410 Badenweiler
Tel. 07632/7460
Fax 07632/5098
www.oaseverlag.de

Herstellung: Stiehler, Denzlingen
Alle Angaben ohne Gewähr!

ISBN 3-88922-062-2

Inhalt

Von Genua bis Sestri Levante

Die 'Kleine Cinque Terre' Zwischen Sestri Levante und Levanto

Wanderungen außerhalb der Cinque Terre

Die Italiener, das fröhliche Volk

Die Ligurische Küste von A bis Z

Ausgewählte Oasen

Index

Geheimtip - immer noch?

CINQUE TERRE - viele haben noch nie davon gehört, wo liegt denn diese merkwürdige Gegend und wie spricht man das überhaupt aus? Andere fahren schon seit Jahren hin, haben Bekannte, Stammkneipen, Lieblingsfelsen in Monterosso oder Manarola. Inzwischen hat es sich herumgesprochen: Die Cinque Terre (Aussprache: 'Tschinque Terre', Bedeutung: wörtlich 'fünf Länder', hier eher 'fünf Orte') sind ein ideales Gebiet für Wanderer, Romantiker, Liebhaber unberührter Landschaften und 'unverfälschter' alter Dörfer. Lange Zeit war die Region im äußersten Süden der ligurischen Riviera nur mit der Bahn, dem Schiff oder zu Fuß erreichbar. Inzwischen führen kurvige Stichstraßen zu den Orten; die sind aber nur so mühselig zu befahren, daß die Cinque Terre weitgehend autofrei geblieben sind - Inseln der Seligen im europäischen Meer des Verkehrslärms und -gestanks.

Noch ungewöhnlicher: An der Cinque-Terre-Küste gibt es keine Zersiedlung und keine unschönen Neubauten. Von Bauspekulation und Naturzerstörung, die anderswo im Mittelmeerraum gewütet haben, blieb die Gegend vollständig verschont. Ein Wunder in einem Land, in dem das Gesicht fast alle Küstenorte von den Warzen und Eiterbeulen einer schamlosen 'modernen' Architektur verunstaltet werden. Auf meinem Schreibtisch liegen die Reproduktionen einiger Stiche aus einem genuesischen Atlas von 1773. Sie entsprechen bis in die Details den neuesten Luftaufnahmen der Cinque Terre. Straßen, Wege und Dorfanlagen haben sich in mehr als 200 Jahren kaum verändert.

Das Landschaftsbild blieb in einzigartiger Weise erhalten. Es ist ein faszinierendes Bild: Steil fallen die Hänge zum Meer hin ab, hoch am Berg führen schmale Wege durch Weinterrassen und Olivenhaine, die farbigen Häuser der Orte drängen sich in schmalen Buchten aneinander, eine üppige subtropische Vegetation blüht fast das ganze Jahr - schon im Februar wandert man über Blumenwiesen und unter leuchtend gelben Mimosen. Als Wandergebiet ist diese Region einzigartig. Nirgendwo in Italien existiert ein solch dichtes Netz markierter, gut erhaltener Fußwege, und die Landschaft begeistert immer wieder neu. Das hat sich allerdings herumgesprochen - mit problematischen Folgen: Mittlerweile drängen sich auf den Maultierpfaden der Cinque Terre Fußgänger aus aller Welt, und in den Gassen von Vernazza oder Manarola wird es manchmal vor lauter Besuchern ganz schön eng.

Weil man mit dem Auto nicht hinkam, haben Bauspekulation, Zweithauswelle und Tourismusboom die Gegend bis in die siebziger Jahre links liegen gelassen. Anderswo gab's fettere Beute für die Landschaftsfledderer, die in zwei Jahrzehnten den größeren Teil der Meeresufer Italien verwüstet haben. Dann aber war's hier zu spät für den großen Kahlschlag: Das Umweltbewußtsein war gewachsen, die Einzigartigkeit dieses landschaftlich unversehrten Gebiets nicht mehr zu verkennen. Das Wahnsinnsprojekt einer Panoramastraße durch die Dörfer wurde rechtzeitig gestoppt, die Cinque Terre bleiben architektonisch und landschaftlich im wesentlichen, was sie waren: fünf Dörfer an einer der schönsten Küsten Europas, fast ohne Autoverkehr, durch traumhafte Fußpfade miteinander verbunden.

FÜR DEN MASSENTOURISMUS sind die Cinque Terre zu unwirtlich. Sie bieten nur wenige Strände, eine geringe Hotelkapazität, keine ausgebauten Zufahrtsstraßen, keine Diskotheken, Surfschulen, Minigolfplätze und dergleichen Riesenspielzeug mehr. Völlig langweilig - wenn einem Berge, Meer, Essen, Gespräche, Ausruhen, Wanderungen nicht genügen... So hielten sich früher immer nur wenige Reisende hier auf, vorwiegend Wanderer, im Sommer auch einige Badeurlauber. Als erste Ausländer kamen in den siebziger Jahren Schweizer, bald darauf auch Deutsche. Aber die Region blieb ein 'Geheimtip'. Als solcher wurde (und, man staunt, wird sie immer noch) in schöner Regelmäßigkeit in Reisereportagen vorgestellt. Bald avancierte sie zum *bekanntesten Geheimtip Italiens,* und wie es mit Insidertips so läuft: Irgendwann bilden die Insider die Mehrheit. Der Andrang wurde ständig größer, und als Mitte der neunziger Jahre auch die *New York Times* die Gegend 'entdeckte', waren die Cinque Terre endgültig eine Attraktion von Weltrang. Andere amerikanische Zeitungen, Fernsehsender und Reisebücher zogen nach, heute gehören Monterosso und Vernazza zum Europaprogramm vieler Tausend Reisender aus den USA.

LANGER REDE KURZER SINN: Die Cinque Terre sind traumhaft schön, aber manchmal einfach zu voll. Wenn an Ostern und an sonnigen Frühjahrs- und Herbstwochenenden die Urlauber an den Engpässen der Wanderpfade Schlange stehen, wenn die Bummelzüge zwischen den Dörfern von italienischen Schulklassen und deutschen Wanderern umkämpft werden, wenn wieder einmal die Bahn zuviele Gäste auf einmal auf dem Bahnhof von Vernazza ausgespuckt hat und die Gruppen sich durch die schmale Hauptgasse zum Hafen wälzen - dann fühlt man sich fehl am Platze. War man nicht in die Cinque Terre gefahren, um Ruhe, Idylle und italienisches Alltagsleben zu finden?

Keine Angst: Man findet das alles noch immer. Um dem Gedränge zu entgehen, braucht es aber mittlerweile etwas Planung. Die allseits beliebte Hauptroute aller Cinque-Terre-Touristen muß man ja nicht unbedingt am Wochenende gehen, und seinen Cappuccino trinkt man am Ostersonntag besser in irgendeinem Bergdorf als am Hafen von Manarola. Warum nicht einmal die abgelegene, traumhafte Tour von Lavagna nach Sestri Levante wandern statt immer nur zwischen Monterosso und Riomaggiore; warum nicht in Pignone essen oder in Moneglia schlafen statt in Manarola und Vernazza? Das sind nun allerdings keine 'Geheimtips'. Es geht nicht um das illusionäre Ziel, irgendwo der erste oder einzige Tourist zu sein - sondern vielmehr um ganz einfache, vernünftige Strategien, sich den

Urlaub so angenehm wie möglich zu machen. Dafür wurde dieses Buch geschrieben. Es soll helfen, gute Restaurants, schöne Hotels und angenehme Wanderwege zu finden. Und es möchte ein wenig Hintergrundwissen vermitteln für Reisende, die sich für Lebensformen, Probleme und Traditionen ihres Reiseziels interessieren.

Allerdings ist das *Wissen* für das Erleben der Cinque Terre nicht das Wichtigste. Hier gibt es, anders als in der benachbarten Toskana, keine großen kulturellen Sehenswürdigkeiten; hier geht es kaum darum, zu lernen und sich zu bilden. Einfach nur dasitzen, schauen, gehen, essen, baden - es sind sehr einfache Dinge, mit denen man den Cinque Terre nahekommt. Vielleicht ist das ihr größter Reiz: Sie fordern keinerlei Anstrengung - außer der Entscheidung, auf jede Eile zu verzichten.

Kleine Gebrauchsanweisung für dieses Buch

DIESES BUCH ist in erster Linie für Leser gedacht, die ihren Urlaub in den Dörfern der Cinque Terre und ihrer näheren Umgebung von Levanto bis Moneglia verbringen. Es soll aber auch für Reisende nützlich sein, die sich in einem der Badeorte der Riviera di Levante zwischen Genua und Sestri niederlassen - auch für dieses Gebiet werden Hotels, Restaurants und Wanderungen detailliert beschrieben; allerdings fallen die Ortsschilderungen knapper aus, und es fehlen die ausführlichen Hintergrundkapitel des Cinque-Terre-Teils.

Der erste Hauptteil 'Fünf Dörfer aus dem Mittelmeer-Bilderbuch' beschreibt die Cinque-Terre-Dörfer und ihre (kleinen) Sehenswürdigkeiten. Unterkunftsmöglichkeiten und Restaurants, Wanderwege, Badestrände und Ausflugsmöglichkeiten werden hier jeweils in einem eigenen Abschnitt für das gesamte Gebiet zusammengefaßt - die Orte liegen so nah beieinander, daß es mir nicht sinnvoll erschien, weitere Unterteilungen vorzunehmen. Es folgen Texte über Geschichte, Kunst, Pflanzenwelt und soziale Verhältnisse der Cinque Terre; vieles von dem, was hier gesagt wird, trifft auch auf die benachbarten Orte der Riviera zu. Eine zentrale Rolle für die zugleich 'künstliche' und 'ursprüngliche' Cinque-Terre-Landschaft nehmen Probleme des Natur- und Umweltschutzes ein; sie werden in zwei weiteren Abschnitten dargestellt.

'Die Küste von Genua bis Levanto', 'Portovenere' und 'La Spezia' - neuerlich ein weitgehend praktischer Teil mit handfesten Informationen, die, anders als bei der Beschreibung der Cinque-Terre-Dörfer, Ort für Ort gegeben werden (Restaurants und Hotels stehen direkt im jeweiligen Ortstext).

11

Es folgt 'Die große Wanderung von Genua bis Porto-venere', mit genauen Wegbeschreibungen und praktischen Hinweisen, danach einige Wanderungen am Vorgebirge von Portofino.

Das letzte Kapitel 'Die Italiener, dies fröhliche Volk' soll das harmonische Italien-Bild, das die Ferienorte unseren empfänglichen Sinnen geben, ein wenig ankratzen.

Reiseplanung

FRÜHLING - SOMMER - HERBST ODER WINTER? Man kann zu jeder Jahreszeit in die Cinque Terre fahren - und zu jeder Zeit Glück oder Pech mit dem Wetter haben. Entgegen der landläufigen Auffassung scheint in Italien keineswegs immer die Sonne - obwohl sie zugegebenermaßen erheblich häufiger scheint als nördlich der Alpen, und in Ligurien nochmals erheblich mehr als in der Po-Ebene oder der Toskana. Mit fünfundneunzigprozentiger Sicherheit kann man auf gutes Wetter nur zwischen Mitte Juni und Mitte September rechnen; aber leider ist es gerade im Hochsommer ziemlich unerträglich heiß und an der Küste ziemlich unerträglich voll, und nie im Jahr ist das Licht so unschön: dunstig, verschwommen, milchig...

Für alle anderen Jahreszeiten gibt es keine sicheren Prognosen - aber eine ziemlich hohe Gutwetter-Wahrscheinlichkeit. Ein geographisches Standardwerk über Italien schreibt, es gäbe „von Jahr zu Jahr und von Ort zu Ort derartig große (Wetter-) Unterschiede, daß langjährige Durchschnittswerte weniger Stationen so gut wie nichts über den zu erwartenden Witterungsverlauf eines Einzeljahres aussagen." (F. Tichy, Italien, Darmstadt 1985). Ist mir aus der Seele gesprochen! Im Mai kann 's regnen, im Dezember oder Februar geht man manchmal im Hemd spazieren. Mit diesem Vorbehalt also nun ein kleiner Überblick über den Jahresablauf und die Wetterchancen. Dabei kommt dann - trotz allem - auch die Statistik zu ihrem Recht.

Frühjahr: Zu Recht eine - vor allem bei Wanderern - sehr beliebte Reisezeit. Die Temperaturen sind zwischen Mitte März und Mitte Juni zum Wandern meist optimal, es herrscht eine wunderbare Frühjahrsblüte (Höhepunkt im Mai und Juni). Die zwei Nachteile: Erstens verhält sich das Wetter nicht immer so, wie man es von einem anständigen Mittelmeerfrühling erwartet - neben langen Schönwetterperioden gibt es oft auch kühlere Phasen und Regenzeiten. Erst ab Anfang Juni kann man sich auf die Sonne meist ziemlich verlassen. Zweitens sind zwischen Ostern und Ende Mai dauernd viele Urlauber in den Cinque Terre unterwegs, vor allem an Feiertagen und sonnigen Wochenenden wird es knallvoll!

Die letzten beiden Märzwochen sind oft eine fast ideale Reisezeit für Wanderer - die Frühjahrsblüte ist in vollem Gang, die Temperaturen sind zum Wandern angenehm, es geht noch ruhig zu. Die touristische Saison beginnt meist eine Woche vor Ostern, spätestens in der ersten Aprilhälfte. In der Osterwoche herrscht Hochbetrieb, bei schönem Wetter sind die Orte und beliebtesten Wege vollständig von italienischen Ausflüglern überfüllt. Der große Andrang wiederholt sich in der Woche zwischen 25. April und 1. Mai (beides italienische Feiertage).

Nordsee-Erprobte baden ab Mai, weniger Abgehärtete ab Juni. Im Mai und Juni ist die schönste Blütezeit, überall duften die Kräuter der Macchia, an den Wegen strahlen Ginster und Spornblumen, Anemonen, Traubenhyazinthen, wilde Gladiolen, Orchideen und viele andere Pflanzen. Im Juni geht es ruhiger zu - der ideale Monat für einen Badeurlaub, in der ersten Monatshälfte auch noch zum Wandern gut geeignet, wenn man die heißesten Stunden des Tages vermeidet.

Sommer: Von Mitte Juni bis Mitte September ist es zum Wandern meist zu heiß; allenfalls kann man am Morgen und am späten Nachmittag losziehen. Für den Badeurlaub ist die zweite Junihälfte optimal, die erste Julihälfte noch gut geeignet; danach beginnen allmählich die ganz große Hitze (Tageshöchsttemperaturen um 30 °C) und der sommerliche Andrang vorwiegend italienischer Feriengäste. Ab Mitte Juli und besonders im August wird es an der Küste oft sehr voll und sehr unruhig.

Herbst: Ab Mitte September kann man gewöhnlich wunderbar wandern. Meist ist es noch recht warm (Tageshöchsttemperaturen noch im Oktober im Schnitt um 20 °C); die Badesaison dauert bei gutem Wetter bis Ende Oktober. Im September und der ersten Oktoberhälfte sind allerdings wieder besonders viele Wanderer unterwegs. Ab Mitte Oktober geht es etwas ruhiger zu; nur die Kellner und Hoteliers sind nach der langen Saison ziemlich gestreßt.

Winter: Wer in den Cinque Terre mit den Einheimischen fast allein sein möchte, muß zwischen November und Mitte März fahren. Dann ist die Gegend fast touristenfrei (viel Betrieb herrscht nur um Weihnachten und Neujahr). Die meisten Hotels und Restaurants sind allerdings geschlossen. Wenn die Sonne scheint (ziemlich oft), ist es traumhaft schön; man genießt die weitesten Blicke im Jahr, oft sieht man bis zu den verschneiten Bergen westlich von Genua. Das Licht ist fantastisch, im dunklen Laub glüh'n die Goldorangen (Goethe hatte sich das sehr richtig vorgestellt, sie 'glühen' wirklich!), auch die Zitronen und Kakifrüchte leuchten von den Bäumen. Ab Januar blühen die Mimosenbäume, im Februar auch Kamelien, Veilchen und Rosmarin. Die Temperaturen sind vergleichsweise hoch, bei Sonne wird es oft richtig warm. Nicht umsonst war die Riviera (wie die französische Côte d'Azur) früher ein Winter-Reiseziel. Allerdings: Eine Wettergarantie gibt es nicht, wenn man Pech hat, friert man bei Regen im schlecht geheizten Hotelzimmer.

Statistische Wetterdaten: Durchschnittliche tägliche Höchsttemperaturen 10 °C (Januar) - 14 °C (November/ März); nur an etwa fünf Tagen im Jahr sinkt das Thermometer unter Null; die tiefste je an der Riviera gemessene Temperatur betrug minus 3,3 °C. Die Regenmenge ist etwa gleich hoch wie im April, Mai oder September.

Anreise

Mit der Bahn

Wer außer den Cinque Terre bzw. der Riviera keine weiteren Ziele ansteuert, kann das Auto getrost zu Hause lassen und mit der Bahn fahren: billiger und bequemer. Die Cinque Terre sind mit dem Zug sehr gut, mit dem Auto nur mühselig zu erreichen. Bahnfahren ist in Italien nach wie vor preisgünstig. Und die Orte der Riviera sind untereinander durch Züge im Stundentakt verbunden - fast ein Vorortsverkehr. Das Auto bringt da nur Nachteile.

■ **Günstigste Zugverbindungen**: Zahlreiche *Euro-City*-Züge aus Deutschland und der Schweiz nach Mailand; dort umsteigen Richtung Genua (fast jede Stunde ein Anschlußzug); in Genua weiter Richtung La Spezia (ebenfalls fast stündlich). Täglich eine Direktverbindung Stuttgart-Zürich-La Spezia. *Nachtzüge* Köln-Mailand; München-Genua.
Fahrzeit Basel-Monterosso rund neun Stunden, Fahrpreis ohne Zuschläge um 80 Euro (einfache Fahrt 2. Klasse). München-Monterosso rund elf Stunden, Fahrpreis um 65 Euro.

■ **Autoreisezüge** verkehren im Sommerhalbjahr zwischen Hamburg/Hannover/Köln/Neu-Isenburg und Verona bzw. Livorno.

- **Achtung in den Nachtzügen**: Vor allem zwischen Como und Mailand, aber auch auf anderen Strecken sind immer wieder Diebesbanden tätig, die in Liege- und Schlafwagen klauen. Deshalb unbedingt die Abteile verriegeln, Wertsachen am Körper tragen und nicht in Taschen und Koffern lassen. Vorsicht ist auch beim Umsteigen in Mailand geboten. Im Bahnhof treiben sich Unmengen von Taschendieben herum. Lassen Sie Ihr Gepäck nicht aus den Augen, bleiben Sie am besten auf den Bahnsteigen.

- Bei längeren Zwischenaufenthalten: Auf den italienischen Bahnhöfen gibt es keine Schließfächer, man liefert das Gepäck stattdessen am *Deposito bagagli* (nur an größeren Bahnhöfen!) ab, das allerdings unverschämt teuer ist: rund 3 Euro pro Gepäckstück und angebrochene 12 Stunden!

Mit dem Auto

- **Anfahrt**: Ab *Basel* über den Gotthard-Lugano- Como-Milano-Genua oder ab *München* über den Brenner-Verona-Modena-Parma-La Spezia.
- **Nach Monterosso, Vernazza, Corniglia**: Von Genua kommend Autobahn-Ausfahrt *Carródano*, dann auf kurvenreicher Strecke über Levanto weiter. Von Parma kommend: nach Monterosso Ausfahrt *Brugnato*; nach Vernazza und Corniglia Ausfahrt *La Spezia*.
- **Nach Riomaggiore und Manarola** fährt man nach *La Spezia* hinein, folgt dann den Hinweisschildern.

- **Autobahngebühren**: Für die Autobahnfahrt durch die Schweiz gibt es die problemlose *40-Franken-Vignette* - gültig fürs ganze Jahr. Italien macht es uns da nicht so einfach, die Autobahngebühren, die auf allen Abschnitten von neuem anfallen (ca. 5 Euro für 100 km), werden an den verschiedenen Mautstellen kassiert, was während der Hauptsaison zu schweißtreibenden Staus führen kann.

Zügiger geht es mit der **Viacard** - erhältlich im Wert von 50.000, 100.000, 150.000 Lire an allen Grenzübergängen, großen Raststätten, beim ADAC, beim italienischen ACI und direkt an den Mautstationen. Der Vorteil der Viacard: Es gibt an vielen Zahlstellen Extraspuren (meist herrscht hier weniger Andrang), wo die Beträge automatisch von der Karte abgebucht werden. Falls keine Extraspur vorhanden ist, wird am normalen Kartenhäuschen abgebucht. Allerdings sollten Sie immer auf ausreichende Deckung achten, denn mit Bargeld aufzahlen ist nicht möglich (hilfreich eine zweite Viacard).

→ **Achtung**: Auf den Autobahnraststätten und Parkplätzen in größeren Städten (Mailand oder Genua) sollte man das Auto nie (auch nicht für kurze Zeit) unbewacht stehen lassen. Autos werden schnell und gründlich aufgebrochen. In kleinen Orten ist das Risiko gering.

■ **Parken** ist in allen Cinque-Terre-Orten teuer. Gebührenfreie Parkplätze finden sich auch im weiteren Umkreis der Dörfer kaum, pro Tag muß man mit 10 Euro Parkgebühren rechnen. Falschparken lohnt nicht, die Ortspolizisten kontrollieren häufig und verteilen freigiebig Strafzettel.

■ **Camper und Wohnwagen** dürfen von Mai bis September in keinem der Cinque-Terre-Orte stehen. (Wohnwagen kommen vermutlich sowieso nur mit sehr begabten Fahrern die Straßen herunter.)

→ Im Gebiet der Cinque Terre gibt es **keine Tankstellen**!

- **Schnellste und teuerste Anreisemöglichkeit:** Mit dem Flugzeug bis Genua oder Pisa, ab dort mit dem Zug.

Papiere, Geldwechsel, Ausrüstung

- **Für den Grenzübertritt** benötigen Reisende aus EG-Ländern zumindest theoretisch keinen Ausweis mehr, in ital. Unterkünften wird man aber ohne Papiere (Paß, Personalausweis oder Führerschein) nicht aufgenommen. Für Autofahrer ist die Grüne Versicherungskarte empfehlenswert.

- **Die Umtauschgebühren** sind im allgemeinen auf italienischen Banken etwas niedriger als auf den deutschen. Am günstigsten ist die Abhebung am Bankautomaten mit Karte und persönlicher Geheimnummer.

- **Sinnvoll für Wanderer:** eine Kopfbedeckung (gerade in der heißeren Jahreszeit - die Sonne knallt ganz schön aufs Hirn!) sowie stabile und gut eingelaufene Wanderschuhe, die auf den oft steinigen Pfaden unerläßlich sind.

Unterkunft

Das Hotelangebot in den Cinque-Terre-Orten ist relativ
klein und vergleichsweise teuer; in allen Dörfern mit Ausnahme von Monterosso kommt die Mehrzahl der Gäste in
privat vermieteten Ferienzimmern und -wohnungen unter.
Camper müssen in die Nachbarorte ausweichen - in den
Cinque Terre gibt es keinen Campingplatz (vgl. Hinweise
am Schluß dieses Abschnitts).

Im nördlich an die Cinque Terre angrenzenden Gebiet
zwischen Levanto und Moneglia sind die Hotelpreise durchschnittlich niedriger und der Andrang im Frühjahr und
Herbst geringer. Diese Orte kommen daher gut als Standquartier infrage, zumal man von dort die Cinque Terre mit
dem Zug schnell erreicht.

Hotels

werden in Italien durch die staatlichen Tourismusbehörden
klassifiziert (einer bis fünf Sterne). Für jede Unterkunft
werden Maximalpreise festgelegt, die von Ort zu Ort stark

variieren können - ein Drei-Stern-Haus in Santa Margherita ist viel teurer als ein entsprechendes Hotel in Bonassola. Die Höchstpreise müssen im Hotel ausgehängt sein und dürfen vom Hotelier nicht überschritten werden!

Bei den Hotelempfehlungen dieses Buchs gebe ich nicht die Sterne der offiziellen Einteilung an, sondern unterscheide nach Preisgruppen:

°	Doppelzimmer mit Bad und Frühstück bis 60 Euro, Einzel bis 40 Euro
°°	Doppel 60-90 Euro, Einzel 40-60 Euro
°°°	Doppel 90-140 Euro, Einzel 60-90 Euro
°°°°	Doppel ab 140 Euro, Einzel ab 90 Euro

Logischerweise steigt gewöhnlich mit dem Preis auch das Komfortniveau; sofern beides auffällig auseinanderklafft, gebe ich das im Text an.

In vielen Hotels variieren die Preise im Laufe des Jahres; der Unterschied zwischen Neben- und Hauptsaison (manchmal auch zwischen preiswerteren und teureren Zimmern - z.B. mit Meerblick - im selben Hotel) kann erheblich sein! In diesen Fällen gebe ich die Durchschnittspreise im Frühjahr oder Herbst an. Im Juli und August nötigen viele Hotels die Gäste zur Halbpension, dadurch steigt der Preis entsprechend.

- Das **Frühstück** im Hotel ist vor allem in den Ein- und Zwei-Stern-Häusern für mitteleuropäische Ansprüche oft kümmerlich. Hotels der gehobenen Kategorien stellen sich eher auf die Wünsche ausländischer Kunden ein und bieten oft ein ordentliches Frühstücksbuffet. Wenn's geht, reservieren Sie ohne Frühstück, und überzeugen Sie sich erstmal durch Augenschein, ob das Hotelfrühstück lohnt. In vielen Fällen sind Cappuccino und Hörnchen in der nächsten Bar die bessere Wahl.

Auch die **Halbpension** sollte man möglichst vermeiden, solange man über die Qualität der Hotelküche nicht sicher ist. In vielen Häusern wird mittelmäßig bis schlecht gekocht.

- **Viele Hotels schließen von November bis März.** Im August sind die meisten Häuser langfristig ausgebucht. Auch an manchen sonnigen Frühjahrs- und Herbstwochenenden, wenn sich Mailand und Turin ans Meer schieben, meldet die Küste *tutto completo.* Während der Boots-Messe *(Salone Nautico)* in Genua (gewöhnlich in der zweiten Oktoberwoche) sind die Hotels zwischen Genua und Sestri Levante häufig ausgebucht.

- **Die Wirte sind verpflichtet,** am Ende des Aufenthalts eine offizielle Rechnung *(ricevuta)* auszustellen - und der Gast ist verpflichtet, diese beim Auszug aus dem Hotel mit sich zu führen. Andernfalls machen sich beide einer Ordnungswidrigkeit schuldig! (Mit diesen skurrilen Regelungen möchte der italienische Staat, in ständigem Kampf gegen seine findigen Untertanen, die Steuerhinterziehung einschränken.)

Unterkunft vorbestellen

In manchen Perioden empfiehlt es sich, sein Bett im voraus zu reservieren. Ich erinnere mich mit leichtem Schauder an ein September-Wochenende, an dem ich spätabends noch anderthalb Stunden bis Viareggio fahren mußte, weil nicht nur in den Cinque Terre, sondern im gesamten Umkreis kein Zimmer zu finden war.

Vorbestellung ist sinnvoll vor allem: im Juli und August; an Weihnachten, Ostern und Pfingsten; im Zeitraum zwischen 25. April und 1. Mai (beide Daten sind in Italien gesetzliche Feiertage); an Wochenenden im Mai/Juni oder September/Oktober - bei schönem Wetter sind dann nämlich die Mailänder, Turiner und Genuesen zu Tausenden an der Küste unterwegs. Vorbestellungen sind schriftlich oder telefonisch möglich. Auf eine telefonische Bestätigung ist Verlaß, wenn man nicht nach der vereinbarten Zeit (meist 18 oder 20 Uhr) ankommt. Bei schriftlicher Vorbestellung an die recht langen Postlaufzeiten (oft 5 bis 10 Tage) denken! In den Hotels der höheren Kategorien wird im allgemeinen deutsch oder englisch verstanden, in den anderen Hotels meist nur italienisch.

Als Anschrift reicht der Hotelname und die Ortsangabe - bei den Cinque-Terre-Orten gefolgt von '(Prov. La Spezia)'.

Möglicher Brieftext: *„Egregi Signori, vorrei prenotare una camera (due camere) singola (a due letti; matrimoniale) (con bagno) dal ...... al .... Sarei grato di una Vs. gentile conferma. Ringraziando, porgo distinti saluti.“*

„Sehr geehrte Damen und Herren, ich möchte ein Zimmer (zwei Zimmer), Einzelzimmer (Zweibettzimmer, Zimmer mit Ehebett) (mit Bad) vom .... bis .... reservieren. Ich bitte um eine Bestätigung der Reservation. Mit bestem Dank und freundlichen Grüßen.“

Die Antwort müssen Sie dann selbst entschlüsseln. (Wenn der Hotelier eine *caparra* wünscht, so ist das eine Anzahlung, am besten per telegrafischer Postanweisung zu zahlen.)

Campen

Das Zelten ist im gesamten Gebiet der Cinque Terre verboten. Am günstigsten weicht man auf die nahegelegenen Campingplätze von Levanto aus. Die landschaftlich reizvollen Plätze in Moneglia und Framura sind zu Fuß nur schwierig, mit dem Auto nur in umständlicher Anfahrt zu erreichen (vgl. Ortstexte).

Auch anderswo an der Riviera di Levante ist das Zelten nicht einfach. Relativ viele Plätze, gibt es nur bei Rapallo, Chiavari und Sestri - meist in unschönen, landschaftlich zersiedelten Gebieten.

Essen und Trinken

DIE RESTAURANTS gehören leider nicht zu den starken Seiten der Cinque Terre. Es gibt reichlich mittelmäßige Lokale, einige schlechte, und wenige - zu wenige -, in denen das Essen wirklich zum großen Vergnügen wird. Um keine Mißverständnisse aufkommen zu lassen: Man wird auch in den mäßigen Restaurants oft seine Freude haben. Italienisches Essen, frischer Fisch, guter Weißwein, die schöne Lage... Aber ganz das Wahre ist es dennoch nicht. Allzu häufig fehlen Engagement und Freude in der Küche, es wird lieblos gekocht und routinemäßig bedient. Ich kann daher nur wenige Lokale der Cinque Terre wirklich empfehlen.

Außerhalb der Cinque Terre findet man an der Küste zum Glück noch einige ausgezeichnete Restaurants! Wo mit Freude gekocht und aufgetellert wird, steht unter dem jeweiligen Ortstext.

Trattoria Carla, S. Bernardo

Die Gänge: Ein ausgiebiges Essen beginnt mit den **Antipasti** (Vorspeisen); da werden z.B. Sardellen in Zitronensaft *(acciughe al limone)* oder verschiedene Zubereitungen von Meeresfrüchten *(Antipasto di mare* oder *Insalata di mare)* verspeist.

- Der **Primo** (erster Gang), mit dem eine gewöhnliche Mahlzeit anhebt, besteht aus Teigwaren, Suppe oder einem Risotto. Neben allen möglichen Nudelgerichten und Risotti mit Seetieren (Muscheln, Scampi, Meeresfrüchten usw.) sind zwei ligurische Spezialitäten besonders zu empfehlen:

Nudeln mit **Pesto-Sauce** sowie **Pansotti** (Panzoti, Panzotti) mit Walnuß-Sauce. Pesto gibt's in nahezu jedem ligurischen Restaurant, die arbeitsaufwendigen Pansotti finden sich seltener. Beide Gerichte sollte man unbedingt ausprobieren. Der *Pesto* ist eine köstliche Sauce aus Pinienkernen, Knoblauch, Käse und Basilikum. (Man kann ihn übrigens ziemlich einfach selbst herstellen, braucht dafür einen kleinen Mörser, in dem man - für vier Personen - eine Handvoll Pinienkerne, eine Knoblauchzehe und eine Handvoll frischer Basilikumblätter zu einer einheitlichen Masse zerstampft. Dann fügt man noch 1 EL geriebenen Parmesan und ebensoviel Schafskäse sowie etwas grobes Salz und reichlich Olivenöl hinzu und verdünnt die Sauce mit etwas Kochwasser der Spaghetti.)

Die Herstellung der *Pansotti* ist demgegenüber ziemlich kompliziert. Es handelt sich dabei um eine Art Ravioli, die mit unseren faden Dosen-Ravioli nichts zu tun haben, sondern mit Ricotta (Weichkäse) und Kräutern gefüllt sind und in einer Walnußsauce serviert werden.

- Unter den **Secondi** (Hauptgerichten) spielt an der ligurischen Küste der Fisch - zumeist auf dem Grill oder im Ofen zubereitet - die Hauptrolle. Allerdings reichen die Fänge der örtlichen Fischer längst nicht mehr aus, um den Bedarf zu decken; vieles von dem, was in den Restaurants auf den Tisch kommt, stammt aus anderen Regionen. Das gilt vor allem für die überall angebotenen Schalentiere.

Krebse, Langusten, Krabben, Scampi kommen nur in seltenen Ausnahmefällen aus Ligurien und sind zudem oft tiefgefroren. In der einheimischen Küche spielen traditionell eher der Tintenfisch *(polpo, sepia)* und die Sardellen *(acciughe)*, daneben auch Muscheln *(muscoli)* eine große Rolle - also preiswertere Meerestiere einer 'armen' Küche.

Fast alle Restaurants bieten Goldbrasse *(orata)* und Seebarsch *(branzino)* an - diese Fische werden in Meerwasser-Zuchtstationen aufgezogen und sind deshalb (relativ) preisgünstig. Einen Seebarsch aus 'freier Wildbahn' wird man allenfalls in Luxusrestaurants bekommen; kaum ein Kunde wäre bereit, die hohen Preise (schon im Fischgeschäft rund 20 Euro fürs Kilo) zu bezahlen. Natürlich schmeckt der 'freilebende' Fisch besser; schließlich nährt er sich von Meeresgetier und nicht von Fertigfutter wie seine gezüchteten Artgenossen.

Häufig angebotene Fischgerichte sind daneben die *frittura mista* (meist mit Krabben und Tintenfisch, Qualität schwankt stark von Restaurant zu Restaurant) und der Schwertfisch *(pesce spada)*.

Seltener werden, jedenfalls in den Küstenorten, die regionalen Fleischspezialitäten serviert: die kalte gefüllte Kalbsbrust *cima alla genovese* oder das in Wein geschmorte Kaninchen mit Oliven, Salbei und Pinienkernen *(coniglio alla ligure)*. Die meisten Restaurants bieten die gleichen *scaloppine* (kleine Kalbsschnitzel), *bistecche* (dünne Rindfleischstücke) und *cotolette* wie überall sonst in Italien auch.

→ Typisch ligurische Spezialitäten sind die *farinata*, ein dünner Fladen aus Kichererbsenmehl, der warm gegessen wird und die entfernt an Pizza erinnernde, mit viel Öl zubereitete *focaccia*. Man erhält sie in den meisten Bäckereien, oft mit Zwiebeln oder Käse belegt.

- Als **Dessert** *(dolce)* ist besonders die oft sehr gut zubereitete Nußtorte *(torta di noci)* bemerkenswert, daneben - wie in vielen anderen italienischen Regionen *Tiramisù, Panna*

cotta ('gekochte Sahne', eine Art Pudding), *Semifreddi* (Halb-
gefrorenes) und *Gelati* (Eis).

Getränke

Kaum eine italienische Region hat weniger interessante **Weine** aufzuweisen als Ligurien. Bis vor wenigen Jahren wurden fast ausnahmslos mehr oder minder banale Landwei-
ne produziert. Langsam allerdings ändert sich die Lage: Mit
etwas Verspätung gegenüber anderen Gegenden Italiens
beginnen nun auch ligurische Winzer, sich mehr um die
Qualität ihrer Weine zu bemühen. Mit der Toskana, dem
Piemont, dem Friaul oder Trentino kann sich Ligurien aber
noch lange nicht messen - obwohl es in früheren Jahrhunderten einige der berühmtesten und beliebtesten Weine des
Landes produzierte.

Seit altersher berühmt sind die *Cinque-Terre-Weißweine*. Sie
wachsen in steilen, sonnenexponierten Hanglagen; Pflege
und Weinlese sind besonders mühselig und arbeitsaufwen-
dig. Viele Weinberge wurden in der Nachkriegszeit aufgegeben; gegenwärtig allerdings nimmt der Weinbau - auch
durch den Tourismus begünstigt - wieder einen Aufschwung.
Größter Produzent ist die *Cooperativa delle Cinque Terre* in dem
Dorf Groppo (oberhalb von Manarola). Sie verkauft den
Cinque Terre DOC, einen sauberen, angenehmen, relativ
neutralen Tischwein, sowie drei interessantere Abfüllungen:
den fruchtigen *Costa de séra* aus Riomaggiore, den sehr trok-
kenen *Costa de campu* aus Manarola und den *Costa da posa*
aus Volastra.

Einige Cinque-Terre-Winzer - manche sind nur im Ne-
benerwerb tätig - stellen eigene Weine her. Die interessantesten, nur in kleinen Mengen abgefüllten Flaschen sind
schwierig zu finden, vor allem die renommierten und sehr
teuren Barrique-Weine von *Walter De Batté* aus Riomaggiore.
Mir gefällt ausgezeichnet der *Forlini e Cappellini*, ein absolut
untypischer Cinque Terre. Er ist sehr fruchtig, hat zugleich

aber genug Säure und einen viel intensiveren Geschmack als die Kooperativen-Weine. Er ist allerdings auch doppelt so teuer...

Der berühmteste Cinque-Terre-Wein ist der aromatische Dessertwein *Sciacchetrà* (sprich: schakketrà). Er entsteht aus getrockneten, sorgfältig ausgesuchten Trauben. Ein echter Sciacchetrà kann vorzügliche Qualität, aber auch stolze Preise (um 20 Euro) erreichen. In Bars und Restaurants werden vielfach billigere Süßweine glasweise als 'sciacchetrà' ausgeschenkt.

Die in den Restaurants angebotenen offenen Weine stammen meist nicht aus der Region. Der *vino della casa* kann ordentlich oder - in seltenen Glücksfällen - sogar richtig gut sein, in jedem Fall aber wird er normalerweise aus anderen Gegenden importiert, die preisgünstigere Weine produzieren. Der traditionelle, 'bodenständige' Cinque-Terre-Wein nach Hausmacherart (also das, was man sich unter *vino della* casa eigentlich vorstellt) ist übrigens nach den heute gängigen Maßstäben alles andere als ein Qualitätswein: ein dunkelgelber, etwas dumpf schmeckender Landwein mit wenig Säure, der zu lange im Kontakt mit den Schalen blieb und meist einer unkontrollierten und heftigen Gärung ausgesetzt war.

Außer den Cinque-Terre-Weinen ist der weiße *Vermentino di Luni* aus dem Gebiet östlich von La Spezia nennenswert, der eine recht gute Qualität erreichen kann. Die anderen, meist nur kleinen Weinbaugebiete an der Riviera di Levante (Levanto, Golfo di Tigullio) produzieren korrekte trockene Tischweine.

Birra hat gegenüber dem Wein natürlich einen schweren Stand, ist zudem auch oft unverhältnismäßig teuer. Bei jüngeren Leuten gilt Bier allerdings als schick: Zur Pizza trinkt man heute in Norditalien eher Bier als Wein! **Acqua minerale** gehört dagegen zu jeder Mahlzeit; es wird *con gas* (bzw. *gasata*, mit Kohlensäure) oder *senza gas* (*liscia*, ohne Kohlensäure) angeboten. **Caffè** gibt es in zahlreichen Formen. 'Caffè' ohne Zusatz bedeutet immer *espresso*, der *caffè lungo* wird mit etwas mehr Wasser zubereitet, *con latte* heißt 'mit Milch', *corretto* mit einem Schuß Alkohol (meist Grappa), ein *macchiato* ähnelt einem kleinen Cappuccino. *Cappuccino* trinken die Italiener übrigens fast ausschließlich am Vormittag und niemals nach dem Essen! (Ausländern wird der Stilbruch allerdings gnädig verziehen.) Die **Teekultur** ist unterentwickelt: Auch in besseren Häusern muß man seinen Beutel selbst ins mehr oder minder heiße Wasser hängen; die Twinings-Schachteln gelten als raffinierter Höhepunkte ist Teegefühls. Unendlich ist dagegen die Auswahl der **Grappe** (Singular: *Grappa*, Tresterschnaps) und **Amari** (Magenbitter).

Restaurant-Sitten

Die Speisekarte *(la lista)* muß in manchen Lokalen extra angefordert werden. Beilagen *(contorni)* zum Hauptgericht müssen gesondert bestellt werden. Bestellt man ohne vorherige Lektüre aufgrund der mündlichen Angebote *(a voce)* des Chefs, so gibt es unter Umständen bei der Rechnung *(il conto)* unangenehme Überraschungen.

Pane e coperto (Brot und Gedeck) werden überall mit einem Fixpreis (zwischen 1 und 2 Euro) in Rechnung gestellt. Bedienungsgeld wird manchmal darüber hinaus berechnet, muß dann aber auf der Speisekarte ausgewiesen sein. Trinkgelder sind üblich, aber nicht unerläßlich; allerdings macht man mit Pfennigbeträgen keine bella figura - die Italiener geben entweder gar nichts oder fangen mit Scheinen (d.h. ab tausend Lire) an. Man läßt das Trinkgeld beim Weggehen einfach auf dem Tisch liegen.

Manche Wirte stellen sich auf die Hinterbeine, wenn man nach deutscher Sitte nur einen Teller Nudeln bestellt und dann nicht mehr weiterißt. Die Italiener essen bei fast jeder Mahlzeit mindestens zwei Gänge. Ich denke: ein bißchen Anpassungsfähigkeit an ausländische Gäste kann man den Gastwirten in einem touristisch erschlossenen Gebiet zumuten. Wenn sie allzusehr rummuffeln - nicht wiederkommen!

Restaurant-Preise

Ich habe die Restaurants in drei Preisgruppen eingeteilt - mit der Qualität haben die Kreise nichts zu tun, sie bezeichnen ausschließlich die Preisklasse:

- ° ein vollständiges Menu mit erstem Gang (Teigwaren oder Risotto), Hauptgericht, Beilagen und Dessert (inkl. Brot und Gedeck, aber ohne Getränke) ist für weniger als 20 Euro erhältlich
- °° Menu zwischen 20-30 Euro
- °°° Menu über 30 Euro

Achtung Fischgerichte: Nimmt man frischen Fisch als Hauptgericht, so wird's in jedem Fall teurer als angegeben. Bei Fischgerichten wird auf den Speisekarten häufig der Preis pro 100 g (etto) angegeben, eine ganze Portion kostet also etwa das Dreifache! Ich habe schon Tragödien und wütende Streitereien miterlebt, wenn's ans Bezahlen solcher Bestellungen ging und die große Überraschung kam.

Steuerquittungen *(ricevuta fiscale)*: Die Wirte sind verpflichtet, Quittungen auszustellen - und der Gast ist verpflichtet, diese beim Verlassen des Lokals mit sich zu führen. Die Regelung wird sehr häufig umgangen (vgl. auch Stichwort 'Hotels').

Eßlexikon

Antipasti	**Vorspeisen**

Acciughe (al limone)   Sardellen
Antipasto di mare   ⎱   gemischte kalte Vorspeise
Insalata di mare   ⎰   mit Meeresfrüchten
Prosciutto   Schinken

Primi   erster Gang

Spaghetti, Trenette,   Teigwaren verschiedenster
Penne, Tagliatelle, Pappardelle,   Form und Konsistenz:
Trofie, Lasagne:
ai funghi   mit Pilzen
ai frutti di mare   mit Meeresfrüchten
ai muscoli   mit Muscheln
al nero di seppie   mit Tintenfischsauce
al pesto   mit Basilikum-Sauce
al pomodoro   mit Tomatensauce
al salmone   mit Lachs
al sugo   mit Fleischsauce
alle vongole   mit Muscheln
Pansotti alla   gefüllte Teigwaren
salsa di noci   mit Walnußsauce

Secondi   Hauptgerichte

Aragosta   Languste
Arrosto   Braten
Bistecca   dünnes Stück vom Rind
Branzino   Seebarsch
Cinghiale   Wildschwein
Coniglio   Kaninchen
Datteri   Dattelmuscheln
Gamberetti   Krabben
Manzo   Rind
Moscardini   Tintenfisch-Art
Muscoli ripieni   gefüllte Muscheln
Nodino di vitello   Kalbsnuß
Orata   Goldbrasse
Pesce   Fisch

Pesce spada	Schwertfisch
Pollo	Huhn
Sarago	Brasse
Scaloppina	Kalbsmedaillon, -schnitzel
Sogliola	Seezunge
Spiedino	Spieß
Vitello	Kalb

Contorni   Beilagen

Insalata	Salat
Patate fritte	Pommes frites
Verdura cotta	gekochtes Gemüse der Saison

Dolci, Frutta, Formaggio   Süßspeisen, Obst, Käse

Fragole	Erdbeere
Grana	Parmesan-Käse
Macedonia di frutta	Obstsalat
Pecorino	Schafskäse
Semifreddi	Halbgefrorenes
Torta alle noci	Walnußtorte
Tartufo	halbgefrorener Eis-'Trüffel'

Osteria L'Arcidiacono, Bonassola   31

Fünf Dörfer
aus dem
Mittelmeer-
Bilderbuch

Perfekte Idylle

GASSEN, TREPPEN, NETZFLICKER - Da fehlt wirklich
nichts. Farbige Häuser, in abenteuerlichen Verschachtelungen direkt auf den Fels gebaut. Kleine Plätze mit wenigen
Bäumen und vielen bunten Booten. Steilküste, die sich in
geriffelten, gleichsam skulptierten Steinformationen aus
dem Meer erhebt. Winklige, schattige Gassen, Treppenwege,
Torbögen, Dachterrassen; die obligate Wäsche quer über den
Sträßchen. Fischernetzflicker und Weinkiepenträger. Italienische Idylle und italienischer Stimmenlärm. Ein bis zu 800

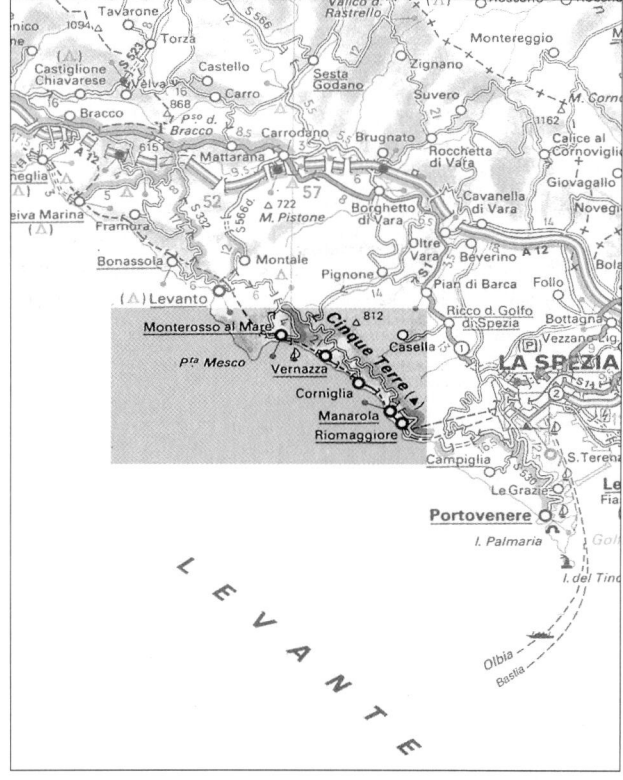

m ansteigender Höhenzug unmittelbar am Meer. Stufenförmig abfallende, mit Weinreben bewachsene Hänge. Orangen- und Olivenbäume. Die Parfums aller Küchenkräuter und noch manche anderen feinen Düfte im Unterholz der Macchia. Maultierpfade hoch überm Meer. Blaues Wasser und blauer Himmel. Mittelmeer-Bilderbuch eben. Es ist wirklich so.

Stehengebliebene Zeit? Nicht ganz: Die Fischer und die Weinbauern sind wahrscheinlich keine richtigen Fischer und Weinbauern. Aber nehmen wir sie vorerst als solche! (Sie passen so schön ins Bild.) Und der ganze Rest ist echt - obwohl man 's auf den ersten Blick kaum glauben mag: daß es so etwas noch gibt.

Die fünf Orte: *Monterosso al Mare, Vernazza, Corniglia, Manarola, Riomaggiore* liegen in einer großen Bucht zwischen dem Vorgebirge des Mesco im Nordwesten und dem Höhenzug von Riomaggiore (Madonna di Montenero) im Südosten.

Von Monterosso bis Riomaggiore sind's auf der Bahnlinie - die mit ihren vielen Tunneln ziemlich genau der Luftlinie entspricht - rund 9 Kilometer, Der Fußweg zwischen den Orten ist 12 km lang, die kürzeste - nicht durchgehend asphaltierte - Straßenverbindung schon über 20 km. Kein großes Gebiet - aber in dieser kleinen Bilderbuch-Welt gibt's mehr zu sehen, zu erleben, zu genießen als anderswo auf vielen hundert Kilometern.

Monterosso

GRÖSSER UND ETWAS ANDERS: Monterosso ist der größte Ort der Cinque Terre (rund 1700 Einwohner) - und gehört in gewisser Weise nur halb dazu. Eine nette Ortschaft
am Meer, reizvolle alte Gassen, lange Strände, schöne Landschaft - aber das richtige Cinque-Terre-Gefühl stellt sich,
mir jedenfalls, hier nicht ein. (Ein bißchen haben mich darin
Leute aus den anderen Dörfern bestätigt, die mir sagten:
„In Monterosso läuft's anders als bei uns". Und umgekehrt
- unglaublich, aber wahr: Nicht wenige Bewohner Mon-
terossos waren in ihrem ganzen Leben noch nie in Corniglia
oder Manarola!) Es fehlen: die aufregende Lage, die kom-
pakten Ortskerne, die Unversehrtheit des Eindrucks der anderen Ortschaften. Das Dorf erstreckt sich über anderthalb
Kilometer an einem schmalen, flachen Küstenstreifen, auf
der Uferstraße fahren einige (wenige) Autos. Vor allem aber
unterscheidet sich Monterosso von den anderen Cinque-
Terre-Orten durch einen neueren Ortsteil, das westlich vom
Bahnhof gelegene *Fegina*, das Ende des letzten Jahrhunderts
entstand und wo auch in den letzten Jahrzehnten noch einige Neubauten hingestellt wurden. Alles mit Maßen - die

Strand von Monterosso

Bucht ist nicht zersiedelt wie andernorts. Aber Monterosso ist zweifellos weniger bilderbuchartig als der Rest der Cinque Terre.

Dafür hat Monterosso einen großen, nicht zu unterschätzenden Vorteil: Es ist der einzige Ort der Cinque Terre mit zahlreichen Hotels und Restaurants. Hier findet man am leichtesten Unterkunft (und auch die komfortabelsten Unterkünfte). Hier gibt 's auch die größte Auswahl beim Essen - ganz zu schweigen von Cafés und Einkaufsmöglichkeiten. Monterosso ist daher (vor allem für diejenigen, die ihren Cappuccino nicht jeden Morgen in derselben Bar trinken und abends auf der Piazza nicht immer dieselben Gesichter sehen wollen) kein schlechter Aufenthaltsort. Auch wer gern am Strand liegt, wird hier gut bedient: Der Ort hat den einzigen Sandstrand des Gebiets. Die malerischen Nachbardörfer erreicht man mit dem Zug in fünf oder fünfzehn Minuten - man versäumt also nichts.

MONTEROSSO HEISST 'roter Berg'. Der Name kommt vermutlich entweder von der Erdfärbung einiger Gebiete in der Umgebung oder von dem Rot-Ton, den der Fels am westlichen Ende der Bucht manchmal bei Sonnenaufgang annimmt. Der heutige Ort existiert mindestens seit 930 Jahren (1056 zum ersten Mal erwähnt); vielleicht gab es aber schon in der Antike an dieser Stelle eine Ansiedlung, die später für Jahrhunderte verlassen wurde, weil die Bewohner sich auf der Höhe vor Überfällen sicherer fühlten. 1276 kam Monterosso, das bis dahin unter der Herrschaft wechselnder Adelsfamilien gestanden hatte, wie die anderen Cinque-Terre-Orte an die Republik Genua.

Unter den wenigen überlieferten Geschehnissen der folgenden Jahrhunderte ist vor allem eine Nachricht aus dem Jahr 1396 bemerkenswert: „Die Einwohner von Monterosso weigerten sich, einen Priester zu akzeptieren, dem die Gemeinde von Kardinal Lodovico Fiesco übertragen war; daraufhin kam der Kardinal selbst mit einigen Galeeren angesegelt und ließ fast den gesamten Ort niederbrennen." Hundertfünfzig Jahre später traf neues Unglück das Dorf:

Türkische Seeräuber plünderten Monterosso und raubten Frauen und Kinder. Angenehmere Mitteilungen bringt eine Beschreibung aus dem Jahr 1773 (aus der wir auch erfahren, wie es damals im Ortsteil Fegina aussah): „Außer der Gemeindekirche gibt es ein Kloster, zwei Gebetshäuser, ein Krankenhaus, eine Kapelle, ein aufgelöstes Benediktinerkloster mit Kirche, eine Burg und einen mit Kanonen bewaffneten Turm. Fegina, in unmittelbarer Nähe, ist reizend mit wunderschönen Orangen-, Zedern- und Zitronengärten am Meer, Weinbergen und Olivenhainen auf den Hügeln. Es werden viele Fische gefangen, unter anderem der Thunfisch." Der Thunfischfang war für Monterosso - neben dem Weinbau - seit dem 16. Jahrhundert von großer wirtschaftlicher Bedeutung. Leider merkten die Genueser Aristokraten bald, daß sich mit dem Thunfisch viel Geld verdienen ließ und nahmen die Vermarktung in die Hand, so daß den Fischern keine großen Gewinne blieben. Erst 1808 fielen die Fischrechte an die Gemeinde zurück.

Im Zweiten Weltkrieg gab es in Monterosso einige Bombenschäden, Rathaus, Eisenbahnbrücke und ein Häuserblock wurden zerstört. Nach dem Krieg entstanden in Fegina, wo seit 1874 Villen gebaut worden waren, aber auch am Rand des alten Ortskerns verschiedene Neubauten; Monterosso entwickelte sich langsam zum Touristenort. Statt einer Pension (Ende der vierziger Jahre) gibt es heute zwanzig Beherbergungsbetriebe; die Zahl wird vermutlich noch etwas ansteigen.

Sehenswert

Im alten Ort lohnt die Kirche *S. Giovanni Battista* einen Besuch. Wie die anderen Cinque-Terre-Kirchen hat sie eine schwarz-weiß gestreifte Fassade mit einem schönen, fein gemeißelten Rosenfenster. Auch im Kircheninneren wiederholt sich das Zebra-Muster. Die Kirche wurde im 13./14. Jahrhundert gebaut, später barock verändert und 1963-64 in die alten Formen zurückrestauriert; aus der Barockzeit stammen noch der Hauptaltar und das Chorgestühl (1734).

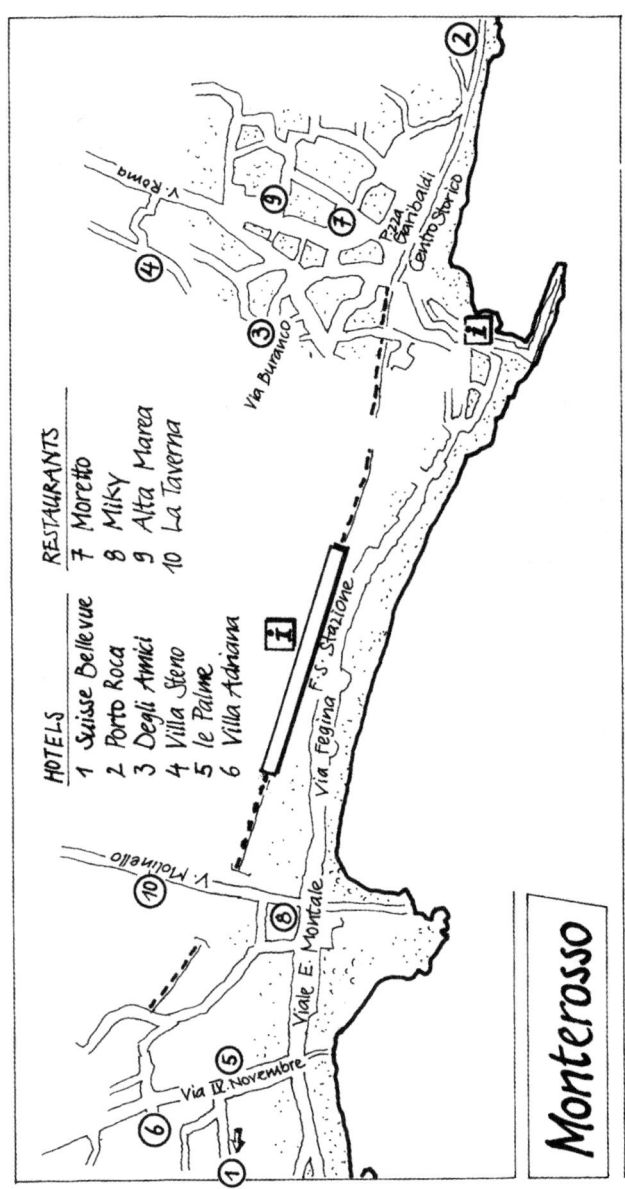

HOTELS
1 Suisse Bellevue
2 Porto Roca
3 Degli Amici
4 Villa Steno
5 le Palme
6 Villa Adriana

RESTAURANTS
7 Moretto
8 Miky
9 Alta Marea
10 La Taverna

Monterosso

Auffällig sind die schiefgestellten Wände: Das Kirchenschiff verbreitert sich in Richtung zum Chor.

Oberhalb des Orts liegt das Kapuziner-Kloster mit der Kirche *S. Francesco*, in der man stolz auf ein Kreuzigungs-Bild hinweist, das dem niederländischen Maler Antonius van Dyck zugeschrieben wird. Nun hat van Dyck tatsächlich in Ligurien gearbeitet; das Bild von Monterosso müßte er aber in einer ausnehmend schwachen Stunde geschaffen haben - wenn es nicht, was mir wahrscheinlicher scheint (und was auch viele Kunsthistoriker annehmen), von einem einheimischen Maler unter van-Dyck-Einfluß gemalt wurde. Über dem Kloster um den Friedhof die spärlichen Reste der ehemaligen genuesischen Festung.

Im Ortsteil **Fegina** - in dem der Dichter und spätere Nobelpreisträger *Eugenio Montale* aufwuchs - mag man die große, allerdings nur mäßig inspirierende Neptun-Statue (den sogenannten 'Gigante') bewundern, die 1910 hier aufgestellt wurde. Früher trug sie eine Muschel, die als Terrasse der benachbarten Villa diente; mittlerweile ist die Muschel zerbrochen.

Vernazza

UNGEWÖHNLICH ÄSTHETISCH: In Vernazza haben wir Cinque Terre at it's best. Von Merian bis DuMont bringt jeder Riviera-Führer das kühn ins Meer gebaute, malerische (usw.) Örtchen auf den Titel. Eine Ligurien-Reportage ohne dieses Edel-Dorf: Das wäre wie Rom ohne Priester. Entsprechend groß ist der Andrang. Wenn die Züge auf dem kleinen Bahnhof Hunderte von Besuchern ausgespuckt haben, quellen dicht an dicht gedrängte Touristenmassen durch die Hauptgasse zum Hafen. Für die amerikanischen Touristen gehört Vernazza zum Pflichtprogramm, in den Restaurants hört man mehr New Yorker Slang als ligurischen Dialekt. Aber auch Italiener, Schweizer, Deutsche füllen die Gassen, die Bars und die Hafenpiazza. Oft ist es einfach zuviel - vor allem an Wochenenden und Feiertagen kann man Vernazza nur noch weiträumig umgehen.

Allerdings: Der Ort ist wirklich unglaublich ästhetisch - die Lage auf einer kleinen Halbinsel, die alten Burgtürme, der Felsenhintergrund, der schnuckelige kleine Hafen. Und vor allem die Details: Winkelgassen, flatternde Wäsche und träge-glückliche Katzen wie überall in den Cinque Terre, dazu besonders farbige Boote, besonders reizvolle Torbögen und Fenster, besonders raffinierte Farbkombinationen der Hauswände, eine schöne Kirche am Hafen. Und die kleine Piazza am Meer, tausendfach fotografierter Treffpunkt der Einheimischen und der Touristen!

Hier liegt allerdings ein kleiner Haken. In Vernazza gehen Touristenleben und Einheimischenleben völlig ineinander über. Im Unterschied zu den anderen Cinque-Terre-Orten sind die jeweiligen Plätze nicht getrennt. Direkt neben den Fischerbooten stehen die Tische der Restaurants, neben dem fotogen wettergegerbten Netzeflicker schwatzen der Architekt aus Hamburg und die Anwältin aus Baltimore. Zum Anschauen mag das ganz nett sein, aber atmosphärisch bekommt man den Eindruck, die Besucher saugten den postkartenschönen Ort gleichsam auf - sie sind überall.

Piazza in Vernazza

Doch kein Zweifel: Vernazza ist durch und durch hübsch. Das Dorf liegt in einem engen, zum Meer hinabführenden Tal - so zusammengepreßt, daß der Zug auf dem Bahnhof keinen Platz hat und immer zu vier Fünfteln im Tunnel verschwindet. In der einzigen Hauptstraße und am Hafen spielt sich alles ab, hier finden sich Geschäfte, Bars und Restaurants. Am Hafen trifft sich alle Welt, man kann draußen speisen, den Wellen, den Katzen, den Kindern, Mammas und Opas bei ihrem pittoresken Treiben zuschauen. Cinque Terre à la carte, kleiner Aufschlag für Gedeck und Service, aber fotogener wird's wirklich an der gesamten, viele tausend Kilometer langen italienischen Küste nirgendwo mehr.

DER BESTE ANKERPLATZ. Vernazza wurde vermutlich vor rund tausend Jahren gegründet. Sehr bald wurde das Dörfchen mit dem besten Ankerplatz der Cinque Terre ein bedeutender Seefahrerort. 1160 waren Schiffe aus Vernazza auf Seiten Genuas an einer Seeschlacht gegen Pisa beteiligt; aus dem Jahr 1209 wird von einer Strafexpedition Genuas gegen den Ort berichtet, weil die Einwohner vorbeisegelnde Schiffe gekapert hatten.

1276 gelangte Vernazza wie die anderen Orte der Cinque Terre in den Besitz der Republik Genua. Im Jahr 1418 hatte der Ort 400 Einwohner, zwischen 1700 und 1900 zählte das Dorf mehr als tausend Seelen, heute - bei leicht rückläufiger Tendenz - rund fünfhundert.

Der Name des Ortes ist wohl von dem Wein der Cinque Terre ('Vernaccia') herzuleiten, der hier verschifft wurde. Vernaccia- oder Vernatsch-Wein gibt es in vielen Gebieten Italiens (Südtirol, Lombardei, Toskana, Sardinien). In den Cinque Terre behauptet man zwar gern, alle diese Weine hätten ihren Ursprung in Vernazza, wahrscheinlicher ist aber, daß die Weinbezeichnung früher existierte als der Ortsname.

DIE ARCHITEKTUR VERNAZZAS, die Laubengänge, durch Bildhauerarbeiten verzierte Portale, in die Wände vermauerte Skulpturen zeigt, läßt darauf schließen, daß die Bevölkerung hier wohlhabender war als in den anderen Cinque-Terre-Orten. Am Ortsrand finden sich an beiden Talseiten noch Reste der im Mittelalter von den Genuesen angelegten Befestigungswerke: mehrere Türme, Mauern, Wasserreservoire für Zeiten der Belagerung.

Am Hafen steht die hübsche, 1318 erbaute Pfarrkirche *S. Margherita.* Ihr schöner, vierzig Meter hoher Glockenturm überragt die Piazza. Im Innenraum wurden bei Restaurierungen zwischen 1964 und 1970 barocke Hinzufügungen entfernt; der schlichte, mit seinem dunklen Stein und der geräumigen Konstruktion eindrucksvolle Bau am Meer kommt so wieder in seiner mittelalterlichen Form zur Geltung. Fast - denn wie man bei genauerem Hinsehen bemerkt, stammt der hintere Teil der Kirche (genau genommen: der vordere Teil, denn der eigentliche Haupteingang liegt der Piazza entgegengesetzt) von einem späteren Anbau. Er ist deutlich durch die helleren Säulen und den leicht erhöhten Fußboden vom Kernbau abgesetzt. Im linken Seitenschiff der Kirche befinden sich ein bemaltes Holzkruzifix aus der Zeit um 1700 und ein Barockaltar (1750).

Corniglia

RUHE UND ÜBERBLICK: Corniglia nimmt unter den Cinque-Terre-Dörfern eine Sonderstellung ein: Es liegt nicht direkt am Meer, sondern auf einem Felsen hundert Meter über dem Wasser. Das gibt dem Ort einen besonderen Reiz. Nirgendwo in den anderen Ortschaften umfaßt man die Küste mit so weiten Blicken wie hier. Aber die Höhenlage hat auch einen Nachteil: Um ans Meer oder zum Bahnhof zu gelangen, muß man jeweils viele Stufen hinabsteigen (und auf dem Rückweg wieder hinauf...). Deshalb ist Corniglia ein wenig abseits des Touristenstroms geblieben - als einziges der fünf Dörfer hat es kein Hotel. Die meisten Besucher kommen nur auf ihren Wanderungen durch den Ort, lassen sich auf der gemütlichen Piazza zum Cappuccino nieder, gehen nach halbstündiger Rast weiter. In den paar Privatquartieren finden nur relativ wenig Reisende Platz.

Logisch, daß Corniglia zum idealen Aufenthaltsort wird, wenn man Ruhe und eine stabile Umgebung sucht. Bleibt man drei Tage im Dorf, so sieht man nur noch bekannte Gesichter. Die beiden Bars sind Treffpunkte der Einheimischen und der wenigen Dauergäste. Nachts auf dem Dorfplatz zu sitzen, sich vom Kriegerdenkmal betrachten zu lassen und selbst auf die großen Bäume zu schauen, gehört zu den (vielen) großen Cinque-Terre-Erlebnissen. „Uraltes Wehn vom Meer" zieht hoch, wie Rilke so schön geschrieben hat. Wie Capri oder Ravello in Süditalien, wie viele Orte der griechischen Inseln liegt Corniglia nicht nur am, sondern zugleich über dem Meer - eine Lage, die mir immer besonders gefallen hat, weil sich hier Meer- und Höhengefühl (die beiden extremen Pole des Landschaftserlebens) intensiv miteinander verbinden.

In Corniglia ist weniger los als in den anderen Orten - an manchen Wochenenden und Feiertagen (Ostern oder Pfingsten beispielsweise) wird 's in dem kleinen Raum der Hauptgasse und der Piazzetta dennoch ganz schön eng. Nicht immer passen alle Ausflügler gleichzeitig ins Dorf. Das große Gedränge bleibt aber die Ausnahme.

Ursprung und Geschichte Cornliglias sind weitgehend unbekannt. Den Namen des Ortes hat man - ohne schlüssige Beweise - auf die römischen Namen Cornelius oder Cornelia zurückführen wollen; daß der Ort aber schon in der Römerzeit existiert habe, ist völlig ungewiß.

Am Ortseingang steht die Kirche *S. Pietro* mit einer schönen Fassade (Streifenmuster und besonders gut gearbeitetes Rosenfenster aus der Mitte des 14. Jahrhunderts). Der Innenraum ist in den Jahrhunderten nach der Erbauung vielfach verändert worden.

Manarola und Riomaggiore

RAFFINIERTE TREPPENGASSEN: Manarola und Riomaggiore nehmen eine Mittelstellung zwischen dem ästhetisch-edlen Vernazza und dem rustikaleren Corniglia ein. Beide Orte liegen direkt am Meer; die Häuser stehen (wie übrigens auch in Vernazza und Monterosso) jeweils an den Seiten eines aus den Bergen herabführenden, heute verdeckten Baches. In den schmalen Tälern hat man geschickt jeden Meter genutzt, um die Häuser in aberwitzigen Verschachtelungen über- und nebeneinander zu setzen; raffinierte Treppengassen führen von den Hauptstraßen links und rechts die Hänge hinauf. In Manarola erhebt sich der schönste Ortsteil südlich des Hafens auf einem kleinen Felsen über dem Meer. In Riomaggiore führt eine für Cinque-Terre-Verhältnisse recht breite Hauptstraße mit mehrstöckigen Gebäuden zum Hafen, der das eindrückliche Bild sich auftürmender, gegeneinander verschiebender, emporwachsender Hausfassaden gibt - in allen möglichen Farbtönen, rot, orange, gelb, violett und jedenfalls immer schön verwittert. Im Gegensatz zu Vernazza haben die beiden Orte keine Piazza am Meer; das Leben der Bewohner spielt sich hauptsächlich entlang den aufwärts führenden Straßen ab. An den Häfen sitzen die Touristen und diejenigen Einheimischen, die gerade dort zu tun haben. Diese Trennung von touristischen und einheimischen Schwerpunkten gibt den - wohl zutreffenden - Eindruck, das normale Leben dieser Orte laufe ziemlich unberührt durch die Reisenden weiter.

Manarola und Riomaggiore sind die 'Malerorte' der Cinque Terre. Schon im 19. Jahrhundert kamen florentinische Künstler aus der den Impressionisten nahestehenden Gruppe der *Macchiaiuoli* nach Riomaggiore (vgl. den Bericht des Malers Telemaco Signorini, S. 102ff). In den letzten Jahrzehnten haben Künstler vor allem in Manarola gearbeitet; der bekannteste von ihnen war Renato Birolli.

In den letzten Jahren unterschieden sich Riomaggiore und Manarola vor allem durch die dynamische Gemeindeverwaltung (beide Orte gehören zur selben Gesamtgemeinde) von den anderen Cinque-Terre-Dorfern. Der aktive Bürgermeister Franco Bonanini - inzwischen ist er Präsident der Nationalparkverwaltung Cinque Terre - machte erfolgreich Gelder für Erneuerungsarbeiten locker; vor allem die EG hat er erfolgreich angezapft. Dabei entstanden u.a. die vorzügliche neue Jugendherberge in Manarola und der Fußgängeraufzug am Bahnhof von Riomaggiore. Das Parkhaus am Ortseingang erweist sich dagegen leider als ästhetischer Fehlgriff. Auch andere Projekte sind unter den Einheimischen umstritten. Trotzdem: In Riomaggiore ist trotz einiger unschöner Neubauten das Ortsbild gut erhalten geblieben, in Manarola blieb der alte Eindruck völlig unverändert.

Zwischen beiden Dörfern erstreckt sich der kurze Wanderweg *Via dell'Amore*. Weil er höchst bequem ist - und sicher auch wegen des schönen Namens -, hat sich der Liebesweg zum populärsten Wanderweg Italiens entwickelt. Vor allem an Wochenenden wird er von italienischen Ausflüglern geradezu überrannt. Die Wegführung unter steilen Felswänden ist eindrucksvoll; weniger erfreulich wirken die Betongalerien, die die Strecke abschnittsweise vor Steinschlag schützen sollen.

MANAROLA WURDE gegen Ende des 12. Jahrhunderts gegründet. Den Namen des Ortes führen einige Forscher auf das lateinische 'magna rota' (großes Rad; vermutlich war das große Mühlrad einer der ehemals zahlreichen Öl- und Papiermühlen gemeint), andere auf 'marinarola' (kleiner Hafen) zurück.

Bis 1950 floß an der Stelle der heutigen Hauptstraße ein Bach offen durch den Ort; elf steinerne Brücken überquerten ihn. Das kuriose Bild verschwand nach und nach in den fünfziger und sechziger Jahren, als das Gewässer allmählich abgedeckt wurde. In früheren Jahrhunderten standen am Bach oberhalb des Dorfes zahlreiche Pappeln, aus deren Laub Zellulose für die Genueser Papierindustrie gewonnen wurde. In über zwanzig Mühlen wurden die Blätter gepreßt.

Um Manarola wird heute ein Großteil der Cinque-Terre-Weine angebaut. Im Weiler *Groppo* über Manarola befindet sich der Sitz der 1982 gegründeten Winzerkooperative.

Am oberen Ortsende steht die Pfarrkirche. Ihr isoliert dastehender Glockenturm war einstmals Verteidigungs- und Wachtturm des Dorfes. Die Kirchenfassade zeigt wie die Kirchen von Corniglia und Monterosso ein schönes Rosenfenster, um 1350 wohl von denselben Bildhauern geschaffen wie dasjenige in Corniglia. Im dreischiffigen Innenraum Bilder von unbekannten Malern des 15. Jahrhunderts (im linken Seitenschiff und am Hauptaltar).

RIOMAGGIORE IST nach einer unbewiesenen Überlieferung der älteste der Cinque-Terre-Orte. Angeblich wurde es vor rund 1200 Jahren von Griechen gegründet, die aus religiösen Gründen (Bildersturm) aus ihrem Heimatland geflohen waren. Dokumentarisch belegt ist die Existenz Riomaggiores erst seit dem 13. Jahrhundert. Der Ortsname bedeutet: 'der größere Fluß', bezieht sich auf einen der Bäche, die Riomaggiore durchziehen.

Die *Via dell' Amore,* der berühmte Spazierweg zwischen Manarola und Riomaggiore, wurde 1930 in Eigeninitiative der Bewohner beider Orte gebaut. Sie hieß zuerst 'Strada Nuova', bekam ihren heutigen Namen dann - wie der Lehrer von Manarola in einem Artikel schrieb - „aufgrund der Entwicklung der Fakten": als bevorzugter Treffpunkt der Jugendlichen aus beiden Orten. Ein poetischer Architekt ließ dann noch auf Steinplatten am Weg die Namen berühmter Liebespaare eingravieren; damit war der Zauber der Promenade zwischen Fels und Meer perfekt und der Ansturm wagemutiger Sonntagsspaziergänger auf den für italienische Fußgängerverhältnisse geradezu abenteuerlichen - in Wahrheit breiten und gut gesicherten - Weg konnte beginnen. Neuerdings ist er mit einigen Betongalerien gegen Steinschlag gesichert worden - das sind die unromantischsten Abschnitte auf allen Cinque-Terre-Wegen...

Romantische Reisen

„Ich reiste zwischen Genua und La Spezia während einer prächtigen Sommernacht. Der Mond spiegelte sich im Meer, Pinienschirme, Oliven und Kastanienbäume, die Felsen am Ufer verdunkelten die Erde; mich befiel es wie Trunkenheit beim Anblick der Erde, des Meeres und der Nacht. Fieberhafter Enthusiasmus erfüllte meine Seele für dieses herrliche Land."

Reiseeindruck 1826: *Alphonse de Lamartine*

„In Italien gibt es für mich nichts Schöneres als die an der Küste entlanglaufende Straße von Genua nach Spezia. Auf der einen Seite, zuweilen tief unten, zuweilen in gleicher Höhe mit der Straße und oft gesäumt von Felstrümmern mannigfaltigster Form, erstreckt sich weithin das blaue Meer. Auf der anderen Seite dagegen steigen schroffe Berghänge empor, in deren Schluchten verstreut weiße Hütten liegen, dunkle Olivenhaine, Dorfkirchen mit hohen, offenen Türmen und lustig bemalte Landhäuser. An jeder Böschung und jedem Erdhaufen neben der Straße wuchert in üppiger Fülle der wilde Kaktus und die Aloe, und die Gärten der heiteren Dörfer erglühen zur Sommerzeit von den Blütenbüscheln der Belladonna und duften im Herbst und Winter nach Orangen und Zitronen."

Reiseeindruck 1845: *Charles Dickens*

Gute Adressen
in den Cinque Terre

Unterkommen

Die Cinque-Terre-Hotels stehen fast ausnahmslos in Monterosso. In Vernazza, Manarola, Riomaggiore gibt 's insgesamt nur fünf Hotels, in Corniglia gar keines. (Zu den Preiskategorien ° bis °°°° vgl. S. 20.)

Monterosso

Postleitzahl: 19016

Die Unterkünfte in Monterosso sind vergleichsweise teuer, in manchen Häusern werden Wucherpreise gefordert! Schon in simplen Ein-Stern-Hotels kosten die Zimmer um 65-75 Euro; für weniger Geld kommt man in Ferienwohnungen oft besser unter (vgl. unten). Unter den etwa zwanzig Hotels sind - z.T. mit Einschränkungen - empfehlenswert:

°°°° *Porto Roca:* Die komfortabelste Unterkunft des Ortes, schön auf einem Felsen über dem Meer gelegen, mit Aussichtsterrasse und Garten. Zu Recht werden für die Zimmer mit Meersicht höhere Preise verlangt als für die aussichtslose Rückseite. Dozi mit Frühstück 155-230 Euro. Via Corone 1, Tel. 0187 81 75 02, Fax 0187 81 76 92. www.portoroca.it

°°°° *Palme:* Bonbonroter Neubau hinter Pinien und Palmen im neueren Ortsteil Fegina, kein großartiges Ambiente, aber die Zimmer ansprechend und komfortabel eingerichtet. Vorsicht: die beiden winzigen Einzelzimmer sind nicht auf 4-Sterne-Niveau. Dozi mit Frühstück 130-155 Euro. Tel. 0187 82 90 13, Fax 0187 82 90 81.

°°° *Villa Steno:* Gepflegtes Haus in ruhiger Lage am oberen Ortsrand, die meisten Zimmer mit Balkon und guter Aussicht auf Monterosso und das Meer. Sehr beliebt bei amerikanischen Gästen, unbedingt reservieren!
Tel. 0187 81 70 28, Fax 0187 81 73 54, www.pasini.com

°° *Suisse Bellevue:* Eines der angenehmsten Häuser der Cinque Terre, in schöner einsamer Panoramalage oberhalb von Monterosso. Garten mit Traumblick. Die Zimmer sind allerdings hellhörig. Kein Restaurant. Nachteil: wegen der Entfernung vom Ort nur für Autofahrer geeignet - oder für sportliche Gäste (20 min Anstieg von Monterosso). Tel. 0187 81 80 65, Fax 0187 81 83 25.

°° *Villa Adriana:* Ein schönes Haus im Palmengarten. Das Ambiente des ehemaligen Priester-Erholungsheims ist allerdings manchen Gästen zu bieder. Zwar sind die Zeiten vorbei, als die in den gesamten Cinque Terre berühmte, von zahlreichen Anekdoten umrankte Schwester Hortulana ein autoritäres Regiment führte und unbotsame Gäste erzieherisch zur Ordnung rief. Aber gelegentlich klagen Leser über unfreundliche Behandlung. Noch immer werden abends um elf die Tore geschlossen: Da *muß* der letzte Gast im Hause sein. Tel. 0187 81 81 09, Fax 0187 81 81 28.

°° *Amici.* Das Schönste an diesem Hotel ist der hübsche kleine Garten mit Meerblick - ideal für ruhige Stunden zwischen Zitronen- und Orangenbüschen. Die Einzelzimmer (ohne eigenes Bad) sind besonders preisgünstig. Tel. 0187 81 75 44, Fax 0187 81 74 24, www.cinqueterre.ihotel_amici

Außerdem in Monterosso:

°°°-°°°° *Jolie.* Für die gebotene Qualität weit überteuert! Tel. 0187 81 75 39, Fax 0187 81 72 73

°°° *Baia.* Direkt am Meer, einige Zimmer mit Aussicht, nicht ganz ruhig. Tel. 0187 81 75 12, Fax 0187 81 83 22.

Villa Adriana 1960

ᵒᵒᵒ   *Pasquale.* Korrekt, aber durch die Nähe der Bahnlinie sehr lärmgestört. Tel. 0187 81 74 77, Fax 0187 81 70 56 www.pasini.com

ᵒᵒ‿ᵒᵒᵒ   *Marina,* Tel. 0187 81 72 42, Fax 0187 81 76 13

ᵒᵒ   *Moretto,* Tel. 0187 81 74 83, Fax 0187 81 77 88

ᵒᵒ   *Colonnina,* Tel. 0187 81 74 39, Fax 0187 81 74 39

ᵒᵒ   *Al Carugio,* Tel. 0187 81 75 58

ᵒᵒ   *Al Bivio.* 4 km vom Ort entfernt in ruhiger Lage. (Postanschrift: 19015 Levanto-Colla di Gritta). Tel. 0187 80 04 39, Fax 0187 80 01 25.

ᵒᵒ   *Agavi,* Tel. 0187 81 71 71, Fax 0187 81 82 64

ᵒᵒ   *Punta Mesco,* Tel. 0187 81 74 95, Fax 0187 81 74 95

ᵒ   *Souvenir,* Tel./Fax 0187 81 75 95

ᵒ   *Pineta,* Tel. 0187 82 90 29, Fax 0187 82 91 01

Vernazza

Postleitzahl: 19018

ᵒ   *Barbara:* Das einfache Hotel an der Hafenpiazza wird von einem italienisch-schweizerischen Paar engagiert und sorgfältig geführt; die Räume (alle ohne eigenes Bad) sind zwar klein, aber makellos sauber und ordentlich, die Matratzen ausgezeichnet. Zwei Zimmer bieten den Traumblick auf den Hafen. Und das alles zu den günstigsten Hotelpreisen der Cinque Terre: zwischen 40 und 50 Euro für das Doppelzimmer. Mindestaufenthalt 2 Nächte. Nicht zu verwechseln mit der Zimmervermietung 'Francamaria' im 1. Stock desselben Gebäudes, die Hinweisschilder können verwirren! Tel./Fax 0187 81 23 98.

ᵒ   *Sorriso:* Nah an der Bahnlinie und entsprechend laut. Nur mit Halbpension (42-55 Euro). Tel. 0187 81 22 24.

Manarola

Postleitzahl: 19010

ᵒᵒ   *Ca'd'Andreean:* Das schönste Hotel in den kleineren Cinque-Terre-Orten. Freundlicher Empfang, geräumige Zimmer (darunter fünf mit Balkon oder Terrasse, bei Vorbestellung entsprechend reservieren!). Kleiner Garten. Die Preise (Doppel ohne Frühstück 65 Euro) sind für ein Drei-Stern-Hotel günstig. Das Haus wird von Lesern immer wieder gelobt. (Via A. Discovolo 25, Tel. 0187 92 00 40, Fax 0187 92 04 52).

°° *Marina Piccola:* Ebenfalls ein angenehmes Haus, nur wenige Schritte vom Meer entfernt. Relativ kleine Zimmer. In der Dependance einige Zimmer mit Balkon und Meerblick. Tel. 0187 92 01 03, Fax 0187 92 09 66, marijes@tin.it

Riomaggiore

Postleitzahl: 19017

°°-°°° *Villa Argentina.* Gut geführtes Haus am oberen Dorfrand. Am schönsten sind die Zimmer mit Balkon und dem Blick über den alten Ort zum Meer. Tel./Fax 0187 92 02 13.

Privatzimmer & Ferienwohnungen

werden in allen Cinque-Terre-Orten vermietet, in sehr unterschiedlicher Qualität und zu unterschiedlichen Preisen. Privatzimmer sind meist billiger als vergleichbare Hotelunterkünfte. Ein Verzeichnis der Privatvermieter existiert nur für Monterosso (beim dortigen Informationsbüro erhältlich).

■ **Grober Preis-Anhaltspunkt**: Zimmer mit Bad bekommt man ab 20 Euro pro Person und Tag, Kleinwohnungen mit Küche/Bad eher ab 50 Euro. Die Preise variieren nach Art der Wohnung, Saison und Aufenthaltsdauer; für Kinder wird nicht der volle Preis berechnet. Monterosso und Vernazza sind im Schnitt etwas teurer als die anderen drei Orte.

■ **Ausgebucht** sind die Privatzimmer im allgemeinen an Ostern, zwischen 25. April und 1. Mai, im Juli/August (im Hochsommer ziehen auch die Preise an), an manchen Wochenenden im April, Mai und September, oft auch an Weihnachten. Zu anderen Zeiten findet man normalerweise ohne Vorausbuchung eine Unterkunft.

Monterosso: Auskunft u.a. bei der Pro Loco (örtliche Touristeninformation) im Bahnhofsgebäude, Tel. 0187817506, Fax 0187817825, sowie bei Agenzia Immobiliare Punta Mesco, Via IV November 64, Tel. und Fax 0187818067.

Vernazza: Das schwierigste Pflaster. Der starke Andrang amerikanischer Touristen treibt die Preise hoch, häufig ist zudem alles ausgebucht. Es gibt keine zentrale Anlaufstelle, man erhält aber in fast allen Läden, Bars und Restaurants Auskünfte. Schauen Sie die Zimmer unbedingt an, bevor Sie zusagen, und lassen Sie sich nicht auf absurde Preisforderungen ein - alles, was über 60 Euro liegt, sollte schon überdurchschnittlich schön sein!

Corniglia: Auskünfte u.a. in der *Bar Matteo*. Das größte Angebot - darunter einige Wohnungen mit Panoramablick hat Signora Spora, Tel. 0187812293. Gute Zimmer, zum Teil mit Meerblick, vermietet Signora Villa, Tel. 0187812384. Die schönste Dachterrasse der Cinque Terre bei Pellegrini, Tel. 0187812184: Kein besonderer Komfort, das Bad liegt einen Stock unter den Mietzimmern; aber wenn man morgens aufwacht, schaut man aus dem Bett gleich auf die Bucht von Manarola und die Berge.

Manarola: Ein relativ kleines, aber interessantes Angebot. Signor Badini vermietet liebevoll eingerichtete, sehr gepflegte Zimmer (mit Etagenbad) und Wohnungen mit Meerblick. Vico Volto 14, am Kirchplatz, Tel./Fax 0187920327. Ganz in der Nähe neu renovierte Unterkünfte auch bei Sara und Andrea Barani, Via Rollandi 35, Tel./Fax 0187920595, Internet: www.5terre-vacanze.com/baranin.html

Riomaggiore: Mehrere Agenturen vermitteln Ferienzimmer und -wohnungen, die Preise liegen eher etwas niedriger als in den anderen Orten: Gutes Angebot bei Edi Vesigna, darunter auch Wohnungen mit Terrasse und Meerblick, Via Colombo 111, Tel./Fax 0187920325, edi-vesigna@iol.it . Ebenfalls empfehlenswert sind die Agenturen Fazioli, Via Colombo 94, Tel./Fax 0187920904 und La Dolce Vita, Via Colombo 122, Tel./Fax 0187760044, agonatal@tin.it .

Mit allen genannten Agenturen und Vermietern, außer denjenigen in Corniglia, kann man sich auf englisch verständigen.

Jugendherbergen

Uneingeschränkt zu empfehlen ist das 1998 eröffnete *Ostello Cinque Terre* in **Manarola,** Via Riccobaldi 21 (am oberen Ortsrand). Die Räume, meist mit schöner Aussicht, sind tadellos in Ordnung, und die fantastische Dachterrasse würde jedem Nobelhotel Ehre machen. Nach Geschlechtern getrennte Unterbringung, Familien dürfen aber gemeinsam ins Viererzimmer. Tagsüber ist das Haus geschlossen (Schlafräume und Dachterrasse von 10-16 Uhr, Aufenthaltsraum von 13-16 Uhr nicht zugänglich). Sehr häufig ausgebucht, so früh wie möglich reservieren (englisch oder italienisch). Übernachtungspreis 13 Euro, vom 1.6. bis 15.9. 16 Euro. Es gibt keine Altersbeschränkung, JH-Ausweis ist nicht notwendig. Tel. 0187920215, Fax 0187920218, www.cinqueterre.net/ostello. Eine weitere Jugendherberge gibt es in **Levanto** (siehe dort).

Campen

Campen ist, wie schon erwähnt, in den Cinque Terre verboten. Einfachste Lösung: die Campingplätze in *Levanto* (vgl. Ortstext), von den Cinque Terre nur wenige Bahnminuten entfernt. Riskante Lösung: trotz des Verbots draußen schlafen. Wenn man's schon macht, sollte man auf keinen Fall Feuer anzünden, sich in Feldern und an Obstbäumen selbst bedienen, Abfälle zurücklassen. Es hört sich vielleicht blöd an, aber: **Waldbrände und die kleinen Klauereien von Touristen sind für die Einheimischen eine Dauerplage!**

Essen

Ein kulinarisches Paradies stellen die Cinque Terre leider nicht dar. Engagierte und kenntnisreiche Wirte sind dünn gesät. Die Gäste kommen schließlich sowieso, was soll man sich da besonders anstrengen? Sicher: Eine passable Pesto-Sauce bekommen die meisten Köche hin und die Sardellen im Antipasto sind frischer als beim durchschnittlichen 'Italiener' in Deutschland. Insofern ist die Bemerkung eines Lesers zutreffend, die durchschnittliche Küchenqualität liege „noch deutlich oberhalb jenes gewissen kulinarischen Erlebnissegments, welches von Pampe mit Tunke bis Labskaus reicht." Aber das sollte man ja in Italien auf jeden Fall erwarten, oder ?

In viel zu vielen Lokalen wird lieb- und ahnungslos gekocht. Die Zutaten kommen häufig aus der Konserve, der Service ist desinteressiert. Verheerend wirkt - wie in anderen Küstengebieten auch - die Ideologie des 'authentischen' *seafood*. Krustentiere wie Garnelen, Scampi, Krabben und Langusten sind an der ligurischen Küste selten, werden aber in fast allen Restaurants serviert - logischerweise fast immer tiefgefroren. Für das alles dann satte Rechnungen - die Einheimischen wissen genau, warum sie zum Essen in die Trattorien des Hinterlandes fahren.

Denn sobald man sich vom Ufer entfernt, wird die Sache besser. Die Wirte in den Bergdörfern haben keine Laufkundschaft. Sie müssen sich um Gäste bemühen, die bereit sind, ein Stück zu fahren, um besser zu essen. Da verschwinden dann die faden Dosensaucen und flauen Scampi; stattdessen kommen kräuterduftende Kaninchen, gut gewürzte Kalbsbraten und herzhafte Gemüse auf den Tisch.

Auch an der Küste gibt es zum Glück Ausnahmen. Aber nicht viele. Trotz langen Suchens und Probierens und mag ich in den Cinque-Terre-Orten nur wenige Lokale - vielfach zudem nur mit Einschränkungen - empfehlen. **Zu den Preiskategorien ° bis °°° vgl. S. 29.**

Monterosso

- Das *Moretto*°° ist so, wie eigentlich jedes professionell geführte Restaurant sein sollte - und das bedeutet in Monterosso: Es liegt weit über dem Durchschnitt. Die korrekte, gepflegte Küche arbeitet mit ordentlichen Grundbestandteilen (ausgezeichnet die Krabben im 'cocktail di gamberetti', das Fleisch der 'tagliata', das Olivenöl zum Salat). Über die Zubereitungsart kann man gelegentlich streiten, etwa über die reichlich mit Essig gewürzte Mayonnaise oder die sehr scharfen Muschelspaghetti. Trotzdem: Man ißt hier gern und gut. Piazza Colombo 1, Tel. 018781 7483, kein Ruhetag.

- Deutlich über dem Durchschnittsniveau liegt die Küchenqualität auch im *L'Alta Marea*°°. In der soliden, teilweise sogar sehr guten Küche sind Fisch- wie Fleischgerichte gleichermaßen vertreten. Mir schmeckten besonders die Taglierini neri all'Alta Marea (schwarze Tintenfischnudeln mit Meeresfrüchten), auch die gefüllten Muscheln und die gegrillte Brasse waren ein Genuß. Die Portionen sind generös, die Preise zivil, der Service ist bemüht - alles leider keine Selbstverständlichkeiten in den Cinque Terre. Via Roma 54 (im alten Ortskern), Tel. 018781 7170, Mittwoch RT (in der Saison nur Mittwochmittag).

- Das Ristorante *Miky*°° an der Uferstraße im Ortsteil Fegina ist vor allem wegen der Pizza aus dem Holzofen und des guten Hausweins empfehlenswert. Die Nudel- und Fischgerichte sind in Ordnung, aber nicht exzeptionell. Via Fegina 104. Tel. 018781 7608. Dienstag RT.

- *La Taverna*° gehört zu einem typisch italienischen Restaurant-Typ, den man in den Cinque Terre sonst leider kaum trifft: die familiäre, sympathische Trattoria mit solider Küche und vernünftigen Preisen. Gute Spaghetti al pesto, schöne Penne al salmone (breite Nudeln mit Lachs), gefüllte Muscheln und eine empfehlenswerte Nußtorte. Manchmal gibt's einen kleinen Ausfall: Ich erinnere mich an eine Kundin, die mit einem etwas hart geratenen Huhn auf der hölzernen Tischplatte herumklopfte. Sowas kann man sich hier durchaus leisten - ich finde, es spricht für das Restaurant... Freundliche, angenehme Atmosphäre. Via Molinello 39 (Seitenstraße im Ortsteil Fegina). Tel. 018781 7402. Mittwoch RT.

- Oberhalb von Monterosso liegt an der Straße nach Pignone/ La Spezia das Ristorante *Santuario Madonna di Soviore*° (neben der gleichnamigen Wallfahrtskirche): Eine ländliche Trattoria alten Stils mit angenehmer und solider Küche. Das Volumen der (Tief-)Kühlanlage in der Küche zeigt freilich auch, daß pragmatische Erwägungen im Vordergrund der Küchenleistung stehen. Beliebt und oft bis auf den letzten Platz besetzt. Tel. 0187817518. Dienstag RT.
  Von Monterosso führt der Wanderweg Nr. 9 in anderthalb Stunden hier hinauf (auf der Via Roma aus dem alten Ortskern gehen, am Ortsrand in Treppenweg nach links, dann den Markierungen folgen).

- Fast zwei Wanderstunden von Monterosso entfernt liegt die *Locanda del Villaggio*° im Weiler Puin (Ortsteil von Pignone). Fußweg: Wanderweg Nr. 9 bis Soviore, dann weiter wie auf S. 85 (Wanderweg 8) beschrieben. Schneller gelangt man mit dem Auto hin: etwa 7 km kurvenreiche Fahrt in Richtung Pignone. Eine klassische Trattoria des ligurischen Hinterlandes, wo die Portionen nicht so sparsam bemessen werden wie an der Küste und man ausgiebig und kräftig speist. Was auf den Tisch kommt, ist gut, z.B. die Spaghetti und Risotto mit Meeresfrüchten - und manches sogar exquisit, wie das weit überdurchschnittliche Dessert Panna cotta. Wer sich nach dem reichhaltigen Essen nicht mehr bewegen mag, kann im Haus auch preiswert übernachten. Località Puin (Pignone), Tel. 0187888130, Dienstag RT.

→ **Fürs Frühstück** oder den Nachmittagskaffee: Die Bar *Eden* an der Uferstraße zwischen Bahnhof und altem Ort (rechter Hand, direkt überm Strand) hat eine gute Nußtorte - und eine angenehme Terrasse mit Meerblick.

→ **Weinkauf**: Die *Enoteca delle Cinque Terre* (Via Roma 62, in der Hauptstraße des alten Ortskerns) führt zahlreiche gute italienische Weine und natürlich auch die örtlichen Lagen. Der Besitzer, Signor Giusti, ist ein ausgesprochener Kenner.

Vernazza

- Das *Gambero Rosso*°°° ist nach dem 'Cappun Magru' in Groppo, oberhalb Manarola (vgl. dort) das zweitbeste Lokal der Cinque Terre. Die meist überdurchschnittliche Küche produziert allerdings immer wieder auch bedauerliche Flops, wie z.B. die seit Jahren konstant langweilige Pesto-Sauce. Warum im Antipasto di mare Erdbeeren auf den Sardellen und Kiwis auf den Krabben liegen, soll uns mal das Institut für überflüssige Modeerscheinungen erklären - waren Kiwis nicht längst out? Aber die Fischravioli und das Zitronenrisotto sind köstlich, und in der Pilzsaison sollte man sich auf keinen Fall 'moscardini e porcini' entgehen lassen: kleine Tintenfische mit Steinpilzen, eine vorzügliche Kombination. Bemerkenswert auch die originellen Desserts. Und natürlich die Lage des Lokals: Der helle Gastraum mit Blick auf den Hafen ist direkt in einen Felsen gehöhlt. Übrigens benebelt kein überflüssiger Alkoholgenuß die Aussicht: Die Weinkarte ist kurz und schwach und der offene Hauswein lädt schon gar nicht zum Weitertrinken ein. Tel. 0187812265, Montag RT.

- Im angenehmen *Baretto*°° wird in zwei liebevoll eingerichteten Räumen (an warmen Tagen auch draußen auf der Hauptstraße des Ortes) ein reiches Angebot an hausgemachter Pasta serviert. Bei den Hauptgerichten dominieren Fisch und Meeresfrüchte. Exzellent sind z.B. die schwarzen Tintenfisch-Nudeln (tagliolini al nero di seppie) oder die Tagliatelle in Fisch-Sauce (tagliatelle al pesce). Die Tagesgerichte stehen oft nicht auf der Karte - lassen Sie sich beraten!
Via Roma 31, Tel. 0187812381. Montag RT.

Corniglia

- An der Hauptgasse liegt die gemütliche *Cantina de Mananàn*°°. In einem alten Steingewölbe kommen in lockerer Kneipenatmosphäre regionale Gerichte in guter Qualität auf den Tisch: Teigwaren mit Pesto, Nuß- oder Rucola-Sauce (vorzüglich sind die 'pansotti alla salsa di noci'), Kaninchen mit Oliven, Tintenfisch und schöne Desserts. Ein Vorzug gegenüber vielen anderen Restaurants: Es gibt gute Gerichte für den kleinen Hunger. Hintergrundmusik von Zucchero bis Paolo

Conte, zivile Preise. Das kleine Lokal ist meistens voll, besser reservieren (Tel. 018782 1166). Dienstag RT, mittags nur unregelmäßig geöffnet. Auch Zimmervermietung.

Volastra

- Auf der Höhe zwischen Corniglia und Manarola ißt man gut im Dorfrestaurant *Gli Ulivi*°°. Via Montello 21, Tel. 0187920158. Dienstag RT. (Vgl. Wanderung 3)

Manarola

- Die *Marina Piccola*°°° direkt am Meer lädt durch die herrliche Lage zum Einkehren ein. Der Eindruck täuscht: Der Service ist oft unlustig, das Essen allenfalls durchschnittlich - und dafür entschieden zu teuer.

- Dagegen lohnt der Besuch gleich um die Ecke in der Weinstube *Zio Bramante*. Als 'Onkel Bramante' noch lebte, trafen sich hier die in Manarola seit jeher zahlreichen Maler. Heute führt seine Tochter sachkundig das kleine Weinlokal. Man kann verschiedene Cinque-Terre-Weine - auch aus eigener Produktion - glasweise verkosten und findet ein breites Angebot verschiedenster Abfüllungen im Verkauf.

- Oberhalb von Manarola (knapp 30 min zu Fuß, zuerst auf der Straße aus dem Ort, dann auf Treppenwegen dem Wegweiser 'Groppo' folgen) liegt in dem kleinen Dorf Groppo das *Cap-*

pun Magru°°. In dem familiären Lokal kommt man sich vor, als sei man privat bei den Wirten zu Gast. Maurizio Bordoni schafft in seiner winzigen Küche die interessantesten Gerichte der Region. Wenn man die Speisekarte liest, meint man erstmal, hier sei ein durchgedrehter Adept der Nouvelle Cuisine am Werk. Da gibt es Kichererbsenklöße mit Meeresfrüchten, Salat aus Thunfisch und Radicchio mit Kokosnuß, Spinat- und Birnen-Cannelloni mit Parmesancreme, Brasse-Filet mit Granatapfel und Haselnüssen, Ente in einer Sauce aus Kaktusfeigen. Nach den ersten Bissen verschwindet jede Skepsis: Die Gerichte sind stimmig und perfekt zubereitet - absolut begeisternde, große Küche (für mich die beste zwischen Genua und Pisa). Übrigens: Die Karte wechselt fast täglich - Bordoni fällt ständig Neues ein, außerdem richtet er seine Kreationen konsequent nach dem jahreszeitlichen Angebot. Via Volastra 19, Groppo, Tel. 0187 92 05 63, Montag und Dienstag RT, außer sonntags nur abends ab 20 Uhr geöffnet. Reservierung unbedingt empfohlen (keine Angst vorm Anruf: man spricht deutsch) - die zwanzig Plätze des kleinen Restaurants sind schnell ausgebucht!

- Die Cinque-Terre-Trattoria mit der schönsten Aussicht ist *Billy*° im oberen Ortsteil (Via Rollandi 122, Tel. 0187 92 06 28, Donnerstag RT). Um in den Genuß des Traumblicks auf Manarola und das Meer zu kommen, muß man allerdings einen der wenigen Tische auf der kleinen Terrasse erwischen. Das Essen ist ordentlich, lenkt aber nicht wesentlich vom Panorama ab.

Was tun?

Einfach nur dasitzen. Vielleicht das Schönste von allem. Die Cinque Terre bieten sich dafür an. Kein Kulturstreß, viel Sonne, fast im ganzen Jahr gute Sitz-Temperaturen und vor allem: viele geeignete Plätze. Die wird sich jeder selbst heraussuchen. Ein paar Beispiele möchte ich doch aufzählen:

Für Naturfreunde: Auswahl unbegrenzt. Man läßt sich an einem der Wanderpfade nieder, auf einem Stein, einem Grasbüschel, an einem Ölbaumstamm. In der Tiefe das Meer, in der Luft das Summen der Insekten, im Atem Pinien- und Thymianduft und im Bauch dies merkwürdige Gefühl, daß man das Ganze irgendwie nicht richtig zu fassen bekommt - es ist fast zuviel... (Mittlerweile hat die Region Ligurien an einigen Wegen Holzbänke und -tische aufstellen lassen: da nun gerade nicht!)

Für Fotografen: Auf der Höhe über Vernazza, oder im Hafen von Manarola, stundenlang, bis das Licht stimmt...

Für Philosophen und Zen-Schüler: Ein einsamer Fels irgendwo am Wasser. Die Wellen kommen und gehen, und kommen und gehen. Vereinzelte Möwenschreie.

Für Akrobaten: In einer kleinen Höhle der Felswand von Monterosso - zwischen Himmel und Meer.

Für Esser und Fresser: vgl. S. 57ff.

Für Freunde der Geselligkeit: Es gibt wenige, aber effektvolle Sitzplätze. Die Bar an der Piazza von Monterosso (vor allem die Tische im Freien). Boote und Mäuerchen im Hafen von Vernazza. Die Bar Matteo in Corniglia. In Riomaggiore kann man's nach Gefühl versuchen, da bin ich mir nicht so sicher.

Für kritische Beobachter des Tourismus: Der Hafen von Manarola. Der Bahnhof von Monterosso am Wochenende. Die Rezeptionen aller größeren Hotels. Die Strände im August.

Für Folkloriker: Die Häfen morgens um fünf, wenn die Fischer heimkommen. Die Weinberge während der Weinernte. Jedes beliebige Wohnzimmer, wenn im Fernsehen *Domenica In* oder *Fantastico* laufen (aber da kommen nur fähige Feldforscher rein, die Eingeborenen sind mit Einladungen zurückhaltend).

Für Sie (und mich): Wir brauchen für so etwas keine Tips, wir finden unsere Orte selber! Das wäre ja noch schöner, nach all den Jahren Persönlichkeitsentfaltung. Kommen wir also zu handfesteren Dingen.

Baden

Baden kann man im allgemeinen von Mitte Mai bis Ende Oktober. Der einzige größere Sandstrand liegt in *Monterosso*, zieht sich dort das ganze Ufer entlang (im Sommer zum größten Teil mit gebührenpflichtigen Liegestühlen und Sonnenschirmen bestückt). Ein weiteres - einsames - Strandstück (Kies- und Steinstrand) in *Guvano*, eine gute halbe Stunde Fußweg von Corniglia entfernt, sowie ein nicht sonderlich reizvoller Steinstrand (mit Ferienkolonie-Bretterhäuschen) unterhalb des Bahnhofs von Corniglia. Alle anderen Küstenabschnitte der Cinque Terre sind felsig und nur an wenigen Stellen zugänglich. Die Felsbadeplätze sind überall sehr schön und z.T. recht einsam.

Monterosso: den Ort nach Osten verlassen, hinter dem Hotel Porto Roca zum Ufer hinabgehen.

Vernazza: Baden nur von Felsen am Hafen möglich.

Corniglia: sehr schön die kleine Bucht im Westen unterhalb des Ortes (von der Piazza in der Ortsmitte nach rechts hinabgehen, Wegweiser 'Marina').

Manarola: Vom Restaurant 'Marina Piccola' nimmt man den in den Fels geschlagenen Weg, geht hinter der Biegung eine Steintreppe abwärts zum Meer. Oder: auf Wanderweg Richtung Corniglia ca. 20 min, bis man das südliche - schönere Ende des schon erwähnten Steinstrandes von Corniglia erreicht.

Riomaggiore: südlich vom Hafen erst Felsen, dann auch ein kleiner Kiesstrand. Bademöglichkeit auch an den Felsen unter der Via dell'Amore.

■ **Die schönsten Strände außerhalb der Cinque Terre**: *San Fruttuoso - Sestri Levante (Baia del Silenzio) - Moneglia - Bonassola - Levanto*

Wasserverschmutzung: In den Cinque Terre - und generell an der Riviera di Levante - ist die Wasserqualität im allgemeinen gut. Die chemische Verschmutzung war schon immer gering, da es an der Küste kaum Industrie und keine intensive Landwirtschaft gibt - daher gelangen hier weder Fabrikabwasser noch Pestizide oder Düngemittel ins Meer. Aber auch die Verunreinigung durch Bakterien, die lange Zeit wegen unzureichender Kläranlagen ein Problem darstellte, ist weitgehend verschwunden. Wasserproben der Umweltschutzorganisation 'Lega Ambiente' ergaben für die meisten Küstenabschnitte Werte, die weit unter den gesetzlich erlaubten Grenzwerten lagen. Ausnahme: das Gebiet um Genua - alle anderen Strände (Camogli, Sestri Levante, Levanto, Monterosso, Manarola u.a.) wiesen sehr positive Ergebnisse auf - oft weniger als 5 % der erlaubten Bakterienkonzentration.

Wanderungen
in den Cinque Terre

WANDERN LÄSST SICH 'S kaum irgendwo in Italien so gut
wie in den Cinque Terre. Ich kenne jedenfalls keine andere
Landschaft mit einem so gut instandgehaltenen, markierten Wegenetz - und solche spektakuläre Schönheit wie hier
(mit der ganzen Szenerie von Weinbergen hoch über dem
Meer, Felsabstürzen, pittoresken Dörfern) wird auf dem italienischen Festland allenfalls noch an der süditalienischen
Amalfiküste erreicht. Wanderer stellen im Frühjahr und
Herbst einen Großteil der Cinque-Terre-Urlauber; zu Recht,
kaum einer von ihnen wird enttäuscht nach Hause fahren.
   Besonders reizvoll: Fast ausnahmslos bewegt man sich
auf schmalen, der Landschaft angepaßten Pfaden, nur aus-
nahmsweise auf breiteren Wegen und fast nie auf Asphalt.
Oft geht 's allerdings über Treppenwege auf und ab - vor
allem bei längeren Abstiegen spürt man dann seine Knie!
Die meisten Wanderwege führen nach einem mittleren
Anstieg (um die 300 Höhenmeter) auf halber Höhe ent-

Via dell'Amore

lang, senken sich dann wieder zu einem der Orte; man kann allerdings auch höher hinauf und in 600-800 m über dem Meeresspiegel wandern. Ich stelle im folgenden acht Wanderungen vor: nach meiner Meinung die schönsten der Cinque Terre und ihrer näheren Umgebung von Framura bis Portovenere.

Die Ausgangs- und Endpunkte aller Wege sind mit öffentlichen Verkehrsmitteln - falls im Text nichts anderes erwähnt wird: mit der Bahn - leicht zu erreichen. Die meisten Wegstrecken sind markiert - sicherheitshalber gebe ich auch bei den markierten Wegen eine Wegbeschreibung.

■ **Wanderkarten** gibt es in den Buchläden und Kiosken der Cinque Terre - unerläßlich sind sie nicht (siehe Stichwort 'Kartenmaterial' im ABC-Teil). Auf den Wanderkarten sind noch zahlreiche weitere Wege eingezeichnet. Meines Erachtens kann man sie sich sparen: Im Vergleich zu den hier beschriebenen Wegen sind sie fast immer weniger schön, bringen jedenfalls keine neuen Eindrücke mehr. Lohnender, trotz der längeren Anreise, sind für Unermüdliche die Wanderungen *'Am Monte Portofino'* (s. dort) und vor allem die verschiedenen Teilstrecken der Wanderung *'Die große Tour: In 9 Tagen von Genua nach Portovenere'* (vgl. dort), die man natürlich auch als Tageswanderungen zurücklegen kann.

■ **Eine Bitte**: Pflücken Sie auf Ihren Wanderungen keine Trauben und anderes Obst - bei der recht großen Anzahl von Cinque-Terre-Wanderern summiert sich solch eine Selbstbedienung für die Bauern schnell zu einem größeren Verlust. Und - es dürfte selbstverständlich sein: Lassen Sie keine Abfälle am Weg zurück, auch wenn noch so viele Idioten an Rastplätzen und anderswo ihre Cola-Dosen und Plastikflaschen deponiert haben.

■ Die von mir ausgewählten und im folgenden beschriebenen Wege sind nach **Schwierigkeitsgrad** geordnet: zuerst kommen die bequemeren, dann die anstrengenderen Touren (vgl. Karten 'Wanderungen in den Cinque Terre', S. 68ff).

Wanderungen in den Cinque Terre

1 Bahnhof Framura-Bonassola (rund 1½ h): Schöne Wanderung durch einsame Macchia-Landschaft, wenig begangen. (S. 72)

2 Monterosso-Levanto (2½ h): Durch Macchia und Pinienwald hoch über dem Meer, abseits der Zivilisation und 'wild'. Relativ bekannter und beliebter Weg. (S. 73)

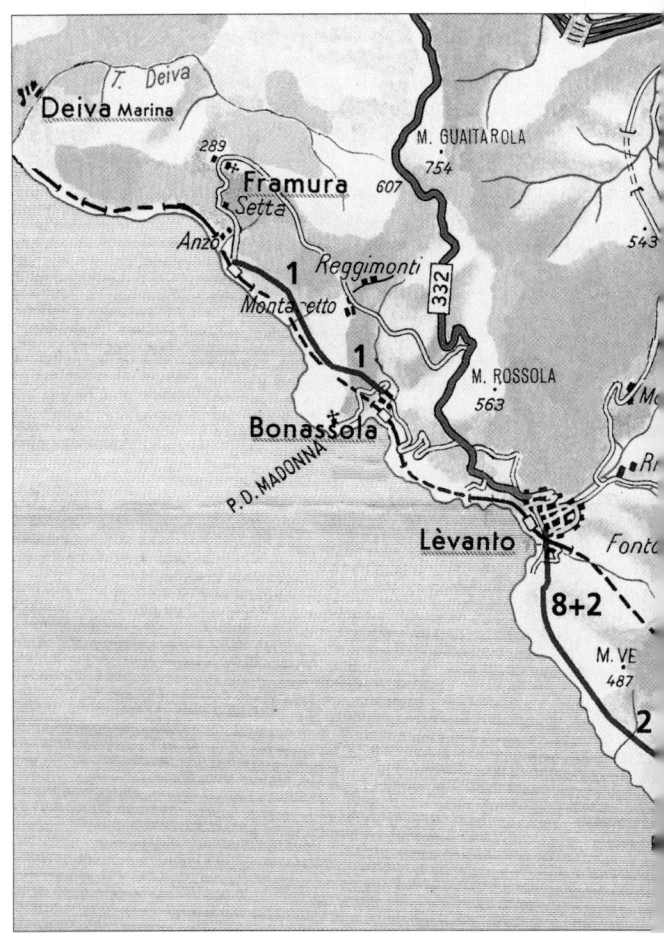

3 Corniglia-Volastra-Manarola
(gut 2 h): Ein Weg durch die
besterhaltene Weinbauland-
schaft des Gebiets. Fantastische
Meerblicke. (S. 74)

**4 Monterosso-Corniglia-Rio-
maggiore** (4½ h): Die klassische
Cinque-Terre-Wanderung. Unglaublich schön vor allem zwischen Monterosso und Corniglia, allerdings sehr stark frequentiert (S. 75).

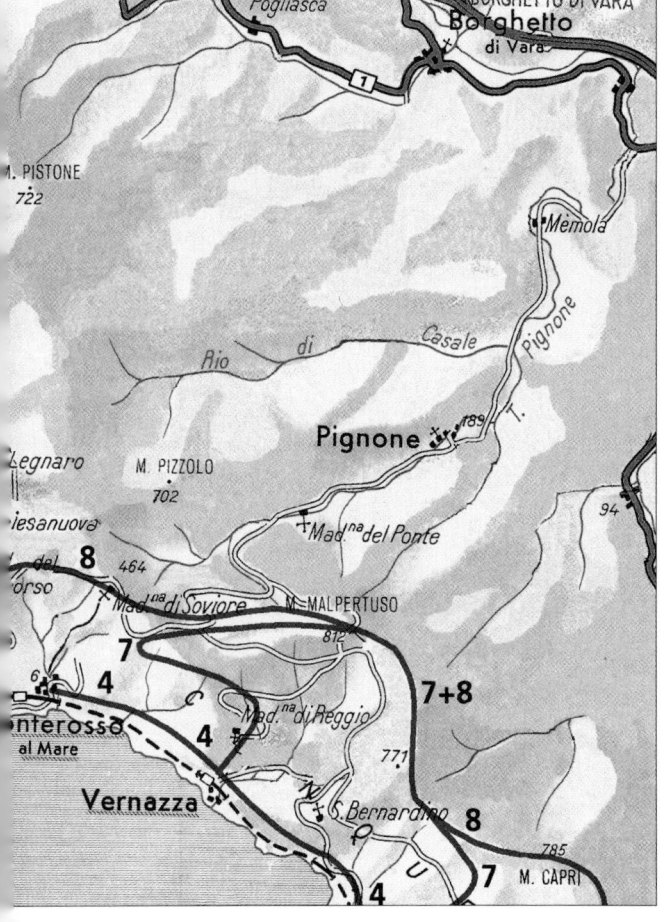

5 Riomaggiore-Portovenere
(4½ h): Vielleicht der spektaku-
lärste Weg der gesamten Küste -
der Pfad über Felsabstürzen zwischen Campiglia und Portovenere ist atemberaubend. (Keine
Angst: Man braucht nicht schwindelfrei zu sein.) Einer der bekannteren Wege. (S. 77)

6 Campiglia-Fossola-Biassa
(gut 2 h): Sehr schöner Weg durch
Weinterrassen und Wald in einem kaum besuchten Gebiet.
Teilweise sehr schmaler Pfad,
man muß trittsicher sein. (S. 80)

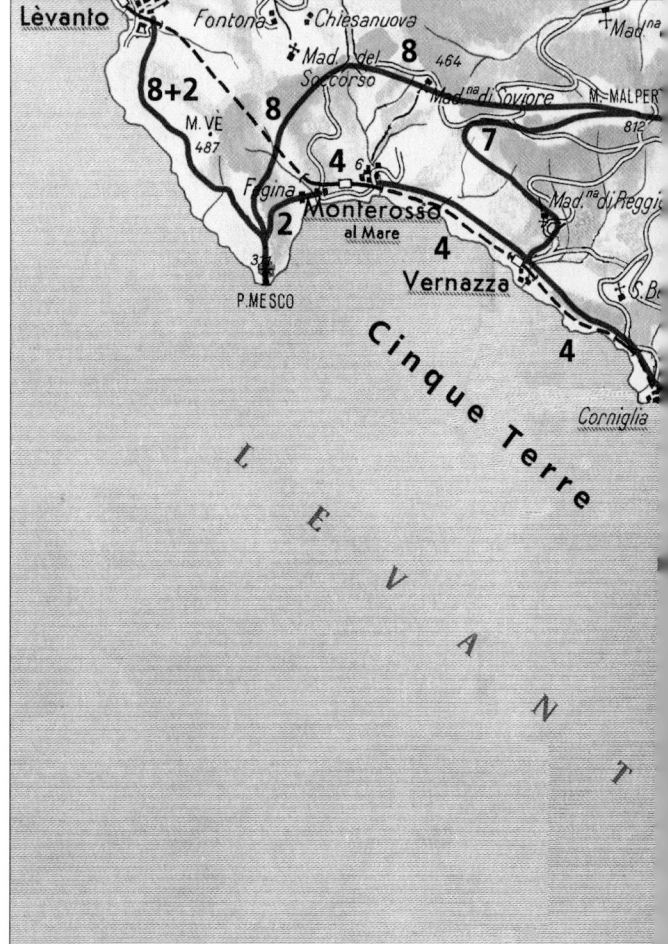

7 Vernazza-Cigoletta-Corniglia (gut 5 h): Ein langer Anstieg von Vernazza (800 m Höhenunterschied), der sich vor allem wegen des großartigen Kammwegs lohnt, den man auf der Höhe erreicht. (S. 82)

8 Levanto-Cigoletta-Portovenere (10-12 h): Der Cinque-Terre-Höhenweg, in zwei Tagen zurückzulegen. Meist in 600 - 800 m Höhe, mit weitem Blick über die Küste. Der Weg überschneidet sich mit Teilstücken der anderen Wanderungen. (S. 85)

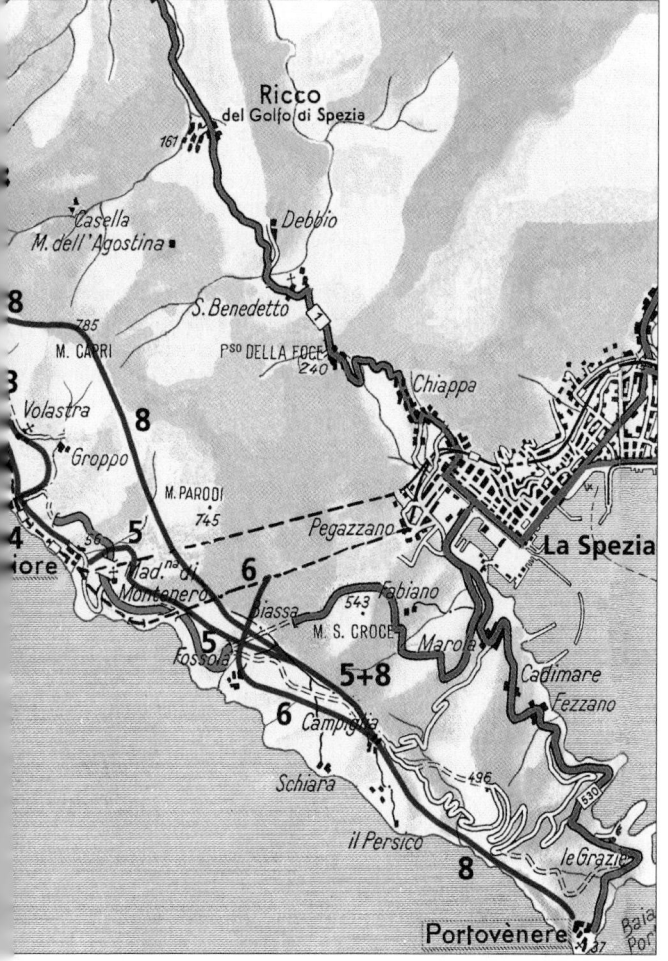

Wanderung 1: **Bahnhof Framura - Bonassola**

■ 1½ Stunden - Relativ kurze, aber abwechslungsreiche und interessante Wanderung. Zunächst Aufstieg - für ein kurzes Stück recht steil - auf schmalen steinigen Pfaden durch Macchia, Ginster, Steineichenwäldchen; herrliche Blicke aufs Meer. Auf der Höhe findet man einen angenehmen Waldweg, steigt dann ab nach *Bonassola*. Eine Wanderung abseits der Cinque-Terre-'Hauptrouten'.

- **Markierung**: blaue und rote Punkte

Vom *Bahnhof Framura* führt eine Straße durch den Tunnel. Die Straße beschreibt hinter dem Tunnel eine Linkskurve, gleich danach biegt man nach rechts in einen Treppenweg, der auf ein weiteres Sträßchen (Via Luigi Duina) führt, hier rechts gehen. Die Straße steigt über dem Meer in südlicher Richtung an. An ihrem Ende (20 min ab Bahnhof Framura) noch wenige Meter geradeaus, dann nach links in einen ansteigenden Pfad (Markierung rote und blaue Punkte, Weg Nr. 1).
  Steiniger Weg im Buschwald, schöne Meerblicke. Der Pfad senkt sich nach einer Weile zu einem Bachübergang mit einem kleinen Wasserfall, steigt auf der gegenüberliegenden Seite steil in Kurven an. Eine gute Viertelstunde Anstieg bis zu einem Asphaltsträßchen bei einer Häusergruppe (50 min ab Bhf. Framura). Nach 100 m auf dem Sträßchen biegt man unterhalb des dritten Hauses auf einen Pfad nach rechts (Wegweiser 'Bonassola'; weiterhin blaue Punkte als Wegmarkierung). Auf einem schönen Waldweg am Hang, z.T. mit Meerblicken, gelangt man in gut 20 min zu einem breiteren Weg. Auf diesem nach links, nochmal ein kurzer Anstieg, dann geradeaus abwärts in Richtung Bonassola (nicht rechts dem Wegweiser 'Salto della Lepre' folgen!). Man kommt zu einer Querstraße, geht links. Gleich darauf - kurz vor einer Linkskurve der Straße - biegt man in den rechts abzweigenden Treppenweg Via Vermestosa und erreicht in wenigen Minuten den Ort (1½ h).

Wanderung 2: **Monterosso - Levanto**

■ 2½ Stunden - Dieser Weg führt hoch über dem Meer durch Pinienwald und charakteristische Macchia-Vegetation. Begeisternd sind die Blicke über steile Felsabstürze aufs Meer. Am Wege findet man die typische Buschwaldgewächse: Steineichen, Erdbeerbäume, Ginster, Baumheide, Myrte, Kletterpflanzen wie Geißblatt und Stechwinde, duftende Kräuter. Nur im letzten Abschnitt passiert man kultiviertes Land: Wein- und Gemüsegärten, Ölbaumhaine, kleine Bauernhäuser. Recht steiler Anstieg von Monterosso zu Beginn (gut 300 Höhenmeter), dann ein bequemer, allmählicher Abstieg. Einer der beliebtesten Cinque-Terre-Wege und entsprechend stark begangen - hier trifft man immer auf Mitwanderer.

- **Markierung**: rot-weiß (bis 'Semaforo' Weg Nr. 10, dann Nr.1)

In *Monterosso* geht man zum neueren, im Westen gelegenen Ortsteil *Fegina,* passiert am westlichen Ortsende die Statue des 'Gigante' (Wegweiser 'Sentiero Il Mesco'), steigt dann auf Treppenweg an. Auf halber Höhe ein kurzes Stück auf Asphaltsträßchen, dann biegt man in einer Linkskurve nach rechts in einen schmalen ansteigenden Pfad (Wegweiser). Anstieg durch Pinienwald, zumeist über Stufen; schöne Blicke auf die Cinque-Terre-Dörfer. Auf der Höhe (ca. 45 min) erreicht man einen Querpfad; die Markierungen weisen nach rechts, man geht aber zunächst nach links (Wegweiser 'Punta Mesco'), erreicht in wenigen Minuten einen *Semaforo* (Leuchtturm) genannten Punkt mit den Ruinen der Kirche S.Antonio aus dem 12. Jahrhundert und eines Leuchtturms (314 m ü.M.). Schöner Blick über die gesamten Cinque Terre (im Südosten) und nach Nordwesten bis zum Vorgebirge von Portofino.

Vom Leuchtturm zurück zur Weggabelung, hier geradeaus, der Markierung folgend. Kurzer Anstieg zu einer weiteren Gabelung, bei der man auf den Weg Nr. 1 (Portovenere - Levanto) trifft. Nach links, hoch über dem Meer in nordwestlicher Richtung. Etwa 20 min nach dem Semaforo passiert man ein einsam gelegenes Bauernhaus, in dem Wein und kalte Gerichte serviert werden. Vorsicht: Der 'urige' Eindruck täuscht, die Preise sind höher als auf der Piazza von Capri - hier wird erbarmungslos abgezockt!

In weiteren 45 min - immer auf einem aussichtsreichen Weg mit weiten Meerpanoramen - erreicht man das Restaurant *La Giada del Mesco* (vgl. Beschreibung im Ortsteil Levanto). Hier geht man auf einem Sträßchen nach links, nach etwa fünf Minuten in einer Rechtskurve wieder nach links in einen abwärts führenden Pfad. Durch Ölbäume hinab nach Levanto (bis Ortszentrum knapp 2½ h, bis zum Bahnhof weitere 10 min). Beschreibung Levantos siehe Ortstext.

Wanderung 3: **Corniglia - Volastra - Manarola**

■ gut 2 Stunden - Abwechslungsreiche, schöne Wanderung. Nach einem dreiviertelstündigen Anstieg von Corniglia erreicht man hinter einem Waldstück eine faszinierende Wegstrecke am oberen Rand der berühmten Weinterrassen, die sich über dreihundert Höhenmeter zum Meer hinabsenken. Eindrücklicher als hier kann man die 'künstliche Landschaft' der Cinque Terre, in Jahrhunderten von den Einheimischen geschaffen, nicht erleben. Treppenabstieg nach Manarola, das man mit leicht zitternden Knien erreicht.

-   **Markierung**: rot-weiß (zunächst Weg Nr. 7a, dann Nr. 6d, dann Nr. 6).

Ich beschreibe den Weg ab Corniglia-Dorf. Vom Bahnhof aus sind noch 100 m Anstieg (ca. 15 min) hinzuzurechnen. In *Corniglia* an der linken Seite der Kirche vorbeigehen und gleich hinter der Kirche in einen nach links ansteigenden Weg (rot-weiß markiert, Nr. 7/a) einbiegen. Anstieg zunächst über einige Weinterrassen, dann durch Olivenhaine in einem Taleinschnitt. Nach rund 30 min beschreibt der Weg eine scharfe Rechtskurve. Einige Minuten später macht der Pfad eine Linkskurve, gleich darauf kommt eine Gabelung: Nach rechts zweigt der ebene, rot-weiß markierte Pfad Nr. 6/d ab, nach links steigt der markierte Weg 7/a weiter an. Hier nach rechts biegen.

Auf schmalem Pfad, zumeist eben, gelegentlich über Treppen ansteigend, durch ein Wäldchen. Bald wird der Blick nach rechts auf Corniglia frei, kurz darauf sieht man vor sich Manarola und das große, beeindruckende Gebiet der Weinterrassen um Volastra und Manarola. Auf ebenem schmalem Pfad mit wunderschönem

Blick weiter über die Terrassen, dann durch einen bewaldeten Taleinschnitt. Hier biegt der Weg scharf nach rechts, verläuft dann in südlicher Richtung weiter. Man passiert ein Wildschweingehege. Bald darauf sehr schöne Aussicht über die Weinberge nach Corniglia. Man erreicht ein Anwesen, geht rechts an dem Haus vorbei, biegt - nachdem man das Haus halb umrundet hat - vor dem Eingang nach rechts, geht vorbei an einem weiteren Gebäude auf ebenem Pfad nach Süden. Man erreicht das Dorf *Volastra* (1½ h; 340 m ü. M.), biegt vor der Kirche Madonna della Salute nach rechts (für ein kurzes Stück vom markierten Weg, der über die Straße führt, abweichen!), geht auf gepflastertem Weg zur Ortsmitte. Hinter dem Haus Nr. 4 nach rechts in einen abwärtsführenden Treppenweg (Nr. 6; linker Hand hier ein Wasserhahn, Trinkwasser).

Abstieg über Treppen durch einen Ölbaumhain. Man kreuzt zweimal die Straße Manarola-Volastra, erreicht schließlich *Manarola* bei der Kirche (gut 2 h).

Wanderung 4: **Monterosso - Vernazza -Corniglia - Manarola - Riomaggiore**

■ 4½ Stunden - Mehr Cinque Terre als auf diesem Weg kann man gar nicht erleben. Alles ist da: Weinterrassen, Zitronenbäume, Olivenhaine, Agaven, Steineichen, Pinien, Felsabstürze, Bauernhäuser, alle fünf Dörfer nacheinander und das Meer. Zu Recht gehört diese Strecke zu den berühmtesten Wanderwegen Italiens. Das ist ihr einziger Nachteil: Zwischen April und Oktober sind hier fast immer Massen von Wanderern unterwegs, vor allem an Feiertagen und Wochenenden wird es oft unerträglich voll.

- **Anstiege**: hinter Monterosso und Vernazza jeweils etwa 200 Höhenmeter, meist auf Treppenwegen, vor allem bei Hitze anstrengend.
- **Markierung**: rot-weiß (Weg Nr. 2)
- **Vorsicht nach Regenfällen**: In den letzten Jahren haben sich mehrfach Wanderer verletzt, als kleine Wegstücke überraschend abrutschten. Bei schlechtem Wetter wird der Weg schwierig, Trittsicherheit ist dann notwendig.

Beginn in *Monterosso* am östlichen Ortsrand. Man geht entweder (schönere Variante) links am Rathaus - dem großen Gebäude am östlichen Ende der Piazza - vorbei, dann nach links und nach 50 m nach rechts in einen Treppenweg oder (etwas bequemer) am Ufer entlang auf Sträßchen aufwärts zum Hotel Porto Roca. In beiden Fällen um das Hotel herum, dann an einem Mäuerchen entlang nach Osten. Bei einer Gabelung hinter einem Bach nach links, auf Stufen durch die Weinberge aufwärts. Sobald man die Höhe erreicht hat (30 min), nach links auf schmalen, relativ ebenen Weg. An einem Haus vorbei, über eine schöne alte Steinbrücke, durch einen Olivenhain. Im folgenden Stück wandert man streckenweise durch 1998 niedergebrannten Buschwald. Unerfreulich ist hier nicht nur der Anblick der geschwärzten Bäume, sondern auch die von Wanderern weggeworfenen Abfälle, die - vorher unsichtbar - jetzt im kahlen Unterholz zum Vorschein kommen. Die wunderbaren Blicke aufs Meer und drei der fünf Dörfer trösten nur begrenzt darüber hinweg. Treppenabstieg nach Vernazza (knapp 1:45 h).

In *Vernazza* vom Hafen aus die zentrale Via Roma 50 m aufwärts, dann nach rechts in den Treppenweg Via M. Carattino. 15 Minuten Anstieg mit Postkartenblicken auf Vernazza, ein ebenes Stück und neuerlicher Anstieg durch Olivenhaine bis zur Häusergruppe Prevo (Bar, rund 40 min ab Vernazza; 208 m ü.M.). Abstieg zu einem Rastplatz oberhalb des Strandes von Guvano. Weiter in Richtung Corniglia, das auf einem Hügelrücken sichtbar ist. Man durchquert einen schönen Olivenhain, gelangt zu einem Sträßchen, dann zwischen Mäuerchen in den Ort (1½ h ab Vernazza, 3¼ h ab Monterosso).

Von *Corniglia* in südöstlicher Richtung abwärts zum Bahnhof. (Ich ziehe in diesem Fall ausnahmsweise das Asphaltsträßchen dem kürzeren, aber etwas langweiligen Treppenweg vor.) Am Bahnhof vorbei, dahinter nach rechts auf Treppe abwärts, unter der Bahnlinie hindurch, nach links an den Holzkabinen einer Ferienkolonie vorbei. Kurzer steiler, dann bequemer Anstieg unter steilen Hängen, die mit Wolfsmilch und Agaven bewachsen sind. Treppenabstieg zum Hafen von Manarola (45 min ab Corniglia, 4 h ab Monterosso).

In *Manarola* im Ort aufwärts, über die Bahnlinie, dann nach rechts durch Tunnel zum Bahnhof. Links vom Bahnhofsgebäude führt eine Treppe aufwärts zur breiten, gepflasterten 'Via dell'Amore' - trotz dramatischer Felshänge nach der bisherigen Wanderung eine Sonntagnachmittags-Promenade. In einer guten Viertelstunde erreicht man den Bahnhof von *Riomaggiore* (knapp 4½ h ab

Monterosso); wer will, kann von dort durch einen Tunnel in den alten Ort weitergehen. (Zum Hafen führen Treppen, rechts hinter dem Tunnel.)

Wanderung 5:
Riomaggiore - Campiglia - Portovenere

■ 4½ Stunden - Der dramatischste Weg der gesamten Küste - aus einem einfachen Grund: Nach Südosten hin werden die Hänge über dem Meer immer steiler, zwischen *Campiglia* und *Portovenere* fallen die Felswände direkt zum Meer ab. Aber bereits vorher, im langen Anstieg von Riomaggiore (600 Höhenmeter) gibt es sehr reizvolle Wegstrekken: Von der Wallfahrtskirche Madonna di Monte Nero oberhalb des Ortes genießt man einen herrlichen Rundblick über die Cinque Terre, passiert dann einsame Weinterrassen, wandert vor Campiglia unter Pinien, Eßkastanien und Steineichen mit Blicken auf La Spezia und seinen Golf. Es folgt das spektakuläre Wegstück, schließlich ein - teilweise etwas mühseliger - Abstieg in das schöne, sehenswerte *Portovenere* mit seiner Burg, den Kirchen und farbigen Häusern.

- **Markierung**: durchgehend rot-weiß (bis 'Telegrafo'-Weg Nr. 3, dann Weg Nr. 1). Aufpassen muß man nur an einigen Stellen, wo andere - ebenfalls rot-weiß markierte - Wege abzweigen.
- **Trinkwasser** in Monte Nero, Telegrafo und Campiglia.

In *Riomaggiore* geht man vom Bahnhof nach rechts durch den Tunnel in den alten Ortskern, biegt dort auf der Hauptstraße nach links, durchquert ansteigend den gesamten Ort. Am Ortsrand über eine Querstraße, geradeaus weiter. Bei einer Gabelung rechts über Treppen aufwärts, wieder über eine Querstraße, Anstieg in östlicher Richtung. Nach einer Rechtskurve wird der Anstieg sanfter, auf angenehmem Pfad erreicht man die Wallfahrtskirche *Madonna di Monte Nero* (ca. 50 min; 341 m ü.M.). Um die Kirche herum, nach links, in östlicher Richtung ansteigen (Wegweiser 'Telegrafo').

Knapp zehn Minuten nach der Kirche biegt man über drei Steinstufen in einen nach rechts abzweigenden Pfad (markierter Weg,
Nr. 3). Achtung: Diese Stelle ist leicht zu übersehen, da der ebenfalls markierte - weniger schöne - Weg Nr. 3/a geradeaus weiterläuft.
Der Pfad verläuft fast eben am Hang zwischen Weinterrassen und
Nadelbäumen, passiert eine verwunschene Häusergruppe, steigt
dann nach links an bis zu den beiden Bars/Restaurants von *Telegrafo* (516 m ü.M.; 1½ h ab Riomaggiore). Hinter der (geschäfts-
tüchtigen!) Bar Natale auf asphaltiertem Weg nach rechts (ab hier

rot-weiße Markierung Nr. 1). Auf Waldwegen auf dem Hügel-kamm in südöstlicher Richtung bis zum Dorf *Campiglia* (2½ h; 382 m ü.M.).

- In **Campiglia** eine Bar, Lebensmittelgeschäfte und zwei Restaurants; Busverbindungen nach La Spezia (13, 14, 15.35 Uhr, sonntags 14, 15.10 Uhr).

Rechts an der Kirche vorbei, auf Hügelrücken durch einen kleinen Pinienwald. Am Rand des Wäldchens biegt man nach links, dann an einer Straße nach rechts. Ein kurzes Stück auf bzw. neben der Straße, kleines Auf und Ab im Pinienwald, dann das atemberaubende Wegstück auf steinigem Pfad oberhalb der Felswände. Außerordentliche Blicke.

Man erreicht ein Sträßchen (etwa 60 min ab Campiglia), geht auf Pfad rechts unterhalb weiter, kommt wieder zur Straße, geht nach rechts, biegt in der nächsten Kurve nach links auf einen Fahrweg und von diesem nach 20 m nach rechts aufwärts in einen schmalen Pfad. Erneut die Straße, auf ihr nach links. Knapp zehnminütiger Anstieg auf der Straße, mit Blicken auf den Golf und Hafen von La Spezia; dann geht man in einer Rechtskurve der Straße geradeaus weiter, steigt bald darauf nach Portovenere ab, das unterhalb sichtbar wird. Abstieg z.T. über Felsstufen, am Schluß auf einer Treppe links an der Burg vorbei. Man gelangt zum Hafen von *Portovenere* (knapp 4½ h ab Riomaggiore). Beschreibung von Portovenere siehe Ortstext.

- **Rückfahrt in die Cinque-Terre-Orte:** Bus bis La Spezia (alle 20 min, Fahrzeit 30 min; Fahrkarten vorher im Tabacchi-Geschäft kaufen), dann Bahn. Besser - absolut empfehlenswert: mit dem Schiff die Küste entlang. Die Schiffe verkehren im Sommerhalbjahr mehrfach täglich, das letzte Boot fährt je nach Jahreszeit zwischen 15 und 17 Uhr. Sie halten in Monterosso, gelegentlich auch in Riomaggiore und Vernazza. Auskunft: Navigazione Golfo dei Poeti, Tel. 0187 732987.

Wanderung 6: **Campiglia - Fossola - Biassa**

■ gut 2 Stunden - Wanderung in einer von Touristen kaum aufgesuchten Gegend abseits der üblichen Cinque-Terre-Pfade. Sie führt in eines der unzugänglichsten und steilsten Weinanbaugebiete der Küste. Man durchwandert auf teilweise etwas mühseligen Pfaden die Terrassenlandschaft, steigt dann auf einem altem Treppenweg durch Wald an und erreicht *Biassa,* den ältesten Ort des Golfs von La Spezia.

Die Wanderung ist streckenweise anstrengend: steiler Anstieg hinter *Fossola;* sehr schmale Pfade, auf denen Trittsicherheit erforderlich ist. Nicht geeignet für Personen mit Höhenangst. Nur teilweise markiert, Orientierung nicht schwierig.

In *Campiglia* geht man vom Kirchplatz hundert Meter in nordwestlicher Richtung (markierter Weg Nr. 1), biegt dann kurz vor einem Wasserhahn rechter Hand nach links in den 'Vicolo Codemon' (Weg Nr. 4/b bis Fossola). Gleich darauf wird der Blick frei auf die noch guterhaltenen Weinterrassen von Schiara, hoch über dem Meer. Bald nach dem Ortsende von Campiglia beschreibt der Pfad eine Serpentinenkurve, verläuft dann leicht absteigend immer oberhalb der Küste nach Nordwesten. Bei Abzweigungen folgt man dem markierten Hauptpfad, gelangt zu einem Asphaltsträßchen (20 min), geht auf ihm nach links abwärts. Man folgt der Straße für 100 m, geht dann in einer Linkskurve geradeaus weiter, steigt auf einem Treppenweg an. Nach wenigen Minuten rechter Hand der Brunnen *Fontana di Nozzano* (Trinkwasser). Hier verläßt man den Treppenweg, biegt nach links auf einen ebenen schmalen Pfad. Dieser senkt sich allmählich; etwa 5 min nach dem Brunnen steigt man über Steinstufen eine Terrasse hinab. Unmittelbar danach geht man nicht auf dem deutlicheren Weg über Stufen hinab (in Richtung auf ein Haus), sondern auf sehr schmalem Pfad an Mäuerchen entlang in gleicher Richtung wie bisher.

Man erreicht einen Treppenweg, geht auf ihm nach links abwärts (35 min). Nach knapp hundert Metern·biegt man von dem Weg nach rechts in einen schmalen Pfad (Steinstufen). Auf dem Pfad abwärts - zum Schluß ziemlich steil über Stufen - bis zu einem schmalen Querpfad, auf dem man nach rechts geht. Der Weg führt teilweise etwas mühselig über die Terrassen, ist stellenweise mit Gesträuch bewachsen.

Man erreicht *Fossola* (249 m ü.M.), ein aus verschiedenen kleineren Häusergruppen bestehendes Dorf, geht quer durch die Ortschaft zur Kirche (gut 1 h). Unterhalb der Kirche gelangt man zu einem Querweg (Treppenweg), steigt auf ihm nach rechts an. Sehr steiler Anstieg oberhalb von Fossola; Weg verläuft anschließend - etwas weniger steil - im Wald. Auf der Höhe (511 m ü.M.) erreicht man einen Querweg, geht geradeaus weiter. Abstieg über Stufen zu einem weiteren Querweg, man geht nach links, steigt weiter ab. Auf Treppenweg hinab nach *Biassa*. Kurz vor den ersten Häusern des Ortes nicht der Markierung nach rechts folgen, sondern geradeaus weitergehen, in den Ort hinein (ca. 2:10 h; 312 m ü.M.).

- **Anfahrt nach Campiglia:** Busse in La Spezia ab Bahnhof. Abfahrt: 10.20, 12.25, 13.30, 15.10, sonn- und feiertags 13.30, 14.35 Uhr.

- **Rückfahrt von Biassa:** 13.45, 14.45, 16.50, 17.40, 18.40 Uhr, sonn- und feiertags 13.50, 15.10, 18.10, 19.10 Uhr. Fahrzeit jeweils ca. 25 min.

- **Busfahrkarten** - am besten auch gleich für die Rückfahrt - müssen außerhalb des Busses am Schalter oder in Tabacchi-Geschäften gekauft werden.

Wanderung 7: **Vernazza - Cigoletta - Corniglia**

■ gut 5 Stunden - Die Wanderung ist anstrengender als die anderen Cinque-Terre-Wege: Bis zur Kammlinie sind 800 Höhenmeter zu bewältigen. Aber die Mühe lohnt. Auf einem wunderschönen alten Maultierweg steigt man von *Vernazza* auf zur Wallfahrtskirche *Madonna di Reggio;* dann geht es auf reizvollen Macchia- und Waldpfaden hoch über dem Meer weiter, oft mit herrlichen Ausblicken auf die Küste und ins Hinterland. Zwischen Madonna di Reggio und der Straße Monterosso-Pignone wandert man allerdings rund eine Stunde durch ein Gebiet, das im Sommer 1998 völlig ausbrannte; zwischen den kahlen Resten der Vegetation wächst der Buschwald nur allmählich nach. Bei meiner letzten Wanderung im Herbst 2000 war der Weg in diesem Teilstück streckenweise stark überwuchert und die Orientierung nicht ganz einfach.

Eine weniger anstrengende, allerdings auch weniger interessante Variante (500 Höhenmeter, 3 h Wanderzeit) führt über *Soviore* nach *Monterosso*. Wer dagegen gute Kondition hat, kann die Tour mit der Wanderung 3 *Corniglia - Volastra - Manarola* (S. 74) kombinieren. Die Wanderung verlängert sich dann um knapp eine Stunde.

- **Markierungen**: *Vernazza-Madonna di Reggio* rot-weiß (Nr. 8); *Madonna di Reggio-Straße* rot-weiß (Nr. 8/b); *Straße-Cigoletta* rot-weiß (Nr. 1); *Cigoletta-Corniglia* rot-weiß (Nr. 7a).
- **Trinkwasser** nur bei *Madonna di Reggio* (50 min ab Vernazza)!

Der Weg beginnt am Bahnhof von *Vernazza*. Unter der Bahnbrücke hindurch aufwärts, gleich hinter der Brücke in einen Treppenweg nach links (Via Pastenello, rot-weiße Markierung Weg Nr. 8). Kurzes Stück über Treppen, ein weiteres kurzes Stück auf betoniertem Weg, dann wunderbarer alter steingepflasterter Weg (mit Blicken auf Vernazza) bis zur Wallfahrtskirche *Madonna di Reggio* (300 m ü.M., 50 min).

Man folgt weiter dem markierten Weg, der rechts von der Kirche ansteigt. In wenigen Minuten erreicht man eine Asphaltstraße. Hier biegt man - abweichend von der Markierung - auf der Straße nach links. (Man kann auch dem Weg Nr. 8 bis zum Paß *Foce Drignana* folgen, dann weiter wie unten beschrieben; diese

Variante ist etwa eine Stunde kürzer, aber bei weitem nicht so schön wie der im folgenden beschriebene Weg.) Nach knapp 5 min - in einer scharfen Rechtskurve der Straße - geradeaus weiter in einen Pfad (rot-weiß markiert, Nr. 8/b). Man folgt diesem zumeist ebenen bzw. leicht ansteigenden Weg (zwischendurch zwei etwas steilere Anstiege) für knapp eine Stunde in nordwestlicher Richtung (Grobrichtung *Monterosso*) mit herrlichen Meerblicken bis zur Straße Monterosso-Pignone (1:50 h). Hier geht man nach rechts.

(Wer die kürzere Variante *Soviore-Monterosso* wählt, biegt auf der Straße nach links. Knapp 10 min auf der Straße bergab, dann in einen asphaltierten Weg nach links abwärts (rot-weiß markiert), der zur Kirche und zum gleichnamigen Restaurant *Madonna di Soviore* führt (ab Vernazza gut 2 h), vgl. 'Essen - Monterosso'. Man passiert die Kirche, geht noch 100 m bis zur Einfahrt des Klostergeländes. Hier zweigt der Weg Nr. 9 nach links ab; er führt in knapp einstündigem Abstieg nach Monterosso.)

Nach kurzem Stück zweigt von der Straße auf der Paßhöhe nach rechts eine kleinere Straße ab (Wegweiser 'Vernazza', 'La Spezia'). Man geht hier nach rechts und biegt nach 10 m in einen nach links ansteigenden Weg (rot-weiße Markierung Nr. 1). Der Weg verengt sich gleich darauf zum Pfad (Wegweiser 'Portovenere').

Kurzer Anstieg, dann auf bequemem Weg eben bzw. allmählich absteigend zum Paß *Foce Drignana* (500 m; knapp 2½ h ab Vernazza). Man überquert eine Querstraße, geht auf ansteigendem Sträßchen nach Osten. Bei einer Gabelung vor einem neueren Haus biegt man nach links, 20 m danach vom Sträßchen auf einen Pfad nach rechts. Anstieg bis zu einem Fahrweg, auf diesem nach rechts. Nach knapp 10 min auf dem Weg, kurz hinter zwei aufeinanderfolgenden Kurven biegt man nach rechts ab in einen ansteigenden Pfad. Steiler Anstieg zu einem kleinen Sattel (780 m; 3:10 h). Der Weg verläuft anschließend mit schönen Blicken eben am Hang.

Kurzer Abstieg zu einem kleinen Paß (Rastplatz; nach links Wegweiser 'Alta Via'). Der Weg führt hier rechts am Hang eben weiter, in leichtem Auf und Ab an der Kammlinie entlang. Zwischen Edelkastanien und Buchen öffnen sich immer wieder Ausblicke aufs Meer; gelegentlich sieht man auch im Hinterland die Bergketten des Apennin. Schließlich beginnt ein allmählicher Abstieg. Er führt in rund 15 Min. zu einem Querweg (rot-weiß markiert, Nr. 1 und 7). Hier biegt man nach links. Drei Minuten später erreicht man den Paß *Cigoletta* (4:15 h, 607 m). Man folgt dem markierten Weg Nr. 1 geradeaus (Wegweiser 'Portovenere'). Fünf Minuten später erreicht man eine Lichtung im Wald, biegt hier bei einer

Gabelung (in beiden Richtung rot-weiß markiert) nach rechts auf einen abwärts führenden Weg (Nr. 7/a). Der Weg senkt sich in 10 min - vorübergehend sehr schmal am Waldhang - zur Straße, man geht auf ihr nach links. Nach 250 m von der Straße nach rechts in absteigenden Pfad. Zunächst recht steiler, dann bequemer Abstieg im Wald. Gut 10 min nach der Straße biegt nach links ein ebener Pfad ab; ihm folgend gelangt man in etwa anderthalb Stunden über *Volastra* nach *Manarola* (vgl. Wegbeschreibung Nr. 3 '*Corniglia - Volastra - Manarola*', S. 74).

Um nach Corniglia zu kommen, folgt man dagegen dem markierten Weg geradeaus abwärts. Dieser Weg biegt gleich darauf nach rechts, etwas unterhalb dann scharf nach links und erreicht in 25 min *Corniglia* (5:15 h).

Wanderung 8:
Levanto - Cigoletta - Portovenere

■ 10 bis 12 Stunden - am besten in 2 Tagesetappen. Der Cinque-Terre-Höhenweg für sportliche Wanderer. Die meisten Teilstrecken des Weges kann man auch auf den bisher beschriebenen kürzeren Wanderungen *(Monterosso-Levanto; Volastra -Cigoletta-Corniglia; Riomaggiore -Portovenere)* kennenlernen; aber natürlich hat es seinen eigenen Reiz, für zwei Tage loszuziehen und die Orte nur noch von oben zu sehen.

Der Weg verläuft zumeist in 600 bis 800 m Höhe, nach dem ersten Anstieg nur noch in allmählichem Auf und Ab. Oftmals schöne Blicke aufs Meer und die Berge im Hinterland. In der Vegetation macht sich die Höhenlage bemerkbar: Wenig spezifische Mittelmeergewächse, sondern viel Farne und Ginster, Edelkastanien, z.T. auch Eichen und Pinien. An einigen Stellen wachsen Orchideen. Am schönsten ist der Weg im Mai/Juni zur Ginsterblüte und im Spätherbst, wenn sich das Laub gefärbt hat.

- **Markierung**: Der Weg ist gut markiert (rot-weiß, Nr. 1). An vielen Stellen führen Querwege hinab zu den Cinque-Terre-Orten, die jeweils in ein bis zwei Stunden erreichbar sind.

In *Levanto* steigt man auf zur Kirche Sant' Andrea (im Süden des Ortes am schwarz-weiß gestreiften Turm leicht zu erkennen), geht rechts an der Kirche vorbei, durch einen Torbogen, dann rechts aufwärts. Man überquert vor einem gelben Haus (wenige Meter oberhalb der Burg) eine Straße, geht halblinks aufwärts. Anstieg durch Olivenhain bis zu einer Asphaltstraße (30 min), dort nach rechts, nach fünf Minuten auf dem Sträßchen beim Restaurant 'La Giada del Mesco' in einen nach rechts abzweigenden Weg. In leichtem Auf und Ab an einigen Bauernhäusern vorbei, dann ein gut zehnminütiger steiler Anstieg, ein kurzer Abstieg und schließlich ein längerer allmählicher Anstieg auf schönem Weg über dem Meer bis zu einer kleinen Kuppe (1:40 h; 370 m ü.M.), hinter der man in südöstlicher Richtung die gesamten Cinque Terre überblickt.

Zehn Meter hinter der Kuppe biegt man in einen Pfad nach links (rot-weiß markiert, Nr. 1; geradeaus führt der Weg Nr. 10 nach

Monterosso). Der Weg steigt auf Hügelkamm, dann am Hang des *Monte Vé* langsam an. Im Frühjahr blühen hier Zistrosen und Ginster, außerdem finden sich Baumheide, Pinien, Erdbeerbäume, Farne. Schöne Meerblicke. Leichter Abstieg zu einer Senke zwischen zwei Hügelkuppen (nach links zweigt hier der Wege Nr. 14 ab). Geradeaus weiter, Anstieg auf steinigem Weg am Hang des *Monte Rossini* (nach links Blick auf die Bucht von Levanto). Es folgt ein steiler Abstieg im Pinienwald, dann nochmals ein kurzer Anstieg und schließlich ein bequemer Waldweg abwärts zur Straße Monterosso - Levanto, die man bei *Colla di Gritta* erreicht (Hotel-Restaurant, Bar; 3 h ab Levanto; 330 m ü.M.). Man überquert vor dem Restaurant die Straße, steigt fünf Meter eine Böschung hinauf, erreicht eine weitere Straße, geht auf ihr nach rechts (in östlicher Richtung). Es folgt ein ärgerliches, leider unvermeidliches längeres Wegstück auf der Asphaltstraße. Nach knapp zwei Kilometern Anstieg auf der Straße geht es rechts ab, auf ein kleineres Sträßchen zur Wallfahrtskirche *Madonna di Soviore* (mit Bar und sympathischem Restaurant; Hinweisschild; 3½ h; 465 m ü.M.). Rechts an der Kirche vorbei, auf Pfad an zwei neueren Häusern vorbei, Anstieg auf asphaltiertem Weg, neuerlich die Straße. Man geht nach rechts, nach kurzem Stück zweigt auf der Paßhöhe nach rechts eine kleine Straße ab (3:45 h).

- **Übernachtung:** Wer in der *Locanda del Villaggio* übernachten möchte, geht weiter geradeaus in Richtung La Spezia, biegt nach 50 m (vor dem Schild 'Comune di Pignone') in einen Weg nach rechts abwärts und erreicht in rund 10 min eine Häusergruppe mit der Trattoria (vgl. 'Essen - Monterosso').

Der Wanderweg Richtung Portovenere folgt dagegen der Wegmarkierung Nr. 1: Man biegt auf der kleinen Straße nach rechts und nach zehn Metern wieder nach links in einen ansteigenden Weg. Weiter bis zum Paß *Cigoletta* wie auf der Wanderung 7 *'Vernazza - Cigoletta - Corniglia'* (S.82).

Am Paß *Cigoletta* (6 h) geht man auf dem Weg Nr. 1 geradeaus weiter und erreicht fünf Minuten später eine Lichtung im Wald. Hier hält man sich bei einer Gabelung links (rot-weiß markiert, nach rechts biegt der ebenfalls rot-weiß markierte Weg Nr. 7/a nach Corniglia ab). Auf ebenem Weg bis zu einer Pfad-Kreuzung (rechts führt Weg Nr. 6 nach Manarola). Man geht geradeaus, der Weg steigt an, biegt nach links. In steilem Anstieg zu einem kleinen Paß (6½ h). Man überquert ihn, geht auf der anderen Hangseite leicht ansteigend durch Kastanienwald weiter. Ein neuerlicher Sattel (6:40 h), man geht wieder an der Meerseite des Hanges, schöne

Blicke auf das Meer und das Dorf Volastra. Weg verengt sich, verläuft zumeist eben, manchmal leicht absteigend, häufig durch Farngesträuch.

Kreuzung des Weges 01 nach Riomaggiore (7¼ h, Wegweiser). Man geht geradeaus auf ebenem Fahrweg durch Edelkastanienwald. Der Fahrweg biegt nach links (7½ h), hier zweigt man nach rechts in einen geradeaus weiterführenden Pfad. (Fahrweg erreicht wenige Meter darauf ein Asphaltsträßchen.) Mit schönen Blicken auf Riomaggiore, das Meer, die Kirche *Madonna di Montenero* am Hang entlang. Der Weg senkt sich, Abstieg zur Bar am 'Telegrafo' (8 h). Weiter wie auf der Wanderung 5 *'Riomaggiore-Portovenere'* (vgl. S. 77): in rund 2½ Stunden über *Campiglia* nach *Portovenere* (10½ h).

- **Verpflegung**: Restaurants befinden sich in *Colla di Gritta* (3 h ab Levanto), *Santuario di Soviore°* (3½ h), *Telegrafo* (8 h), *Campiglia* (9 h). An diesen Punkten auch die einzigen Möglichkeiten, Trinkwasser zu bekommen! Campiglia ist die einzige Ortschaft an der Strecke, hier gibt es auch Geschäfte.

- **Übernachtungsmöglichkeiten am Wege:** *Albergo Bivio°°*, loc. Colla di *Gritta* (3 h ab Levanto), Tel. 0187800439; *Santuario di Soviore°* (3½ h ab Levanto), Tel. 0187817518; *Locanda del Villagio°* (4 h ab Levanto, vgl. Wegbeschreibung), Tel. 0187888139.

Im Freien zu übernachten ist zwar offiziell verboten, aber in der einsamen Gegend finden natürlich keine Kontrollen statt. Wenn Sie wild campen: Entzünden Sie bitte auf keinen Fall Feuer - die Waldbrandgefahr ist extrem hoch und vom Ortsfremden kaum einzuschätzen!

Ausflüge und Besichtigungen

BESICHTIGUNGEN dürften für niemanden der Hauptgrund sein, in die Cinque Terre zu fahren. In den meisten anderen Regionen Italiens trifft man auf dichtere Kunst- und Kulturballungen. Dennoch findet sich in der näheren und weiteren Umgebung eine ganze Reihe von Sehenswürdigkeiten. Es gibt zahlreiche Ausflugsmöglichkeiten. Ich habe mich bei meinen Cinque-Terre-Aufenthalten kaum je losreißen wollen und bin meist an Ort und Stelle geblieben; erst nach Jahren habe ich gemerkt, daß beispielsweise auch *Camogli* und der *Monte Portofino*, gut eine Fahrstunde entfernt, sehr reizvoll sind.

Für Kunstinteressierte dürften insbesondere Genua und Pisa (beide leicht in Tagesausflügen erreichbar) sowie das neu eröffnete Museo Amedeo Lia in La Spezia attraktiv sein. Ich gebe im folgenden einen Überblick über die Ausflugs- und Besichtigungsmöglichkeiten und verweise auf die Stellen dieses Buches, an denen genauere Beschreibungen folgen. Einzig das toskanische Pisa werde ich bereits in diesem Abschnitt näher darstellen.

■ **Genua,** anderthalb bis zwei Stunden Bahnfahrt entfernt, ist das genaue Kontrastprogramm zu den Cinque Terre: laut, modern, dreckig, dekadent... Trotzdem: Der Ausflug lohnt sehr! Die Altstadt ist in ihrer Art einmalig, liegt irgendwo zwischen Neapel, Marrakesch und Reeperbahn. Rumbummeln, einkaufen, essen gehen: optimal. Und für Kunstliebhaber ein Riesenangebot, von romanischen Kirchen bis zu Rubens-Gemälden. Vgl. Ortstext.

■ **Camogli, San Fruttuoso, Portofino** lassen sich zusammen in einem Tagesausflug besuchen - obwohl man am landschaftlich reizvollen Vorgebirge von Portofino durchaus auch längere Zeit verbringen kann. Vor allem Camogli mit seinen farbigen Häusern und dem lebhaften kleinen Hafen - im Stil ganz anders als die Cinque-Terre-Dörfer - lohnt auf jeden Fall einen Besuch. Schön auch die Schifffahrt zur einsam in einer Bucht gelegenen Abtei San Fruttuoso. Am Monte Portofino gibt es zahlreiche gute Wandermöglichkeiten. Entfernung von Monterosso: gut eine Stunde Bahnfahrt. Vgl. jeweils den speziellen Ortstext.

■ **Chiavari** und **Sestri Levante** lohnen zwar nicht unbedingt einen eigenen Ausflug; ausgedehnte Spaziergänge sind aber in beiden Kleinstädten durchaus reizvoll. (Die häßliche Schale von Neubauten täuscht!) In Chiavari und Umgebung eine große Auswahl an guten Restaurants. Vgl. Ortstext.

■ **Portovenere** zählt zu den schönsten und historisch interessantesten Orten der Küste; der Ausflug ist sehr empfehlenswert. Hinweg von Riomaggiore zu Fuß möglich. Mindestens eine Strecke sollte man mit dem Schiff zurücklegen. Weitere Anreisemöglichkeit: Bahn bis La Spezia, ab dort Bus (häufige Verbindungen, Fahrzeit 30 min). Vgl. Ortstext.

■ **La Spezia** bietet im *Museum Amedeo Lia* eine Gemäldesammlung ersten Ranges mit Bildern von Tizian, Tintoretto, Bellini u.a., vgl. Ortstext.

Pisa

MARMOR - KALT ODER EINMALIG? Der weiteste von den Cinque Terre aus sinnvollerweise an einem Tag durchführbare Ausflug führt nach Pisa (reine Fahrzeit anderthalb Stunden, verlängert sich je nach der Wartezeit beim Umsteigen in La Spezia). Da die toskanische Stadt ein wenig aus dem Rahmen dieses Buches fällt, beschreibe ich sie hier unter den 'Besichtigungen', ohne ihr ein eigenes Kapitel zu widmen.

Ich muß gleich gestehen: Der berühmte Domplatz in Pisa hat mich nie begeistert. Der Schiefe Turm ist so schief, wie man ihn sich vorstellt, und die gewaltigen Marmorbauten daneben haben mich immer ziemlich kalt gelassen. Das mag von völlig subjektiven Neigungen herrühren. Ich möchte deshalb - als Gegengewicht - einen von mir geschätzten Autor zitieren, der von Pisa fasziniert war: Eckart Peterich, dessen inzwischen mehr als 30 Jahre alter Italien-Führer (Italien, 3 Bände, Prestel Verlag) meines Erachtens nach wie vor in der deutschsprachigen Literatur zum Thema unübertroffen ist. Peterich schreibt über den Pisaner Domplatz: „Immer wieder hat mich dieser Platz an die Stätte erinnert, die mir die liebste auf der mir bekannten Erde ist: an die Akropolis von Athen. Das liegt gewiß nicht nur am Marmor, aus dem man hier wie dort gebaut hat, auch nicht allein daran, daß hier wie dort mehrere großartige Glaubensbauten auf verhältnismäßig engem, genau begrenztem Raum unverbunden, scheinbar zufällig nebeneinander gestellt wurden, es liegt, scheint mir, vor allem daran, daß uns die pisanischen Bauten wie die athenischen das Gefühl geben, hier sei etwas Einmaliges geschaffen worden, ein Werk, das durch Jahrhunderte weiterwirken und doch von diesen Jahrhunderten nicht übertroffen werden wird."

Pisa zählte zusammen mit Genua, Amalfi und Venedig zu den bedeutendsten italienischen Städten des frühen Mittelalters. Die Blüte der italienischen Stadtkultur erwuchs aus dem Handel, und der Handel konzentrierte sich im 10.

und 11. Jahrhundert zunächst in den Hafenstädten, bevor er dann auch die Städte des Binnenlandes (Florenz, Siena, Mailand usw.) anwachsen ließ. Die Hafenstädte standen in engem Kontakt - in friedlichem Austausch und in häufigen Kriegen - mit der arabisch-mohammedanischen Welt, die sich damals bis nach Sizilien, Sardinien und Korsika erstreckte. Das Selbstbewußtsein einer der reichsten Städte Italiens, aber auch der islamische Einfluß kommen in den monumentalen Bauten Pisas deutlich zum Ausdruck.

■ Unter diesen Bauten ist der **Dom** der älteste. Er wurde 1063 nach einem großen Seesieg der Pisaner über die Araber begonnen und zunächst aus dem Erlös der reichen Kriegsbeute finanziert. Man hat über hundert Jahre an der Kirche gebaut, während der gesamten 'großen Zeit' Pisas, das damals ein faktisch selbständiger, mächtiger Stadtstaat war. Der von einem griechischen Architekten entworfene Bau stellt völlig neuartige, originelle Formen vor, in denen der östliche Einfluß in vielen Schmuckformen, vor allem in dem Streifenmuster, zum Ausdruck kommt. (Die Streifenornamentik hat sich dann in der gesamten Toskana, in Sardinien und Korsika verbreitet und findet sich auch an den Dorfkirchen der Cinque Terre.) Mit dem andernorts zur gleichen Zeit herrschenden romanischen Baustil hat diese Kirche kaum etwas gemein.

Am Außenbau sieht man elegante Verzierungen mit Bogenreihen und Pfeilern, Rosetten, Marmorintarsien, orientalisierenden Mosaiken. Etwa hundert Jahre nach Baubeginn hat man den Dom verlängert; der Anbau (fünf Bögen) ist am andersartigen Material leicht zu identifizieren. Über der Apsis befindet sich die arabische Skulptur eines Greifen (heute eine Kopie, das Original im Dommuseum). Man betritt die Kirche von der (dem Schiefen Turm zugewandten) Rückseite durch ein Portal mit Bronzetüren des ausgehenden 12. Jahrhunderts, auf denen Szenen aus dem Leben Jesu dargestellt sind. Im fünfschiffigen Innenraum, mit einem dreischiffigen Querschiff, erhebt sich ein Säulenwald; der dynamische und an manchen Stellen unübersichtliche Bau wirkt sehr belebt. Links vom Eingang befindet sich das Grab des deutschen Kaisers Heinrich VII., der auf einem Italienfeldzug 1313 starb. An dem Bronzeleuchter vor dem Hauptaltar machte Galilei angeblich Beobachtungen zu den Pendelbewegungen; die fromme Legende kann nicht stimmen, denn Galilei publizierte seine Entdeckungen schon einige Jahre, bevor dieser Leuchter aufgehängt wurde. Bemerkenswert ist die Kanzel (von Giovanni Pisano, 1302-1311) mit dramatischen und figurenreichen Reliefs (Verkündigung, Geburt Christi, Anbetung der Könige, Flucht nach Ägypten und andere Szenen des Neuen Testaments). Michelangelo hat diese Arbeiten eingehend studiert und sich davon anregen lassen. Später gerieten sie in Mißkredit, die Kanzel wurde abgebaut und weggeräumt; erst 1926 hat man sie wieder aufgestellt.

■ Der **Schiefe Turm** ist der Glockenturm der Kathedrale. Der Bau wurde etwa hundert Jahre nach der Grundsteinlegung der Kirche begonnen (um 1173). Als man beim dritten Geschoß angelangt war, begann der Turm, sich zu neigen. Vermutlich gab der Untergrund nach: Das Gelände ist Schwemmland und von zahlreichen Wasseradern durchzogen. (In Pisa gibt es aufgrund des unstabilen Bodens übrigens noch zwei weitere Schiefe Türme.) Daraufhin wurden die Arbeiten unterbrochen. Erst nach weiteren hundert Jahren wagte ein Architekt, Giovanni di Simone, den Weiterbau; er versuchte, gegen die Schrägneigung anzubauen. (Der Korrekturversuch ist noch heute deutlich zu erkennen.) Nach Fertigstellung des sechsten Geschosses hielt man die Arbeiten wiederum an, vollendete den Turm Ende des 14. Jahrhunderts. Die Abweichung des Schiefen Turms von der Vertikalen beträgt vier Meter. Schon seit langem läßt man die Glocken des Baus niemals zusammen klingen: Die Schwingungen könnten das Gebäude gefährden. Die Neigung setzt sich immer noch fort. Experten hielten die Situation aber lange Zeit nicht für bedrohlich, nachdem Zement in die Fundamente injiziert wurde. Ende 1989 kam eine Kommission des 'Ministero per i Lavori Publici' zu einem neuen Ergebnis: Der Bau sei schwer beschädigt und unmittelbar einsturzgefährdet. Anfang 1990 wurde der Turm, den man bis dahin besteigen durfte, für Besucher gesperrt.

Komplizierte, heftig umstrittene Restaurierungsmaßnahmen begannen. Das untere Stockwerk des Turms erhielt eine Umhüllung aus achtzehn massiven Stahlkabeln, an der Nordseite wurde ein Bleigewicht von 600 Tonnen befestigt. Manche Fachleute befürchteten, damit würde der Campanile erst recht gefährdet; der Pisaner Professor Piero Pierotti verfaßte gegen die Maßnahmen ein Pamphlet mit dem Titel „Wie man den Schiefen Turm zum Einsturz bringt". Er meint, die Kabel könnten den inneren Hohlraum des Turms eindrücken und weist darauf hin, daß bisher noch jeder Stabilisierungsversuch dem Bau geschadet habe. Viele Fachleute halten bloßes Stillhalten für die beste Strategie. Als sich der Turm 1995 während der Restaurierung unvermittelt bewegte, schienen sie recht zu behalten: Die Sanierung hatte ihn offenbar erst recht ins Schwanken gebracht. Drei Jahre später meldeten die Restauratoren Erfolge: Durch gezieltes Absenken des Bodens unter dem Bau wurde die Schrägneigung um einige Zentimeter verringert. Mit diesem System soll der Schiefe Turm nun einen halben Meter in die Vertikale gerückt werden, doch der Fortgang der Arbeiten wird immer wieder durch bürokratische Hemmnisse unterbrochen. Für 2001 ist der Abschluß der Restaurierung geplant - bleibt nur zu hoffen, daß alles wie vorgesehen klappt.

■ Hinter dem Dom (vom Turm aus gesehen) steht das **Baptisterium,** die runde Taufkirche. Um 1150 begonnen, gegen Ende des 14. Jahrhunderts fertiggestellt, zeigt sie eine Mischung aus romanischen und gotischen Formen. Im Inneren ungeheure akustische Effekte. (Man frage den Kustoden nach dem *eco,* vergesse nach der Demonstration das Trinkgeld nicht!) Die Kanzel ist von Nicola Pisano (um 1260), dem Vater des Giovanni Pisano, der die Dom-Kanzel schuf. Auf sehr viel klareren, übersichtlicheren Reliefs zeigt sie ähnliche Szenen wie die Kanzel des Sohnes: Geburt Christi (mit Verkündigung an Maria und Verkündigung an die Hirten); Anbetung der Könige; Darbringung im Tempel; Kreuzigung; Jüngstes Gericht.

■ Das langgestreckte Gebäude, welches den Domplatz begrenzt, ist der **Camposanto,** ein ummauerter Friedhof. 1203 hatten pisanische Schiffe aus Palästina Erde von Golgatha mitgebracht. In dieser heiligen Erde wollte nun jeder begraben werden; angeblich verwesten die Toten darin binnen drei Tagen, der Weg durchs Fegefeuer wurde abgekürzt und das Paradies beschleunigt erreicht. Wie immer in solchen Fällen waren die Reichen und Adligen der Stadt die ersten auf der Warteliste; weniger bemittelte Bürger mußten sich mit Normalerde für ihre Verwesung begnügen. Der Edel-Friedhof wurde mit einer Halle umbaut (Ende 13. Jhdt.), in die während späterer Jahrhunderte noch zahlreiche weitere Sarkophage gebracht wurden. Heute befindet sich hier ein kleines Museum.

Im 2. Weltkrieg wurde der Camposanto durch Brandbomben schwer beschädigt; die Fresken, die sich an den Wänden der Wandelhalle befanden, wurden zerstört, ihre Überreste sind in der Halle ausgestellt. Geht man vom Eingang nach links, so findet man an der Schmalseite der Halle die Ketten, mit denen einstmals der Hafen Pisas nachts versperrt wurde. Die Genueser, alte Konkurrenten der Pisaner, hatten diese Ketten 1342 geraubt und sie dem - ebenfalls mit Pisa verfeindeten - Florenz geschenkt; 1860, nach der Einigung Italiens, kam das Beutestück zum Zeichen der neuen Eintracht nach Pisa zurück. An der Nordseite betritt man einen Saal mit interessanten Fresken: Der 'Triumph des Todes', um 1360 - also einige Jahre nach der katastrophalen Pest-Epidemie von 1348 - gemalt. Man sieht einige ungewöhnliche, selten dargestellte Szenen. Auf dem linken Bild treffen reitende Ritter und Damen auf drei offene Särge; ein Abt ermahnt die Adligen, daß auch sie sterben müssen. Auf dem gleichen Bild Szenen aus dem Leben von Einsiedlern (als die richtige geistige Vorbereitung auf den Tod). In der Mitte des Bildes bitten arme Leute darum, sterben zu dürfen; der Tod überfällt stattdessen eine Gruppe heiterer junger Menschen (rechts unten); rechts oben wird anschaulich gezeigt, wie Engel und Dämonen um die Seelen der Toten kämpfen. Gegenüber ein großes Fresko, welches nochmals Szenen aus dem Leben von Einsiedlern zeigt. An der Schmalseite dramatische Darstellungen des Jüngsten Gerichts und der Hölle. Goethe, der die Fresken von Stichen kannte (er selbst war nicht in Pisa), ließ sich von ihnen zu einigen Szenen des Faust anregen, so durch die Darstellung des Höllentors als Krokodilsrachen: „Eckzähne klaffen; dem Gewölb des Schlundes / entquillt der Feuerstrom in Wut / und in dem Siedequalm des Hintergrundes / seh' ich die Flammenstadt in ew 'ger Glut...".

■ Das **Dommuseum** (*Museo dell'Opera del Duomo*) zeigt Skulpturen, Gemälde, Reliquienbehälter u.a. aus den Gebäuden am Domplatz; darunter befinden sich einige bedeutende Kunstwerke, vor allem gotische Skulpturen.

Gute Adressen

i : Via Carlo Cammeo 2 (beim Domplatz), Tel. 050560464.

In der Nähe des Domplatzes jede Menge Schnellimbisse und Pizzerien. Es lohnt sich jedoch, ein paar Schritte weiterzugehen:

- Gute Pizza und weniger Getümmel in den Pizzerien *Al Bagno di Nerone°* (Largo del Palascio 26, bei Porta Lucca, 300 m östlich des Domplatzes; Montag RT) und *Okay°* (Via Carducci 53, Tel. 050553061, um die Ecke von Porta Lucca; Freitag RT).

- Eine preiswerte Trattoria ist *Stelio°* an der Piazza Dante (Nr.11, 10 min vom Domplatz Richtung Süden, Sonntag RT).

- Eine besonders angenehme Osteria mit ausgezeichneter Küche: *Osteria dei Cavalieri°°*, Via S. Frediano 16 (bei der Piazza dei Cavalieri), Tel. 050580858, Sa-nachmittag und So RT.

- Gutes bürgerliches Restaurant mit traditioneller toskanischer Küche: *Da Bruno°°°* (Via L. Bianchi 12, bei Porta Lucca; Montagabend und Dienstag RT). Tel. 050560818.

Vordergrund
und
Hintergründe

Geschichte

DIE OFFIZIELLE Geschichte der Cinque Terre und der anderen Orte der Riviera di Levante ist schnell erzählt. Denn diese Gegend, eingezwängt auf einen schmalen Streifen Land zwischen Bergen und Meer, entfernt von den wichtigen Verkehrswegen, lag immer abseits der großen historischen Entwicklungen. Das Leben in den Dörfern und Kleinstädten blieb von politischen und ökonomischen Veränderungen, die sich anderswo abspielten, ziemlich unberührt. Nur Genua, seit dem Mittelalter Herrscher über die Region, hat eine starke geschichtliche Dynamik gekannt; ich werde die Geschichte der Stadt im Ortstext skizzieren.

DIE WIRKLICHE Geschichte der kleinen Orte am Meer erfahren wir nicht aus den Daten und Fakten der Geschichtsbücher. Sie zeigt sich eher in den Berichten der - wenigen - Reisenden, die im Lauf der Jahrhunderte diese Orte aufsuchten und über das Leben dort berichteten - ein Leben der Armut und harten Arbeit, aber auch der intensiven Kommunikation und der Feste. Viel wissen wir nicht über die konkrete Vergangenheit dieser Dörfer; aber eine Ahnung davon, wie das Leben hier einmal gewesen sein könnte, schimmert bei der Lektüre der alten Texte doch auf.

Ich werde im folgenden Abschnitt zuerst in einem Überblick die Zahlen der Geschichtsschreibung nennen, dann aber versuchen, das Bild der Orte darzustellen, wie es aus den alten Beschreibungen hervorgeht. Das heutige Ligurien war schon seit der Altsteinzeit besiedelt. Sein Name rührt von dem Volk der Ligurer her, die ursprünglich auch in der Provence und der Po-Ebene lebten, später an den Rivierabogen und das dahinter liegende Bergland zurückgedrängt wurden.

Die Römer versuchten, die Ligurer - wie alle anderen Stämme Italiens - zu unterwerfen, erreichten auch militärische Siege (entscheidender Triumph 155 v. Chr.), brachten das Gebiet aber nicht vollständig unter Kontrolle. Sie waren im übrigen an Ligurien auch nicht sonderlich interessiert, gründeten dort nur wenige Kolonien und begnügten sich damit, die Durchgangsstraße nach Frankreich und Spanien freizuhalten. Der römische Historiker Strabo berichtet: „Sie (die Ligurer) machten Überfälle zu Land und zu Meer und waren so stark, daß die Straße nur mit Mühe und mit großer militärischer Bewachung befahrbar war." Die Lebensverhältnisse in dem Gebiet blieben relativ einfach, der Glanz und Luxus römischer Städte breiteten sich nicht aus.

Nach dem Ende des römischen Reichs gehörte das südliche Ligurien vorübergehend zum byzantinischen Besitz in Italien, stand dann unter der Herrschaft der Langobarden, eine Zeitlang auch unter den Markgrafen der Toskana. Immer wieder gab es Überfälle - vor allem der Sarazenen - vom Meer aus; die Bevölkerung siedelte daher vor allem im Hinterland, in hochgelegenen Orten. Das änderte sich erst, als im 11. und 12. Jahrhundert durch den Aufschwung Pisas und Genuas die Küsten sicherer wurden; jetzt wurden Ansiedlungen am Ufer gegründet, darunter auch die Dörfer der Cinque Terre. Landesherren waren - unter der nominellen Herrschaft der deutschen Kaiser - verschiedene Adelsfamilien, unter denen vor allem die Fieschi bedeutsam waren. Von ihnen fiel das Land 1276 in den Besitz der Republik Genua, bei der es bis 1797 blieb.

Nach der Französischen Revolution und Napoleons Eroberungsfeldzügen in Italien wurde der genuesische Staat aufgelöst. Die Franzosen gründeten zunächst eine Republik Ligurien (1797-1805), schlugen das Gebiet dann zum französischen Reich (1805-1814). Durch den Wiener Kongreß geriet Ligurien an das Königreich Piemont-Sardinien mit der Hauptstadt Turin.

Nach der Einigung Italiens 1860 bildete es einen Bestandteil des neuen Königreichs Italien. Ende des 19. Jahrhunderts wurde die Region durch den Eisenbahnbau verkehrsmäßig erschlossen; zugleich machte der europäische

Elite-Tourismus sie zu einem seiner Lieblingsziele. In Genua und La Spezia entstanden wichtige Hafenanlagen und bedeutende Industrien; in den kleineren Orten fand die jahrhundertelange Isolierung ihr Ende. Die touristische Erschließung der Küste hat sich im 20. Jahrhundert ungebrochen fortgesetzt; vor allem in der Zeit nach dem 2. Weltkrieg nahm sie ungeahnte Ausmaße an. Die Industrie Liguriens (Werften, Stahlwerke, Ölraffinerien, Maschinenbau) befindet sich demgegenüber heute in einer Krise; vor allem die Hauptstadt Genua leidet unter Strukturproblemen.

Soweit der große Rahmen. Was aber erfahren wir vom wirklichen Leben in den Dörfern der Küste - vor allem der Cinque Terre - in den vergangenen Jahrhunderten? Wie schon gesagt, wurden diese Dörfer vor allem im 11. und 12. Jahrhundert gegründet, als die Bewohner von Bergsiedlungen an die Ufer zogen und dort an Bach- und Flußmündungen neue Orte bauten. Zugleich begann ein systematisches Urbar-Machen des Landes: Ausgedehnte Steineichen-Wälder wurden abgeholzt und die Terrassen für den Weinbau, die wir heute noch sehen, wurden in mühseliger Arbeit angelegt. In den folgenden Jahrhunderten, bis zum Bau der Eisenbahn, änderte sich das Leben in diesen abgeschiedenen Orten vermutlich kaum. Die wenigen Reisenden, die Aufzeichnungen über die Cinque Terre hinterlassen haben, geben vom 15. bis zum 19. Jahrhundert immer ein ähnliches Bild. Sie loben die hervorragenden Weine, staunen über die extrem schwierigen Anbaubedingungen und die Hartnäckigkeit der Bewohner, berichten von der allgemeinen Armut. Dabei schreibt allerdings oftmals ein Autor vom anderen ab, so daß man nicht immer weiß, was auf eigener Anschauung beruht. Immer wieder wird erzählt, die Winzer der Cinque Terre arbeiteten auf so steilem Gelände, daß sie sich bei der Weinernte angeseilt die Terrassen herabließen - wahrscheinlich eine irgendwann erfundene Anekdote, die dann fleißig weiterkolportiert wurde.

Ausführlicher und zuverlässiger als diese Berichte ist eine statistische Untersuchung im Auftrag des genuesischen Staates, die 1531 durchgeführt wurde. Wir erfahren daraus vor allem den Haupterwerbszweig der Bewohner der Cinque Terre: Fast ausnahmslos waren sie Weinbauern. Weit in der Minderzahl waren die Seeleute, nur aus Monterosso wird von hauptberuflichen Fischern berichtet. Außer den Weinbergen wurden vermutlich nur Olivenhaine sowie kleinere Gemüsegärten kultiviert, denn aus keinem Ort - außer Manarola - hört man von der Existenz von *lavoratori di terre* (Landarbeitern, Bauern).

Überall wurde Olivenöl produziert. Vieh gab es nur in dem hochgelegenen Corniglia ("ungefähr 60 Stück kleines und großes Vieh") und in Vernazza ("ungefähr 200 Stück Kleinstvieh" - ob das Hühner oder Kaninchen waren?). Die Orte produzierten einige Rohseide, die nach Genua verkauft wurde. Es gab Maulbeerpflanzungen für die Seidenraupenzucht.

Man lebte wohl hauptsächlich von dem, was an Ort und Stelle produziert wurde, verdiente dazu etwas Geld durch den Verkauf von Wein und Seide. Ein großes Problem war hier, wie in manchen anderen Gebieten des Mittelmeerraums, daß kein Land für den Anbau von Getreide zur Verfügung stand. Grundnahrungsmittel war daher die Eßkastanie, die in den Bergwäldern noch heute reichlich vorhanden ist. Sie ersetzte das Brot. (Noch Ende des letzten Jahrhunderts schrieb der Kulturhistoriker Victor Hehn: „Im rauhen italienischen Apennin lebt der Gebirgsbewohner, da wo der Ackerbau unmöglich oder unergiebig geworden ist, einen großen Teil des Jahres von Kastanien und Kastanienmehl und gerät in große Not, wenn einmal in einem ungünstigen Jahr die Ernte spärlich ausfällt.")

Kein Wunder, daß während der Kastanienernte die gesamte Bevölkerung unterwegs war. Ein Dokument von 1646 gibt dafür einen Beleg. Der Priester von Riomaggiore sollte den Bewohnern ein bischöfliches Rundschreiben vorlesen; es gelang ihm aber nicht, seine Pfarrkinder zusammenzubekommen, denn - so rechtfertigte er sich gegenüber dem Vorgesetzten: „Meine Gemeindemitglieder sind so mit den Kastanien beschäftigt, daß ich einen Festtag abwarten muß, um sie zu sehen." - Um die Kastanienwälder gab es häufige Streitereien mit den Nachbardörfern - oft konnte man sich nicht über die Grenzen des jeweiligen Sammelgebiets einigen.

Besonders reichhaltig war die Ernährung der Bewohner nicht. Das sollte sich bis ins späte 19. Jahrhundert nicht ändern, wie wir aus dem Bericht des Malers Telemaco Signorini (vgl. unten) erfahren. Schlimm traf es die Bevölkerung, wenn Krankheiten wüteten oder die Ernte ungünstig ausfiel. Auch davon gibt der Bericht von 1531 Zeugnis: Die Bewohner Vernazzas haben „durch die Pest großen Schaden erlitten und konnten ihre Ländereien nicht mehr bearbeiten, wodurch deren Zustand sich sehr verschlechtert hat"; in Monterosso war ebenfalls viel Land „verdorben". Der schon genannte Priester von 1646 schrieb: „Das schlechte Jahr und die große Hungersnot, die hier herrscht, führen zu vielen schlechten Handlungen, wie Ihnen mein Bruder mündlich noch genauer erzählen wird."

Auf den Gehaltslisten der Ortsverwaltung standen in allen Cinque-Terre-Dörfern der Bürgermeister und der Lehrer (es gab also schon im 16. Jahrhundert überall Schulen), in Manarola und Monterosso auch der Barbier, der zugleich Arzt und Chirurg war - für diejenigen, die ihm ausreichend trauten... Hauptberufliche Ärzte gab es erst in beträchtlicher Entfernung, in Biassa (oberhalb von La Spezia) und Moneglia. Zahlreich waren die Kirchen: In Monterosso gab es bei rund 600 Einwohnern sechs, in den anderen Orten zwei oder drei Gotteshäuser, dazu noch Gebetshäuser und Gebäude religiöser Bruderschaften.

DIE FRANZÖSISCHE REVOLUTION und der Eisenbahnbau. Die Lebensformen, die aus den Zahlen des Berichts von 1531 hervorschimmern, haben vermutlich jahrhundertelang geherrscht. Sie wurden durch zwei Ereignisse erschüttert: durch die Französische Revolution und durch den Bau der Eisenbahnlinie. Die revolutionären Kämpfe von Paris fanden mit einigen Jahren Verspätung ihren Niederschlag auch in den Cinque Terre. 1797 hatten die Franzosen die Republik Ligurien gegründet - eine Revolution von oben, die zu heftigen Auseinandersetzungen im Land führte. In Corniglia und Vernazza, vermutlich auch in den anderen Orten, wurden 'Freiheitsbäume' errichtet; die Bevölkerung spaltete sich in Befürworter und Gegner der neuen Entwicklung. An manchen Orten wurde der Freiheitsbaum nachts gefällt; in Manarola gab es Tumulte, als - gegen den Widerstand des Pfarrers - die neue Verfassung verlesen werden sollte. Nach den Dokumenten scheinen die Gegner der Revolution in der Mehrzahl gewesen zu sein; jedenfalls stießen die von den Franzosen eingesetzten Gemeindeverwaltungen auf Widerstand. Der Bürgermeister von Vernazza fragte in La Spezia nach, „wie man sich gegenüber den Bürgern verhalten solle, die sich weigern, die Kokarde - das Symbol der Revolution - zu tragen". Politische Auseinandersetzungen dieser Art hatten sich bislang in den Cinque Terre nie ereignet - wohl auch deshalb, weil es in den kleinen Orten keine sehr großen Macht- und Besitzunterschiede und kaum abhängige Arbeiter gab. Solche Diskussionen erstarben aber nach 1815 bald wieder; die Orte fielen in ihr gewohntes Leben zurück.

Nachhaltiger war der Einfluß des Eisenbahnbaus seit 1870. Die Eisenbahn durchbrach die lange Isolation der Dörfer; vor allem änderte sie von Grund auf die Beschäftigungsstruktur. Zahlreiche Männer fanden zunächst beim Bau der Bahn Arbeit; später eröffnete sich die Möglichkeit, auf der neuen Militärwerft in La Spezia, einem für damalige Verhältnisse riesigen Industrieunternehmen, zu arbeiten. Die alten Normen der Dörfer bremsten zwar diese Tendenzen: Es wurde anfangs nicht gern gesehen, daß die Einheimischen auswärts arbeiteten. Auf die Dauer aber veränderten sich nach dem Eisenbahnbau die Lebensformen und die Ideen der Einwohner der Cinque Terre.

DER AUSFÜHRLICHSTE und interessanteste Bericht über das Leben in einem Cinque-Terre-Dorf im ausgehenden 19. Jahrhundert stammt von dem Florentiner Maler *Telemaco Signorini,* der schon 1860 Riomaggiore zu Fuß aufgesucht hatte und sich von 1881 bis 1897 immer wieder längere Zeit in dem Ort aufhielt. In seinen Beobachtungen zeigen sich noch die traditionellen, seit Jahrhunderten gleichbleibenden Lebensformen - aber es werden auch Brüche deutlich, die ersten Anzeichen eines anderen, moderneren Lebens. Bei Signorinis erstem Besuch - 1860, also vor dem Bau der Bahnlinie - erschien Riomaggiore als völlig verdrecktes, armseliges Dorf; die Bewohner verkrochen sich erschreckt vor den Fremden, die zu Fuß aus La Spezia hergewandert waren; nur der Anblick des Meeres tröstete den leicht schockierten Maler aus Florenz. In der Mitte des Ortes an der Stelle der heutigen Hauptstraße floß der heute zugedeckte Fluß, flankiert von „fürchterlichen Spelunken, aus denen aller mögliche Dreck in den Fluß geworfen wurde. Der Gestank menschlicher Exkremente war erstickend. Kein Geschäft; kein Einwohner, der sich bei unserem Anblick nicht zurückgezogen hätte. Und wir stiegen zwischen diesen schwarzen und schmutzigen Höhlen, zwischen diesen Abgründen von Gewölben und stinkenden Treppen zum Hafen hinab. Dort ereignete sich das höchst lustvolle Wiedererwachen all unserer Sinne. Unser Blick, befreit von der Düsternis, durchmaß die blaue Unendlichkeit jener smaragdfarbenen Tiefen..."

Angesichts des „ewig gesunden und sauberen Schoßes" des Meeres (schön wär 's...) beruhigte Signorini sich über den Schmutz des Dorfes. Trotzdem kehrte er in den ungastlichen Ort erst 21 Jahre später zurück, „in der Hoffnung, dieses Dorf weniger zivilisationsfeindlich zu erleben, aufgrund der Änderungen, welche die neuen Zeiten dort hervorgerufen haben mußten." Er täuschte sich nicht. Zwar kam ihm Riomaggiore immer noch „wild" vor; auch getraute er sich nicht, nachts auf den Straßen spazierenzugehen, „weil man dauernd in Gefahr war, in den Kanal zu fallen"; aber es gefiel ihm doch so gut, daß er von nun an immer wieder kam und sich auch monatelang in dem Ort aufhielt. Signorini beobachtete Dinge, die auch in den älteren Berichten hervortreten: die harte Arbeit der Bewohner ("mit dem Sonnenaufgang erheben sich diese tüchtigen Leute, die sich um neun zu Bett legen und gehen aufs Land"), die eintönige Ernährung ("mit dem reichlichen und exzellenten Wein des Ortes gab es gebratene oder gekochte Zucchini, nichts anderes! Den ganzen Monat lang ließ es sich nicht ändern") und die Armut (zu jener Zeit waren viele Männer aus Riomaggiore nach Toulon in Frankreich ausgewandert, um Arbeit zu finden). „Die Dinge, die damals in Riomaggiore am seltensten zu finden waren, waren folgende: Saubere Gesichter und Hände, vierfüßige Tiere, Schuhe, Fisch oder Fleisch, eine Hebamme, ein Arzt." Aber der Maler bringt, präziser beschreibend als seine Vorgänger, auch zusätzliche Beobachtungen, die das Bild des Lebens in diesem Ort vervollständigen. Er schildert die immense Bedeutung des Glaubens und des Aberglaubens - und ihr allmähliches Nachlassen.

Er beschreibt die Trachten und den Gang der Frauen mit ihren Lasten auf dem Kopf: „Alles tragen sie auf dem Kopf, sogar ein Stück Seife, mit dem sie zum Waschhaus gehen, unglaublich schwere Bündel, enorme Pinienstämme, manchmal riesige Steine… Diese Gewohnheit bringt sie dazu, den Kopf auf dem Hals und den Hals auf den Schultern wunderbar gerade zu halten." Vor allem aber gibt er das Bild eines lebhaften geselligen Lebens: „Jeden Morgen gibt es lange Unterhaltungen (der Frauen). Abends wurde im Laden von Pinolin aus vollem Hals gesungen, alles, von den provenzalischen Liedern, die viele Arbeiter und Seeleute gut kannten, weil sie lange in Frankreich gelebt hatten, bis zu den dramatischeren und bewegenderen Motiven des Maskenballs, der Lucia di Lammermoor, des Faust und des Mephistopheles" - sogar Wagner-Arien wurden da geschmettert, wenn man Signorini glauben darf!

Das Dorfleben wird durch zahlreiche - vor allem religiö-se - Feste aufgeheitert, „fast jeder Tag ist ein Festtag, oder Vortag eines Festes, mal ist es dieser Heilige, mal ein anderer; ich kann gar nicht sagen, bei wieviel Gelegenheiten ich künstlerisch großartige Sachen gesehen habe… Das religiöse Schauspiel der Kirche, die für ein Fest geschmückt ist, bietet das anziehendste Vergnügen, das man sich denken kann." Auch andere Spektakel sind für die Dorfbewohner reizvoll: „In einem Ort wie diesem, wo es keine organisierte Unterhaltung gibt, genügt es, wenn ein Junge aus den Abruzzen mit einem Affen auf der Schulter durchzieht, damit die gesamte Bevölkerung zusammenläuft."

In dieser traditionsgeprägten Welt werden gegen Ende des 19. Jahrhunderts aber auch die Spuren der neuen Zeit deutlich sichtbar. „Die Frauen tragen jeden Tag weniger ihre traditionelle Tracht" - nicht nur das: Die Mobilität der Einwohner ist gestiegen, jeden Morgen fahren Arbeiter und Angestellte nach La Spezia. Fremde Besucher sind nicht mehr, wie noch dreißig Jahre zuvor, merkwürdige Wesen, vor denen man davonläuft; vielmehr kommen mit der Bahn auswärtige Händler in großer Zahl. Am Bahnhof gibt es sogar ein Café „mit einer wunderbaren Laube". Nur gegenüber Fotoapparaten sind die Leute von Riomaggiore mißtrauisch - nachdem ein reisender Fotograf sie einmal gewaltig hereingelegt hat.

Ein abgelegenes Winzerdorf war Riomaggiore - und mit ihm die anderen Cinque-Terre-Orte - also nur bis zum letzten Drittel des 19. Jahrhunderts; ein Fischerort gar, wie man annehmen möchte, war es nie. Armut, Arbeit, Gemeinschaftlichkeit, Religion waren die bestimmenden Faktoren in diesen vorindustriellen Orten; im nächsten Kapitel werden wir sehen, wie diese Elemente bei der Gestaltung der Orte und der Landschaft zusammengewirkt haben.

Zwanzigstes Jahrhundert:
Faschismus und Krieg

DIE ENTWICKLUNGEN des 20. Jahrhunderts werden in den folgenden Abschnitten mehrfach angesprochen. Hier möchte ich einen Bericht aus den Jahren des Faschismus und des Krieges bringen, den mir ein älterer Bewohner der Cinque Terre gegeben hat. Ein subjektiver Bericht, gewiß - die Erfahrungen dieses ehemaligen Partisanen sind nicht repräsentativ für die Mehrheit der Bevölkerung. Aber in seiner Erzählung scheint die Realität jener Zeit anschaulich durch.

Zur Erinnerung: 1922 stürzte Mussolini im 'Marsch auf Rom' die verfassungsmäßige italienische Regierung. 1941 trat Italien mit dem Überfall auf Griechenland auf deutscher Seite in den Weltkrieg ein. Da die Griechen den Italienern erfolgreich Widerstand leisteten, sandte Hitler deutsche Truppen zur Unterstützung der italienischen Verbündeten. 1943 wurde Mussolini vom Faschistischen Großrat abgesetzt; die neue Regierung unter Marschall Badoglio erklärte bald danach den Waffenstillstand. Daraufhin errichteten die Deutschen im von ihnen besetzten Teil Italiens die sog. *Republik von Salò,* mit Mussolini als Marionetten-Präsident. Viele Soldaten der aufgelösten italienischen Armee schlossen sich den Partisanen an.

„Während des Faschismus gab es in unseren Dörfern keine politische Organisation, und die Faschisten wurden nicht gern gesehen. Es gab einige Faschisten im Dorf, aber eher kamen sie aus der Stadt, aus La Spezia, spielten sich auf, verprügelten den einen oder anderen, den sie für einen Kommunisten oder Sozialisten hielten; am Schluß landeten sie immer im Weinkeller irgend eines hiesigen Faschisten, um sich zu besaufen. Die Leute hier blieben unter dem Faschismus ziemlich ruhig. Traditionell neigten sie zur katholischen Volkspartei und zu den Sozialisten, aber Rom war weit entfernt und man sah hier nicht so genau, was eigentlich los war. Gewiß, wenn hiesige Jugendliche nach Abessinien oder Spanien in den Krieg gesandt wurden (Eroberung Abessiniens durch Italien 1935; spanischer Bürgerkrieg 1936-39), machte man sich Sorgen; aber erst später, mit dem Beginn des Seekriegs - viele jüngere Leute fuhren zur See - und dann in Griechenland und Rußland begriff man wirklich, was der Faschismus bedeutete. Nach dem Regierungswechsel 1943 wurde alles noch komplizierter, aber die Leute hier regten sich nicht besonders auf - die Straßen führten weit entfernt vorbei (damals gab es hier noch keinen Meter Fahrstraße) und anfangs änderte sich gar nichts. Viele junge Soldaten waren nach Hause zurückgekehrt, arbeiteten in den Weinbergen und hielten sich von den Städten fern. Nur im Nachbardorf gab es 1944 die sogenannten Schwarzen Brigaden (faschistische Freiwilligenorganisationen); und daraus entwickelte sich eine Tragödie. In dem Dorf lebte ein ehemaliger Offizier. Solche Leute, vor allem wenn sie irgendwelche Kriegs- und Tapferkeitsauszeichnungen hatten, wurden von den Faschisten hochgeschätzt und aufgewertet. Der Mann blies sich ungeheuer auf, und als nach Mussolinis Sturz die Republik von Salò gegründet wurde, hat er einige Jungs überredet, mit ihm zusammen diese Schwarzen Brigaden zu gründen. Die haben dann einige Gemeinheiten begangen, sind in die benachbarten Dörfer gezogen, vor allem auf die Höhe in einen Ort, wo alle Einwohner Kommunisten oder Sozialisten waren; da haben sie Durchsuchungen gemacht und einige Ställe und Häuser angezündet. Das wurde dann eine große Tragödie für unser Gebiet: Gleich nach Kriegsende wurde Rache genommen und fünf oder sechs von ihnen wurden erschossen - eine Tragödie, eine große Tragödie! Die Jungs wußten doch im Grunde gar nicht, was sie da taten! Im Grunde waren es keine Faschisten, sie hofften, daß der Krieg bald aus wäre und hatten vor allem mitgemacht, um nicht nach Deutschland geschickt zu werden. Aber diese Prozesse lassen sich nicht immer kontrollieren. Vernazza hatte immerhin dreizehn junge Leute im Widerstand verloren. Die Atmosphäre war sehr aufgeheizt.

Ich ging in La Spezia aufs Gymnasium. Dann kam ich für ein Jahr auf die Offiziersschule, das war für mich ein Glück, weil ich solange nicht in den Krieg mußte. Die Offiziersschule war paradoxerweise eine große Schule des Anti-Faschismus, da waren Studenten, die eine politische Bildung genossen hatten, die den Faschismus mit guten Begründungen kritisieren konnten. Da habe ich, über meine instinktive Abwehr hinaus, zum ersten Mal eine wirkliche politische Haltung eingenommen. Dann kam ich nach Griechenland zur Armee, wo wir zusammen mit den Deutschen kämpften und da - bitte entschuldigen Sie, wenn ich Ihnen das so sage - habe ich die Deutschen hassen gelernt. Ich habe sie gehaßt aus ganzer Seele! Dieses unwahrscheinliche Verhalten, das sie gegenüber den Juden zeigten, diese Brutalität, die ich da sah - das hat in mir einen riesigen Haß erzeugt. Ich bin später als Partisan sehr hart gewesen, wie ein wildes Tier war ich gegen die Deutschen; denn das, was ich in Griechenland gesehen hatte, saß noch in mir.

Eines Tages - nach dem Waffenstillstand - wurden wir in Griechenland von den Deutschen verhaftet. Wir wurden dann abtransportiert, ich glaube nach Polen; wir hatten keine Ahnung, was geschehen würde und hatten ziemliche Angst. Ich dachte, jetzt ist es aus mit uns, die bringen uns um. Dann hat man uns aber gesagt, wir sollten eine neue Armee bilden, sie würden uns nach Italien zurückschicken. Da habe ich natürlich gesagt: Dieser Armee schließe ich mich an - so komme ich wenigstens nach Italien zurück. Ich wußte aber gar nicht, was das alles sollte, was für eine Armee das war. Im November 1943 kamen wir nach Cuneo (im Piemont), und da hab ich erst richtig verstanden: Wir sind jetzt also die neue faschistische Armee Italiens. Ich blieb zehn Tage in der Kaserne, ich bin fast nie ausgegangen, weil ich mich meiner Uniform schämte. Nach zehn Tagen in der Kaserne bekam ich mein erstes Kommando. Mit siebzig Mann, alle schwerbewaffnet, wurde ich losgeschickt, um eine Brücke gegen die Partisanen zu sichern. An der Brücke hab ich die erste Rede meines Lebens gehalten und hab gesagt: „Leute, ich bin euer Kommandant. Ohne meinen ausdrücklichen Befehl macht keiner von euch von der Schußwaffe Gebrauch. Wir haben zwei Feinde - die Deutschen und die Faschisten. Diejenigen, die da in den Bergen sitzen, sind unsere Brüder."

Keiner von den Soldaten hat etwas gesagt. Natürlich waren in der Truppe auch Faschisten, aber die sind ruhig geblieben. Den Tag über haben wir an der Brücke gestanden, und am Abend habe ich das Ganze aufgelöst und die Leute gehen lassen, wohin sie wollten. Einige sind in die Kaserne zurückgegangen, einige - darunter ich selbst - mit ihren Waffen zu den Partisanen, die meisten haben versucht, sich zu ihren Heimatorten durchzuschlagen. Ich bin dann bis zum Kriegsende bei den Partisanen geblieben. Wir saßen in den Bergen des Piemont und haben den Deutschen Schwierigkeiten gemacht, wo wir konnten. Das war damals eine katholische Widerstandsgruppe. Wir bekamen von den Amerikanern Waffen. Später war ich in einer kommunistischen Einheit, da mußten wir uns alle Waffen selbst beschaffen. Wir hatten nur erbeutete Waffen. Diese Gruppe war natürlich viel härter und kampferprobter.

Wir haben bei einem Überfall einen deutschen Gefangenen gemacht, einen Offizier der Luftwaffe, den wir 'Fritz' nannten. Fritz wurde bei uns der Verwalter der Vorräte, er war sehr genau und gewissenhaft. Er hatte viel Streit mit dem Koch, weil der meinte, Fritz rücke zu wenig raus von den Vorräten. Aber Fritz war - zu Recht - sparsam. Ich erinnere mich, eines Tages beging ich die große Taktlosigkeit - von mir war es als Akt des Vertrauens gemeint, aber es war eine Taktlosigkeit -, Fritz ein Gewehr in die Hand zu drücken. Fritz wies das Gewehr zurück. Ich hatte gedacht, weil er schon lange bei uns war und sich ein gewisses Vertrauensverhältnis hergestellt hatte, würde er vielleicht an unserer Seite kämpfen. Aber er wollte das Gewehr nicht; er wollte nicht auf seine Landsleute schießen. Es ist mir heute noch unangenehm, daß ich ihm den Vorschlag gemacht habe. Allerdings gab es durchaus Deutsche, die auf unserer Seite kämpften. Fritz kam dann zu den Deutschen zurück; Ostern 1944 mußten wir uns während einer Offensive der Deutschen zurückziehen und ließen Fritz, der krank geworden war, in unserem Versteck zurück. Wir hatten ihn gerngewonnen. Ich hoffe, daß er noch lebt. - Ob ich noch etwas gegen die Deutschen habe? Nein. Das waren andere Zeiten, andere Umstände.

Zum Glück haben sich die Zeiten geändert. Ein bißchen amüsiert hab' ich mich manchmal über die deutschen Touristen, aus ganz anderen Gründen: Wenn diese Wandergruppen so zielsicher durch unsere Orte ziehen - die schauen nicht nach rechts und links, halten nicht an, nein, sie wandern, wandern..., das kommt mir seltsam vor. Aber das ist eine andere Geschichte - das macht ja nichts. Lassen wir sie marschieren!"

Kunst an der Riviera

DIE LAGE BEGEISTERT. Kunst an der Riviera di Levante: viel ist es nicht, was es da zu sehen gibt (wiederum mit der Ausnahme Genuas, von dessen Kunstwerken in diesem Abschnitt nicht die Rede ist). Kirchen vor allem: in Lavagna und Portovenere, in Levanto und Framura, in San Fruttuoso und den Cinque-Terre-Orten. Sie sind alle ganz schön, diese Dorfkirchen, aber keine von ihnen ist wirklich begeisternd - auch nicht für den ausgesprochenen Kunstfan.

Was begeistert, ist vor allem die Lage der Bauwerke - die Abtei *San Fruttuoso* in einer einsamen Bucht des Monte Portofino, die Kirche *S. Pietro* von Portovenere auf ihrem Fels im Meer. Das Landschaftserlebnis drängt sich immer wieder in den Vordergrund. Da spielt es dann keine große Rolle, ob wir es mit einem romanischen oder einem gotischen Bau zu tun haben - die Zuschreibungen der Kunstgeschichte treffen nicht den eigentlichen Reiz von Gebäuden, die hauptsächlich durch ihr Zusammenspiel mit der umgebenden Natur wirken.

Soweit die offizielle Kunst - diejenige der Kirchen und Museen, der Klöster und Burgen. Aber sind nicht die Dörfer der Küste selbst große Kunstwerke? Und die Landschaft: ein gewaltigeres *Land-art*-Objekt als die Cinque-Terre-Küste mit den geometrischen Mustern der Terrassen kann man sich eigentlich kaum vorstellen... Die Kunsthistoriker sind da ein wenig langsam (inzwischen gibt's 531 Untersuchungen zur Entwicklung der Beugung des linken Knies in den Statuen Michelangelos, unter besonderer Berücksichtigung der antiken Einflüsse; aber wie und warum solche vollkommen schönen Gebilde wie die Dörfer der Cinque Terre entstehen konnten, scheint die Wissenschaft kaum zu interessieren).

Land-art

DIE LANDSCHAFT der Cinque Terre, wie wir sie heute sehen, ist durch und durch von Menschen - den Bewohnern der Gegend - geformt. Sie ist ein Natur-Kunstwerk. Die menschliche Prägung des Landes begann vor rund siebenhundert Jahren mit der Rodung der Wälder, die damals die Hänge bedeckten, und mit der Terrassierung der Anbauflächen. Gewiß hatten die Bauern dabei keine ästhetischen Ziele im Auge. Das Land sollte nutzbar gemacht werden. Aber das Ergebnis, in seiner Art außergewöhnlich, war auch ein ästhetisches: Die unendlichen Reihen der Steinmäuerchen mit den darüberliegenden winzigen Anbauflächen, geometrisch geordnet und zugleich den leichten Schwüngen und Unregelmäßigkeiten der Hänge angepaßt, bilden ein gewaltiges Landschafts-Muster. Besonders eindrucksvoll wirkt dieses Bild, wenn man es von oben sieht (z.B. vom Wanderweg zwischen Corniglia und Volastra).

Heute ist dies Kunstwerk vom Verfall bedroht. Immer mehr Anbauflächen werden aufgegeben, die Terrassen werden nicht mehr instandgehalten, die Mauern brechen zusammen. Sie sind aber für die Cinque-Terre-Landschaft lebenswichtig, keineswegs nur für Nostalgiker von Bedeutung. Denn die *muretti a secco* (trocken - d.h. ohne Mörtel - gebaute Mäuerchen) regulieren den Wasserhaushalt des Gebiets: Sie stauen bei starken Regenfällen das Wasser, sorgen für einen langsamen Abfluß. Damit verhindern sie Überschwemmungen und Erdrutsche, die an den sehr steilen Hängen leicht eintreten können. Sie übernehmen die Funktion des Waldes, der einstmals die Hänge konsolidierte. Diese Bedeutung der Steinmauern ist den örtlichen Behörden völlig deutlich. Man versucht daher, mit Schutzvorschriften und finanzieller Unterstützung die Terrassen zu erhalten. So ist es in den Cinque Terre verboten, einen *muro a secco* durch eine Betonmauer zu ersetzen (die keinen allmählichen Wasserabfluß erlaubt). Ein Gesetz der Region

Ligurien stellt Geldmittel für die Erhaltung der Mauern bereit. Angesichts der nachlassenden Bedeutung der Landwirtschaft in den Cinque Terre haben diese Maßnahmen aber nur begrenzte Wirkung.

Der notwendige Arbeitsaufwand für die Erhaltung der Terrassen ist nämlich enorm groß. Man hat das Gesamtvolumen der Mäuerchen in den Cinque Terre auf 2½ Millionen Kubikmeter geschätzt; davon brechen etwa 1% jährlich zusammen und müßten erneuert werden; die Kosten betrügen - über den Daumen gepeilt - rund 2 Millionen Euro im Jahr. Gerade ein Viertel dieser Summe wird von der Region zur Verfügung gestellt, wobei die Bewilligung jedes Mal erneut umstritten ist. Von Finanz-Schwierigkeiten abgesehen: Der Bau der mörtellosen Mauern erfordert Erfahrung und Kenntnisse, die sich bei den jüngeren Leuten mehr und mehr verlieren, so daß auch unter diesem Aspekt die Erhaltung der Landschaftsform immer schwieriger wird.

Village-art

DEN GRÖSSTEN KUNST-EINDRUCK an der Küste bieten ohne Zweifel die Dörfer: die Orte der Cinque Terre, aber auch *Camogli, Portofino,* der Ortskern von *Sestri Levante, Portovenere,* um die schönsten zu nennen. Gar keine Frage, daß es sich um Kunstwerke handelt: Kunstwerke, die von Gemeinschaften normaler, einfacher Leute geschaffen wurden. Die Harmonie ihrer Farben, die Stimmigkeit der architektonischen Formen, die optimale Anpassung an die Landschaft berühren und beleben uns stärker als viele Werke der großen Monumental-Kunst. Unter welchen Bedingungen konnten diese Orte entstehen? Welches sind die Voraussetzungen ihrer Schönheit? Die sozialen Voraussetzungen solchen Bauens sind, wenn ich recht sehe, vor allem folgende: eine enge Gemeinschaftlichkeit und eine unmittelbare Abhängigkeit der Menschen von der Naturumgebung. Die

Trockenmauern (muretti a secco)

Schönheit der Orte ist aus diesen - durchaus zwiespältig zu sehenden - Bedingungen gewachsen, nicht aus einem idealen Fischer- und Bauernleben in einer Idylle am Meeresufer.

SCHAUEN WIR GENAUER HIN: Der Reiz der alten Küstenorte, im Vergleich mit der vielfach chaotischen und gefühllosen Architektur unserer Zeit, scheint mir vor allem in folgendem zu liegen: in der Einheitlichkeit der Gesamtanlage - bei gleichzeitiger Verschiedenheit der einzelnen Häuser, Gassen, Plätze; in der Anpassung an die umgebende Natur - in Baumaterial, Proportionen, Formen; in der Offenheit für Kontakt und Kommunikation - auf den Plätzen und Gassen; im wechselseitigen Bezug der Bauten - ein Haus stützt das andere, lehnt sich ans andere, Treppengassen führen durch private Vorplätze usw. In all dem sind diese Orte das genaue Gegenbild zur Architektur der meisten modernen Städte (oder auch zu dem ungeregelten Zweithausbau an den italienischen Küsten): Da gibt es keinen Kontakt (alles steht beziehungslos nebeneinander), keine Abstimmung auf die Landschaft (Materialien, Proportionen und Anlage haben mit der Naturumgebung nichts zu tun), keine produktive Einheitlichkeit (jeder baut, wie und wo er will, ohne Blick auf den Nachbarn). Was uns an den alten Orten als schön erscheint, ist das Ergebnis ihres besonderen Verhältnisses zur Gemeinschaft und zur Natur.

Warum erscheint es uns schön? Ich glaube: weil wir in der Architektur dieser Orte Lebensformen erspüren, die uns verlorengegangen sind. Nicht die rücksichtslose Herrschaft des Geldes, die sich in unseren Städten darstellt; nicht die Bezugslosigkeit nebeneinander gestellter Eigenheime oder großer Mietskasernen; nicht die Kommunikationsfeindschaft der nur dem Autoverkehr dienenden Riesenstraßen und der künstlich-trostlosen Grünflächen - vielmehr ein Leben des Kontakts und der Naturnähe. Beim Schwatz auf der Piazza von Vernazza, beim Blick aus den Orten auf Hügel und Meer wird uns das unmittelbar deutlich.

Aber die Voraussetzungen dieses Bauens - enge Gemeinschaftlichkeit, Abhängigkeit von der Natur - sind zwiespältig. Als Touristen sehen wir zumeist nur die positiven Aspekte: Naturnähe und Kommunikation. Aber Gemeinschaftlichkeit bedeutet auch: soziale Kontrolle und Einschränkung des Individualismus - Dinge, die gerade die jüngeren Bewohner der Küstenorte vielfach nicht mehr akzeptieren wollen. Und Abhängigkeit von der Natur hieß im Grunde: eine schwach entwickelte Technik und dauernde Armut, harte Arbeit und ständige Anstrengung. Sehr klar hat dazu schon vor dreißig Jahren ein Bewohner der Cinque Terre in der Lokalzeitung von La Spezia geschrieben: „Der abstrakte Reichtum (d.h. Schönheit und Atmosphäre) heute ist das Kind der konkreten Armut der Vergangenheit, welche die Bevölkerung zu Recht vergessen will... Ein Reichtum, der aus dem Elend eines Landes und seiner jahrhundertelangen Isolierung entstanden ist: Die Atmosphäre der Cinque Terre wuchs immer aus Mühsal und großen Opfern."

Die sozialen Voraussetzungen, aus denen die großen Kunstwerke der Küste - die Ortschaften - entstanden, sind heute verschwunden. Das ist der entscheidende Grund dafür, daß ihre Erhaltung so schwierig geworden ist und auf so viele Widerstände stößt.

Macchia und Pinienwald -
Die Pflanzenwelt der Riviera

BAHNHOFSVEGETATION (für Laien). Einige der häufigsten Pflanzenarten der Cinque Terre zeige ich Ihnen am liebsten auf dem Bahnhof von Monterosso, da ist die Identifizierung am einfachsten. Der Hang gegenüber vom Bahnhofsgebäude und der Felsen über dem Tunnel nach Osten sind mit Steineichen und Wolfsmilchbüschen bewachsen. Die *Steineichen* - daß sie etwas mit der deutschen Eiche zu tun haben, erkennt man nur im Herbst an den Früchten - sind Bäume mit dunkelgrünen Blättern; die *Wolfsmilchbüsche* haben hellere Blätter, blühen im Frühsommer gelblich.

Ich stelle mir vor: Sie stehen am Gleis 3, warten auf einen Zug in Richtung La Spezia. (Irgendwann wird auch Ihnen ein verspäteter Zug unterkommen...) Hinter Ihnen wachsen oben am Hang einige schöne *Pinien* (Pini marittimi - Strandkiefern); unten am Bahnhof stehen, etwas hinter dem Schild 'Monterosso', mehrere *Mimosenbäume* (erkennbar an den sehr feinen, länglichen Blättern und - im Januar/Februar - an den prachtvollen gelben Blüten). Hinter den Mimosen im Gestein einige kleinere *Agaven* (mit spitzen Kakteenblättern). Daß links vom Bahnhofsgebäude eine Palme wächst, braucht man niemandem zu sagen; noch weiter links dann eine Reihe von *Oleandern*.

Steineichen, Pinien, Wolfsmilch sind diejenigen wildwachsenden Pflanzen, die das Landschaftsbild der Cinque Terre am stärksten prägen; dazu kommen unter den Kulturpflanzen vor allem der Wein und der Ölbaum. Aber die Pflanzenvielfalt der Gegend ist groß; der Bahnhof bietet nur einen ersten Einstieg.

DIE MACCHIA - Duftende Gesellschaft. Die typische Pflanzengesellschaft der Küste ist die Macchia, der Buschwald mit einer Reihe von charakteristischen Pflanzen. Die

Macchia findet sich im gesamten Mittelmeerraum. An der Riviera sind ihre höchsten Bäume fast immer die *Steineiche* (Quercus ilex) und eine Pinienart (Pinus pinaster), die bei den Italienern *pino marittimo* - also 'Meerpinie' - heißt, auf deutsch als *Strandkiefer* bezeichnet wird. Beide Gewächse sind immergrün; sie haben sehr harte Blätter (Steineiche) bzw. Nadeln (Pinie), wodurch die Verdunstung verringert wird. Die Blätter der Steineiche sind oben leuchtend-grün (das dient zur besseren Reflektion der Sonnenstrahlen) und unten mit Härchen besetzt (ebenfalls zur Verringerung der Verdunstung). Fast alle anderen Macchia-Pflanzen zeigen ähnliche Merkmale; sie können so die langen Trockenperioden und die starke Sonneneinstrahlung unbeschadet überstehen. Kennzeichnend für den Buschwald sind die intensiven Düfte (am stärksten im Frühjahr) und die Blüteperiode im Mai/Juni, auf die im trockenen Sommer eine Ruhephase folgt - vergleichbar der Pflanzenruhe im nördlichen Winter.

Unterhalb von Steineichen und Pinien finden sich im Buschwald zahlreiche Sträucher, Kletterpflanzen und Blumen. Leicht zu erkennen ist an seinen Früchten der *Erdbeerbaum* (Arbutus unedo); die auf ihm wachsenden 'Erdbeeren' sind zunächst gelb, werden dann leuchtend rot. Die Frucht ist eßbar, schmeckt leicht säuerlich. Bei der *Baumheide* (Erica arborea) sehen wir eine uns vertraute kleine Pflanze in größerem Format: Heidekraut in Baum- oder Buschform; die Blüten sind ausgesprochen wohlriechend. Verschiedene *Ginsterarten*, ebenfalls intensiv duftend, überziehen ab Mai ganze Hänge mit ihrem strahlenden Gelb. Die *Steinlinde* (Phillyrea media) ähnelt entfernt dem Ölbaum, der *Zedernwacholder* (Juniperus oxicedrus) dem auch im Norden vorkommenden Wacholder. Von der *Wolfsmilch* (Euphorbia dendroidis) sprach ich schon am Bahnhof von Monterosso; sie prägt das Landschaftsbild der Cinque Terre sehr stark, auch außerhalb des Buschwalds (große mit Wolfsmilch bewachsene Hänge zum Beispiel zwischen Corniglia und Manarola am Meer). Relativ häufig ist die

Mastix-Pistazie (oder Lentiscus-Strauch, Pistacia lentiscus) mit dunkelroten, traubenförmigen Blüten.

Niedrigere Pflanzen als diese zumeist mannshohen oder höheren Gewächse sind die *Myrte* (Myrtus communis), mit ledrigen, leicht klebrigen, dunkelgrünen Blättern und weißen Blüten und die verschiedenen *Zistrosen* (Cistus) mit sehr feinen, fast wie chinesische Papierblumen wirkenden weißen oder rosa Blüten. Der *Rosmarin* (Rosmarinus officinalis), häufig auch in Gärten oder an Bauernhäusern gezogen, hat blaue (manchmal ins Weißliche hinüberspielende) Blüten; seine Nadeln verbreiten, wenn man sie verreibt, einen intensiven Gewürzduft. Unter den Küchenkräutern finden wir im Buschwald außerdem den *Thymian* und den *Salbei* (jeweils verschiedene Arten), dann *Oregano* und verschiedene *Minzen*; diese stehen häufig auch auf Wiesen. Unter den Kletterpflanzen sind die *Stechwinde* (Smilax aspera) und der *Mäusedorn* (Ruscus aculeatus) häufig, daneben verschiedene *Geißblattarten*.

Ein typischer Buschwald, in dem, wenn ich mich nicht irre, alle hier erwähnten Pflanzen wachsen, steht auf dem Vorgebirge von *Mesco* bei *Monterosso* (hauptsächlich Pinienwald, vgl. Wanderung 2 'Monterosso-Levanto', S. 73); auch am *Monte Portofino* erstreckt sich eine gut erhaltene Macchia-Vegetation. Die Macchia ist die spontane, dem Klima und der Landschaft am besten angepaßte Pflanzengesellschaft; ohne menschliche Eingriffe sähe sie allerdings etwas anders aus als gegenwärtig. Sie würde sich dann zum immergrünen mediterranen Wald entwickeln, in Ligurien zu einem ausgedehnten Steineichenwald mit höheren Bäumen, als wir sie jetzt sehen. Tatsächlich waren die Cinque Terre und weite Gebiete der Küste ursprünglich von solchen Wäldern bedeckt. Durch Rodung und die ziemlich häufigen Brände wird die Entwicklung der Steineichen gebremst; ihre Keimlinge brauchen nämlich Schatten und einen fruchtbaren Boden, den sie im Unterholz des Buschwaldes finden, aber nicht auf freien Flächen. (Fortsetzung Seite 145)

Vernazza

Wanderweg Riomaggiore-Portovenere

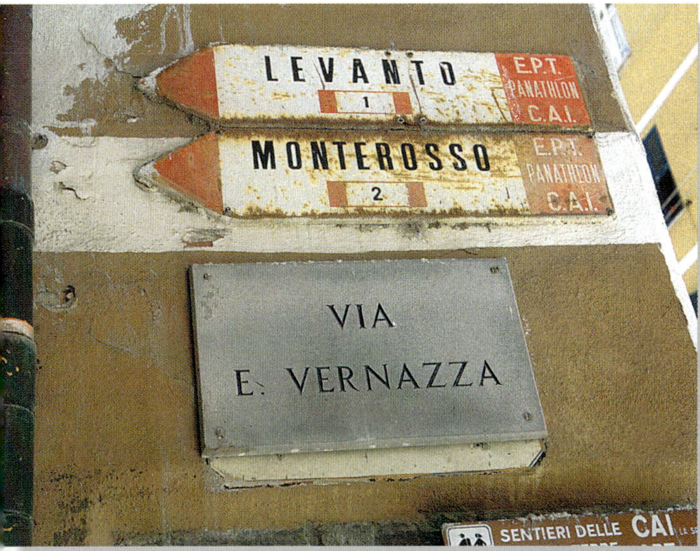
LEVANTO
1
E.P.T.
PANATHLON
C.A.I.
MONTEROSSO
2
E.P.T.
PANATHLON
C.A.I.
VIA
E. VERNAZZA
SENTIERI DELLE CAI

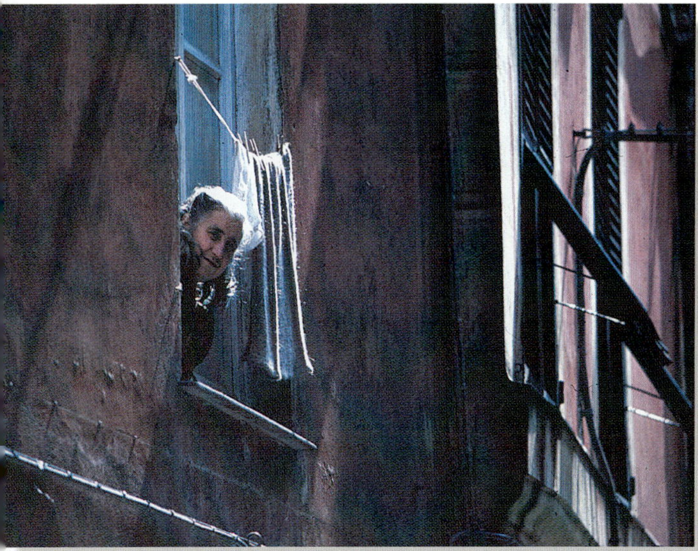

In Vernazza

Riomaggiore

Bahnhof Vernazza

← Bei Corniglia

Blick auf Corniglia

Portofino

Portovenere

Sestri Levante
Bei Corniglia →

Camogli

← San Fruttuoso

Sestri Levante

Wein, Stein und Meer in den Cinque Terre

Einzelhandel an der ligurischen Küste

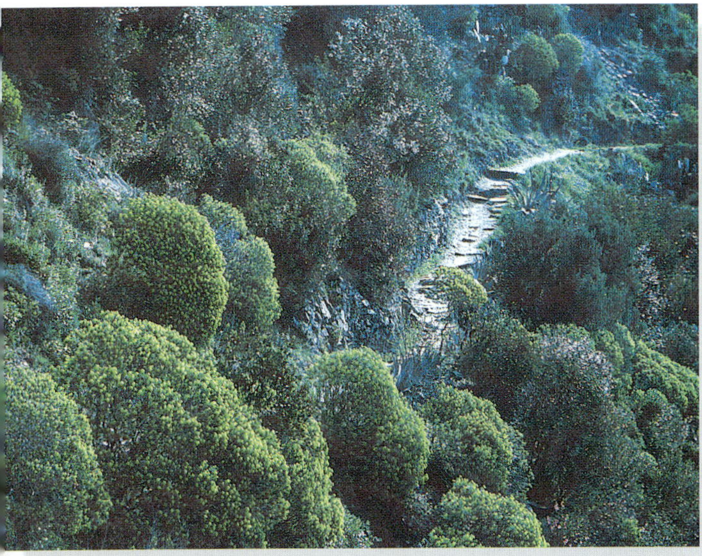

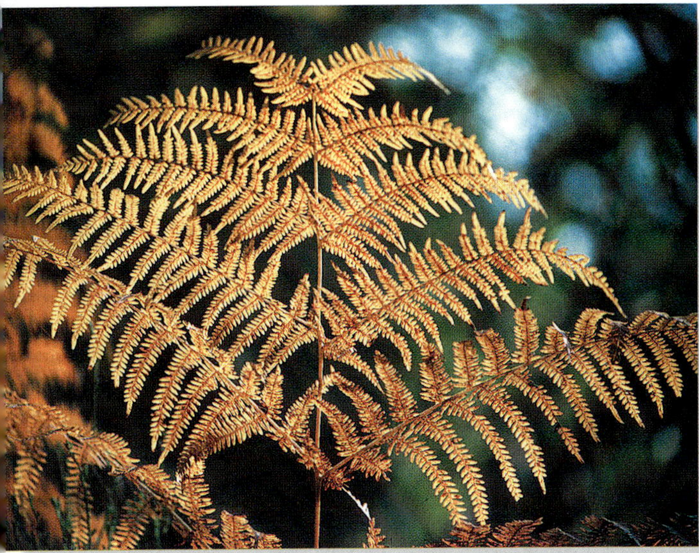

Wanderungen in den Cinque Terre

Wegbeschreibungen siehe Seite 68ff.

332

M. ROSSOLA
563

Rio   di

Pign

Ridarolo

Legnaro

M PIZZOLO
702

Lèvanto

Fontona   *Chiesanuova*

Mad. del
Soccorso   **8** 464

Mad.^{na} di Soviore

Mad.^{na}

M. MALPERÍ
812

8+2

M. VE
487   **8**

7

4 6

Figina

2   **Monterosso**
al Mare

374
P. MESCO

Mad.^{na} di Reggi

4

4
Vernazza

S. Be

4
Corniglia

L

E

V

Cinque Terre

A

N

T

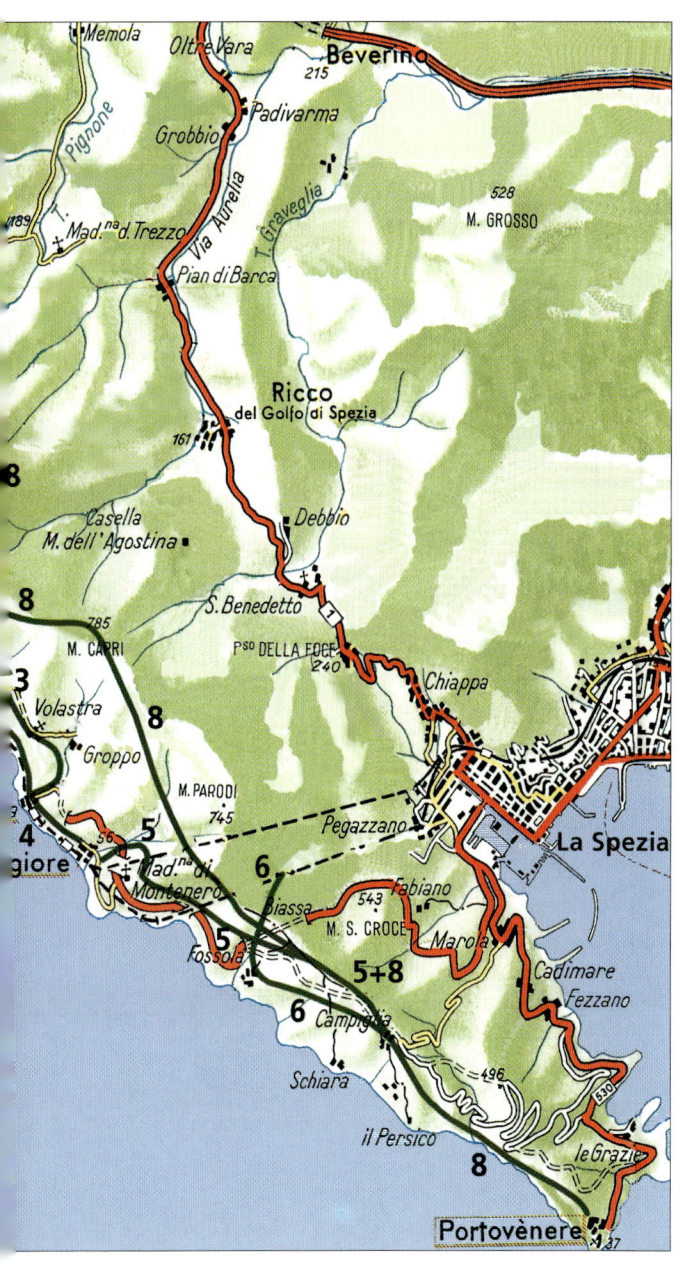

Reife Eßkastanie

Blick auf Manarola   Manarola

Albergo Bellevue, Bonassola

Ölbaumzweig

(Fortsetzung von Seite 120) In einem ausgesprochenen Steineichenwald (d.h. der ursprünglichen Vegetation) reduziert sich die Artenvielfalt im Unterholz, weil die großen Bäume vielen Gewächsen das Sonnenlicht nehmen. Die Pinien sind demgegenüber in dieser Gegend ein Fremdkörper; sie sind ausschließlich durch menschliche Eingriffe, vor allem durch Aufforstungsmaßnahmen, hierhergelangt. Feuer und Rodung fördern den Pinienwuchs, weil die Pinienkeimlinge eine große Sonneneinstrahlung lieben. In der vollständigen Macchia dagegen herrscht zuviel Schatten; die Pinien werden dann allmählich von den Steineichen verdrängt. Die Pinie ist nicht im Gleichgewicht mit der Umgebung; ohne äußere Eingriffe käme sie an der Küste viel seltener vor. Die Techniken der menschlichen Einwirkung werden dort deutlich, wo ehemaliges Kulturland aufgegeben wird - was gerade in den Cinque Terre häufig der Fall ist. Wenn die Urbarmachung in bodenschonender Form geschah - d.h. durch das Ausreißen kleiner Pflanzen und durch das Absägen der größeren Baumstümpfe -, dann kehrt an diesen Orten sehr schnell die Macchia-Vegetation wieder: Sie erobert sich ihren Lebensraum zurück. Wenn aber häufig der Boden durch 'kontrollierte Brände' gesäubert wurde - ein einfacheres, aber ökologisch fragwürdiges Verfahren-, wächst auf den verlassenen Weinterrassen und in den ehemaligen Ölbaumhainen nur noch Gestrüpp; der Boden ist ausgelaugt und das lange Zeit künstlich zurückgehaltene Gesträuch breitet sich schnell aus, sobald die Feuer-Reinigung nicht mehr regelmäßig stattfindet. Beide Formen sind im aufgegebenen Kulturland des Gebiets gut zu erkennen.

Importpflanzen

VIELE DER TYPISCHEN Pflanzen der Region traten ursprünglich nicht spontan auf, sondern wurden irgendwann im Lauf der Geschichte aus anderen Gebieten importiert. Das gilt für die beiden wichtigsten Kulturpflanzen der Küste: die

Weinrebe und den Ölbaum. Beide waren ursprünglich wohl im südlichen Vorderasien beheimatet und sind durch die Griechen nach Italien gelangt; wann sie erstmalig in den Cinque Terre angebaut wurden - ob schon in der Antike oder erst im Mittelalter - wissen wir nicht. Immer noch sind große Teil der Cinque Terre mit *Wein* bebaut - obwohl sich die Weinanbaufläche in den letzten dreißig Jahren um etwa die Hälfte verringert hat (zu den Problemen der Landwirtschaft siehe auch im Kapitel 'Wovon leben die Leute hier eigentlich?'). Der Wein reift in den Cinque Terre durch die starke Sonneneinstrahlung extrem früh, häufig schon ab Ende Juli; in den zwanziger und dreißiger Jahren waren die Trauben von Manarola die ersten, die auf den Märkten von Genua verkauft wurden.

Der **Oliven**- oder **Ölbaum** ist eine der charakteristischsten Pflanzen des Mittelmeergebiets; er verträgt nur geringen Frost und wächst nur in Gegenden, in denen die Durchschnittstemperatur des kältesten Monats nicht unter 3°C sinkt. Schöne Ölbaumhaine stehen in den Cinque Terre beispielsweise oberhalb von Vernazza (am Weg nach Monterosso) und am Ortsrand von Corniglia (in Richtung Vernazza). Der Ölbaum blüht - mit unscheinbaren weißen Blüten - im Frühjahr; die Früchte reifen im Winter, werden dann mit Hilfe von unter den Bäumen aufgespannten Netzen geerntet. Die Oliven werden mit besonderen Kämmen von den Zweigen in diese Netze gestrichen. Das Olivenöl hat in der Ernährung der Mittelmeervölker immer eine zentrale Rolle gespielt. Man benutzte es traditionell aber auch zur Körperpflege und als Brennstoff für Lampendochte. Der römische Naturforscher Plinius schrieb: „Zwei Flüssigkeiten gibt es, die dem menschlichen Körper angenehm sind, innerlich der Wein, äußerlich das Öl, beide von Bäumen kommend, aber das Öl etwas Notwendiges."

Auch der **Feigenbaum** stammt ursprünglich aus Vorderasien, ist wie Weinrebe und Ölbaum seit rund zweieinhalbtausend Jahren in Italien zuhause. „Wein, Oel und Feigen (sind) die drei Urgewächse der frühesten höheren Civilisation", schreibt Victor Hehn in seinem schönen Buch über „Kulturpflanzen und Hausthiere in ihrem Übergang aus Asien nach Griechenland und Italien und in das übrigen Europa" (1874). Die Feige ist aber nicht nur historisches Zivilisationsgewächs, sondern auch sehr wohlschmeckend - wenn auch nicht ganz ungefährlich für schwache Mägen. Wegen ihrer großen Nahrhaftigkeit hat sie in getreidearmen Gegenden gelegentlich das Brot ersetzt - allerdings nicht in den Cinque Terre, wo sie dafür wohl nicht häufig genug vorkommt und wo diese Rolle von der Kastanie übernommen wurde. An der nördlichen Riviera aber war „Feigenfresser" ein Schimpfwort für diejenigen, die zu arm waren, sich Brot zu leisten. Der Baum mit seinen gewundenen, hellen Ästen und den großen Blättern ist von großer Schönheit, im Winter an dem schlangenförmigen Gehölz, im Sommer an den charakteristischen Blättern gut zu erkennen.

Orangen und **Zitronen** sind ebenso wie der *Kakibaum* in Japan, China und Südasien heimisch; die Zitrone gelangte im Mittelalter, die Apfelsine im 16. Jhdt. nach Europa. Diese Pflanzen zeigen sehr deutlich den subtropischen Charakter des Riviera-Klimas; sie wachsen in Italien außer in Ligurien (vereinzelt am Gardasee) erst sehr viel weiter südlich: um Neapel und in Sizilien. Die Zitrus-Bäume vertragen keinen Frost, schon relativ geringe Minusgrade zerstören die Früchte. Die Riviera-Orangen sind meistens bitter: gut geeignet für Orangenmarmelade, aber nicht zum direkten Verzehr. Die schönen Kugeln der Apfelsinen (im grün belaubten Baum) und der Kakifrüchte (ebenfalls orangefarben) wirken besonders im Winter als überraschend aufleuchtende Farbflecke.

Subtropische Pflanzen sind auch die an der Riviera häufigen *Opuntien* (oder Feigenkakteen, ital. 'fichi d'India') und die Agaven. Beide Gewächse wurden im 16. Jhdt. aus

Amerika eingeführt. Die Opuntie hat dicke, rundliche, hell-grüne Kakteenblätter. Ihre rosa-orangenen Früchte sind eßbar - aber nur mit großer Mühe und Gefahr, weil die Schalen voller kleiner Stacheln sind und einige Geschick-lichkeit dazu gehört, die Schale zu entfernen. Die *Agaven* haben kräftige, große, längliche, am Rand dornige Blätter. Sie können sehr alt werden, bringen in fortgeschrittenen Jahren einen meterhohen Blütenstand hervor, der aus ihrer Mitte hervorwächst. Nach der Befruchtung stirbt die Pflan-ze; der Blüten-Pfahl bleibt allerdings noch lange stehen, so daß die Agaven überall leicht zu erkennen sind. Von den in größeren Höhe (um 600-800 m) wachsenden *Eß-* oder *Edelkastanien* und ihrer Bedeutung für die Ernährung der Be-völkerung sprach ich schon im Abschnitt 'Geschichte'. Die Edelkastanie hat nichts mit unserer Roßkastanie zu tun, ist vielmehr der Buche verwandt. Sie kommt vermutlich aus Kleinasien, ist in Italien seit der Römerzeit verbreitet.

Wovon leben
die Leute hier eigentlich?

Berufswandel an der Küste

TRADITIONELL waren die Bewohner der Cinque Terre in erster Linie Weinbauern. Fischer gab es in größerer Zahl nur in Monterosso, wo in früheren Jahrhunderten der Thunfischfang, später der Sardellenfang eine bedeutende Rolle spielten. Eine Reihe von Einwohnern (vor allem aus Vernazza und Riomaggiore) fuhr zur See, häufig als Schiffsköche oder Kellner.

Mit dem Bau der Eisenbahn änderte sich seit dem Ende des 19. Jahrhunderts die Beschäftigungsstruktur. Zahlreiche Männer fanden beim Bau der Bahn Arbeit. Da etwa gleichzeitig in La Spezia die große Militär-Schiffswerft, das Arsenal, errichtet wurde, boten sich auch hier neue Arbeitsplätze. Zunächst wurde es in den traditionsbewußten Dörfern nicht gern gesehen, wenn die Männer auswärts arbeiteten; allmählich aber löste sich diese Einstellung, und es wurde mehr und mehr üblich, nach La Spezia zur Arbeit zu fahren.

Die überlieferte Berufsstruktur hatte sich also schon um 1900 verändert: Neben Winzern, Fischern (in Monterosso) und Seeleuten gab es nun in wachsender Zahl Arbeiter und Angestellte des Arsenals, dazu auch Männer, die bei der mittlerweile fertiggestellten Eisenbahn eine Dauerstellung gefunden hatten. In den zwanziger Jahren veränderte sich die Ökonomie der Cinque Terre von Grund auf. Sämtliche Weinberge wurden von der Reblaus befallen, die Pflanzen starben, die Winzer waren ruiniert und mußten sich andere Arbeiten suchen.

Zwar stellte man die Weinberge in der Folgezeit mit neuen Rebsorten wieder her; seither gibt es aber in den Cinque Terre kaum noch hauptberufliche Weinbauern. Winzer und Fischer - so schön sie in die Landschaft passen - wird man heute in den Cinque Terre nur selten finden. Nur in Monterosso hat der Fischfang nach wie vor eine gewisse Bedeutung: Dort gibt es rund 20 bis 30 Fischer. Im 'typischen Fischerdorf' *Vernazza* sind es gerade noch drei... Die Einwohner leben zum Teil, vor allem in Monterosso, vom Tourismus; ein anderer - beträchtlicher - Teil der arbeitenden Bevölkerung ist bei der Bahn angestellt; schließlich gibt es zahlreiche Pendler, die nach La Spezia zur Arbeit fahren. Nach wie vor spielt das Arsenal in La Spezia eine wichtige Rolle für die Beschäftigungsstruktur der Cinque Terre. Auch einige Seeleute finden sich unter den Bewohnern.

DIE LANDWIRTSCHAFT ist heute ökonomisch an den Rand gedrängt. Nur noch eine winzige Minderheit der Einheimischen lebt hauptberuflich vom Weinbau. Andere Landwirtschaftsprodukte spielen in den Cinque Terre sowieso keine wichtige Rolle. Die Weinberge, Olivenhaine und kleinen Gemüsegärten werden zum größten Teil nebenberuflich gepflegt - von Pensionären, aber auch von jüngeren Leuten, die neben der Arbeit bei der Bahn, im Restaurant oder im Geschäft noch Freude am eigenen Wein, Öl und den selbstgezogenen Tomaten haben. Unter wirtschaftlichen Gesichtspunkten ist die Landwirtschaft wegen der schwierigen Bodenverhältnisse meist unrentabel: Ein Hektar Rebfläche beispielsweise erfordert in den Cinque Terre etwa vier- bis fünfmal soviel Arbeitszeit wie in ebenem oder leicht hügeligem Gelände! Dieser Unterschied reduziert sich allerdings beim Anbau von hochklassigen Weinen, wie sie neuerdings vermehrt hergestellt werden - die erfordern, anders als die Massenproduktion, in jedem Terrain sorgfältigen Arbeitsaufwand, und sie erzielen ja auch andere Preise. So ist es erklärlich, daß in den letzten Jahren wieder größere Flächen von hauptberuflichen Winzern bearbeitet werden.

Die Landwirtschaft der Cinque Terre hat zwar geringe ökonomische, aber große ökologische Bedeutung. Wenn die Weinberge aufgegeben würden und die sorgfältig gepflegten Steinmäuerchen verfielen, wäre die gesamte Landschaft von der Erosion bedroht (vgl. S. 112).

Zu Beginn der achtziger Jahre haben sich die meisten Winzer der Cinque Terre in der Genossenschaft *Cooperativa delle Cinque Terre* zusammengeschlossen. Die Kooperative (sie zählt mittlerweile 600 Mitglieder, von denen die Mehrheit den Weinbau nur nebenberuflich betreibt) produziert den größten Teil des Cinque-Terre-Weins, organisiert den Verkauf und hilft den Mitgliedern mit technischem Know-How. In den letzten Jahren haben aber immer mehr kleine Produzenten begonnen, unabhängig von der Kooperative eigene Weine abzufüllen. Wenn sie sorgfältig arbeiten, können sie bessere Qualität erreichen: Anders als in der Kooperative, wo die Ernte vieler Winzer zusammenkommt, kontrollieren sie genau die Behandlung der Trauben im Weinberg.

DER TOURISMUS ist erst seit den siebziger Jahren zu einem wichtigen Wirtschaftsfaktor geworden. Heute bildet er in den Cinque-Terre-Orten die wichtigste Einnahmequelle. Manche Hoteliers, Restaurant- und Ladenbesitzer haben sich daran binnen weniger Jahre eine goldene Nase verdient. Der größte Teil der Arbeitsplätze in den Dörfern hängt direkt oder indirekt vom Tourismus ab. Dazu kommen Einnahmen durch die Vermietung von Privatzimmern und -wohnungen, die in den offiziellen Statistiken zum größten Teil gar nicht erscheinen. Schon das kleinste und am wenigsten besuchte Cinque-Terre-Dorf, Corniglia mit seinen 270 Einwohnern, hat fünf Restaurants, drei Lebensmittelgeschäfte, drei Bars, einen Andenkenladen, eine Weinhandlung, einen Pizzabäcker und ein gutes Dutzend Zimmervermieter. In den anderen Orten leben noch erheblich mehr Menschen vom Fremdenverkehr, so in Vernazza, wo sich in der Hauptgasse Geschäft an Geschäft drängt, oder in Monterosso mit seinen 20 Hotels und Dutzenden von Läden und Restaurants, die entsprechend viel Personal benötigen.

Der Tourismus wird nach meinem Eindruck in den Cinque-Terre-Orten im großen und ganzen positiv gesehen. Zufrieden damit ist natürlich derjenige Teil der Bevölkerung, der daran verdient. Neben den ökonomischen Vorteilen werden auch andere Seiten als angenehm empfunden, vor allem die Möglichkeit, Kontakte zu knüpfen. Relativ häufig haben mir Bewohner der Cinque-Terre-Orte befriedigt von Freundschaften erzählt, die sich mit auswärtigen Gästen entwickelt hätten; die große Ruhe und Einförmigkeit des Lebens im Winter erleben viele als langweilig. Man freut sich, wenn wieder etwas los ist.

Als unangenehm empfindet man insbesondere die Überfüllung der Orte im Hochsommer mit all ihren Folgeerscheinungen, von denen Schmutz und Wassermangel die störendsten sind. Wie mir der Bürgermeister von Monterosso sagte, ist die organisatorische Bewältigung des sommerlichen Andrangs das größte Verwaltungsproblem der Gemeinde - schon im Januar beginnt man mit den Vorbereitungen! Der ruhigere Frühjahrs- und Herbst-Tourismus fällt dagegen weniger ins Gewicht. Natürlich sind die Einheimischen nicht begeistert, wenn an manchen Wochenenden ihre Dörfer von Ausflüglermassen überrollt werden. Aber sie nehmen das wie eine unvermeidliche und letzten Endes auch nicht weiter tragische Naturerscheinung hin - ungefähr so, wie einen kräftig verregneten Tag. Da geht man ja nach Möglichkeit auch nicht aus dem Haus...

Umweltzerstörung und Umweltschutz

DIE STRASSE. Ewig lang schon soll sie gebaut werden: die *Litoranea*, die Küstenstraße von La Spezia bis Levanto und weiter nach Sestri Levante. Bei Riomaggiore und Manarola kann man ihren Anfang sehen: die üblichen Straßenbrücken, gewagte Konstruktionen, Tunnel, Poesie des technischen Zeitalters. Dann geht' s nicht mehr weiter. Dabei wäre es so schön gewesen: eine Panoramastraße hundertfünfzig Meter über dem Meer, Sonntagsausflug ohne Mühe, gute Anschlüsse ans Verkehrsnetz für alle Cinque-Terre-Dörfer, endlich der Standard des 20. Jahrhunderts: Mit Volldampf durch die Weinberge. Es hat nicht geklappt - dieses eine Mal nicht. Danken wir dem Himmel.

Was die Küstenstraße blockiert hat, war ursprünglich nicht so sehr Umweltbewußtsein wie italienische Verwaltungsschlamperei. Der Bau ging nur hundertmeterweise voran, dann waren wieder Gelder zu bewilligen, in den Cinque Terre findet sich kein großes Wählerpotential, die Finanzen wurden erstmal für andere Dinge verwendet... So zog es sich jahrelang hin, und irgendwann tauchte begründeter Widerstand gegen das verrückte - und doch so normale - Projekt auf. Neue Verzögerungen, Untersuchungen, aufgeschobene Entscheidungen, letzter Stand: Die Litoranea wird nicht gebaut, sie wäre „offenkundig unvereinbar mit den Besonderheiten der Gegend, einer einzigartigen Umgebung von internationalem Ruf" (die Regierung der Region Ligurien in der Begründung ihrer Entscheidung).

DIE HÄUSER. Bauvorschriften waren in Italien jahrzehntelang nicht viel wert. Vierzig Jahre lang kümmerte sich niemand darum; die Zahl der zwischen 1950 und 1990 illegal gebauten Wohnungen geht in die Millionen. (Nach der Schätzung einer Wirtschaftszeitschrift wurden beispielsweise 61% der zwischen 1972 und 1981 gebauten Häuser ohne Genehmigung errichtet.) In den Cinque Terre sieht es anders aus: Alle möglichen Behörden wachen über die Unversehrtheit des architektonischen Eindrucks, die Schutzgesetze überlagern sich und man kann in den alten Orten ohne Genehmigung kein Fenster in eine Wand brechen - geschweige denn ein Stockwerk aufs alte Haus setzen. Der Landschaftsschutz wird durchgesetzt; nur einige wenige Zonen sind, unter strengen Auflagen und zu genau definierten Zwecken, zur Bebauung freigegeben.

ALLES IN ORDNUNG ALSO? Soweit ich es beurteilen kann: für uns Touristen ja. Daß irgendwo irgendwelche Dummheiten geschehen, läßt sich natürlich nie ausschließen - aber es scheint doch, als sei die staatliche Verwaltung entschlossen, die Cinque Terre in ihrer gegenwärtigen Form zu bewahren. Alles in Ordnung? Für die Bewohner der Cinque Terre weniger. Viele sind mit dem totalen Baustopp unzufrieden. Logisch: Man kann sich kein schönes modernes Haus in den Weinberg setzen, keine neuen Pensionen und Hotels bauen, keine Garage an den Ortseingang setzen. Gut so - das alles muß ja nicht sein.

Aber es gibt ein ernsthafteres Problem: den Wohnungsmangel. Die Einheimischen finden nicht ausreichend Wohnraum zu vernünftigen Preisen. Zahlreiche Unterkünfte werden als Fremdenzimmer vermietet, andere gehören wohlhabenden Städtern als Ferienwohnungen. Wegen der starken Nachfrage auswärtiger Interessenten liegen die Quadratmeterpreise in Vernazza oder Manarola so hoch wie im Zentrum von Florenz. Zudem sind die alten Häuser in den unteren Geschossen häufig ohne Licht und Luft, eng und auf dicht beieinander wohnende Familien zugeschnitten. Junge Paare und Familien finden oft keine geeignete Unterkunft; notgedrungen ziehen sie nach La Spezia.

Seit Jahren nimmt die Bevölkerungszahl der Cinque-Terre-Orte ab. Wohnungsmangel ist dafür gewiß nicht die einzige Ursache. Er trägt aber zum Phänomen der Entvölkerung bei. Viele Einheimische meinen: Die Bauvorschriften sind zu streng; auf die Dauer lassen sie das eigene Leben der Dörfer ersterben. Schon 1970 schrieb der damalige Bürgermeister von Riomaggiore: „Die Cinque Terre, mit ihrer sich ins Unendliche erstreckenden Jungfräulichkeit, mußten stellvertretend für die Irrtümer büßen, die in allen anderen Gebieten Liguriens begangen wurden." Nicht ganz abwegig: Ein Großteil der Küsten ist zerschlagen worden, jetzt wird ein letztes kleines Museumsstück gerettet - koste es, was es wolle...

Die Schutzvorschriften sind in den Cinque Terre - auch bei entschiedenen Umweltschützern - nicht besonders populär. Man hat das Gefühl, ohne Berücksichtigung der eigenen Interessen in eine Glasvitrine gestellt worden zu sein - damit die Besucher das schöne Ambiente betrachten können. Ein örtlicher Politiker schrieb: „Die Bewohner der Cinque Terre sind es leid, wie Volksgruppen in einem Reservat betrachtet zu werden... Es scheint mir, daß der wirkliche Verteidiger und aktive Erhalter der Landschaft, der Bauer/Arbeiter der Cinque Terre, heute eher aus seiner natürlichen Umgebung verjagt wird." Die mit diesen Fragen verbundenen Probleme möchte ich im folgenden Abschnitt etwas näher betrachten. Für den Moment also zusammenfassend nur dies: Die Schutzvorschriften funktionieren; aber viele Bewohner der Cinque Terre sind - mit nicht von der Hand zu weisenden Gründen - damit nicht einverstanden.

Die Landschaft

Im Abschnitt 'Kunst' hatte ich es schon gesagt: Die Cinque-Terre-Landschaft ist durch und durch von den Einwohnern geschaffen, sie ist ein Natur-Kunstwerk. Dieses Kunstwerk hat zugleich eine immense ökologische Bedeutung: Ohne Steinmäuerchen und Terrassen ändert sich nicht nur das Landschaftsbild, sondern es drohen auch Erdrutsche und

Überflutungen an den steilen Hängen. Die Erhaltung der Landschaft ist aber ungleich schwerer als die Erhaltung der alten Dörfer. Hier reichen keine Bauverbote - die Terrassen der Cinque Terre bleiben nur bestehen, wenn Jahr für Jahr an ihnen und auf ihnen gearbeitet wird. Für diese Arbeit aber verschwinden die sozialen Voraussetzungen. Anderswo wird mehr verdient; viele jüngere Leute haben keine Lust mehr, in die Weinberge zu steigen; immer weniger beherrschen sie die besonderen Techniken, die unter den Sonderbedingungen dieses Gebiets notwendig werden.

Die Entwicklung ist offenkundig: Mit großer Geschwindigkeit verringert sich die kultivierte Fläche der Cinque Terre. Aufgegebene Weinterrassen und ehemalige Ölbaumhaine werden von Gestrüpp und Macchia überwuchert. Terrassen verfallen, Steinmauern rutschen ab. Gezielte Gegenmaßnahmen sind bisher kaum unternommen worden. Worin könnten sie bestehen? Nach der Logik unserer Gesellschaft wohl nur in der ausreichenden Bezahlung der Arbeit in der Cinque-Terre-Landwirtschaft; einer Bezahlung, welche die Erhaltung der Terrassen auch für Menschen attraktiv macht, die nicht durch Tradition und Neigung an die Landschaft gebunden sind.

Wäre die Erhaltung dieses Gebiets nicht einige Subventionen wert? Einen kleinen Ansatz dazu gibt es in der Finanzierung der *muri a secco*. Aber mehr als ein Tropfen auf den heißen Stein ist es bislang nicht. Gegenwärtig scheint die größte Gefährdung der Cinque-Terre-Landschaft daher nicht von Neubauten und Straßenprojekten auszugehen, sondern vom Verfall der Landwirtschaft und den daraus folgenden Landschaftsveränderungen.

Paradies oder Freilichtmuseum?

CINQUE TERRE - ein letztes Kapitel aus dem Mittelmeer-Bilderbuch, Überrest einer untergehenden Kultur - oder ein Reservat für harmoniebedürftige, sonnenhungrige Großstädter, nach deren Interessen arrangiert und instand gehalten? Eins dürfte klar sein: In der modernen Gesellschaft (auch derjenigen Italiens) sind Gebiete wie die Cinque Terre Fremdkörper, die künstlich und mühevoll am Leben erhalten werden. Ließe man den Dingen ihren spontanen Lauf, so wäre binnen weniger Jahre von dieser Landschaft und ihren Orten kaum noch etwas übrig. Italiens Küsten sind mittlerweile hinreichend zubetoniert, als daß man daran noch zweifeln könnte. „Eine Betonsintflut", schrieb der Journalist und Parlamentsabgeordnete Antonio Cederna, „droht für immer jede physische, natürliche, kulturelle Identität unseres Landes auszulöschen". Die ligurische Riviera gibt deutliche Beispiele: In vielen Gegenden übertrifft die Zahl der zwei bis drei Monate im Jahr genutzten, neu errichteten Zweitwohnungen bei weitem die Menge der Wohnungen der Einheimischen. Um Camogli und Santa Margherita etwa wird nur ein Drittel der Wohnungen dauernd genutzt; in Deiva Marina mit rund 1500 Einwohnern gibt es über tausend Touristen-Appartements; die Provinz Savona zählt mehr Zweit- als Erstwohnungen. Zwar ist der Wert der Ferienhäuser am Meer in den letzten Jahren gesunken; der große Boom ist scheinbar vorbei. Aber man kann sicher sein: Die Aufhebung der geltenden Bauvorschriften wäre das Ende der Cinque Terre, wie wir sie heute sehen.

Es ist schon paradox: Die natürlichen Prozesse der Gesellschaft zerschlagen die Natur; und nur in künstlichen Welten, die sorgsam gehegt und gepflegt werden, bleiben natürlich-humane Dimensionen erhalten. Aus eigener Kraft sind die Cinque Terre nicht mehr lebensfähig. Sie zu erhalten, bedarf bewußter Anstrengungen - und auch der Hilfe von außen. Das Leben, das diese Landschaft und diese Dörfer einmal geschaffen hat - ein Leben der Härte, der Armut, der Enge, aber auch der Ruhe, der Gemeinschaftlichkeit, der Natur-Rhythmen - erstirbt. Etwas Neues muß an seine Stelle treten - und sei es der entschiedene Wille, die Cinque Terre als Reservat zu bewahren. Die beste Lösung wäre das nicht, aber immer noch besser als die naturwüchsige Zerstörung. Die Probleme dieses Gebiets sind in vieler Hinsicht den viel bekannteren Venedigs vergleichbar: Alle lieben es, und die Einwohner ziehen fort. Aber Venedig und die Cinque Terre bilden nur die Spitzen eines Problem-Eisbergs. Viele der traumhaft schönen Landschaften Italiens (die abgelegeneren Gebiete der Toskana, Teile Latiums, Umbriens, der Marken) sind, unbeobachtet und unbemerkt, in einer vergleichbaren Situation.

DIE VERFALLS-SYMPTOME sind eindeutig. Einige Zahlen sagen fast alles: in der Nachkriegszeit haben die Cinque-Terre-Orte rund ein Drittel ihrer Einwohnerschaft verloren; die Abwanderung war am größten in der Gemeinde Vernazza-Corniglia (2230 Einwohner im Jahr 1951, rund 2000 1961, rund 1500 1982, rund 800 heute), am geringsten im tourismusbegünstigten Monterosso (2300 Einwohner 1951, rund 1700 heute). Nach wie vor sinken die Bevölkerungszahlen. Noch gravierender ist der Rückgang der kultivierten Anbaufläche: Allein in den letzten fünfzehn Jahren wurde mehr als die Hälfte der bebauten Weinberge aufgegeben; bei den Ölbaumkulturen betrug der Rückgang zwischen 1955 und 1985 rund 70 %. Die Bewohner wandern ab, das Land wird nicht mehr kultiviert - das Leben im Paradies ist scheinbar nicht attraktiv. Sind die Neubauwohnungen von La Spezia reizvoller? Die Ursachen des Verfalls sind vielfältig. Sie laufen aber immer auf dasselbe hinaus: Architektur und Landschaft der Cinque Terre entsprechen einer bestimmten, im wesentlichen vorindustriellen Lebensform; diese Lebensform hat sich aufgelöst. Zurück bleibt ihre äußere Hülle, begeisternd für die Besucher, oftmals zu eng für die Bewohner. Die Welt, aus der diese Dörfer hervorgingen, existiert nicht mehr. Man möchte nicht mehr wohnen und arbeiten wie vor hundert Jahren. Viele Häuser sind den Bewohnern zu eng, zu dunkel, zu muffig. Die harte und wenig ertragreiche Arbeit in der Landwirtschaft ist nicht mehr notwendig; anderswo läßt sich mehr verdienen.

Dazu kommt, wie überall in den bis vor kurzem rückständigen Landgebieten des Mittelmeerraums, ein diffuser ideologischer Wunsch nach dem modernen Leben, nach Plastik, Fernsehkultur und Einbauschränken. Dieser Wunsch, der anderswo ästhetische (und menschliche) Verheerungen anrichtet, ist in den Cinque Terre nicht extrem ausgeprägt: Die meisten Einwohner sind sich der Vorzüge ihrer Orte völlig bewußt und blicken keineswegs neidvoll nach Mailand und Genua. Aber wenn mein Eindruck nicht täuscht, spielen bei der Abwanderungswelle nicht nur Wohnungsmangel und Arbeitssuche eine Rolle, sondern auch die Sehnsucht nach einer 'fortschrittlicheren' Umgebung - und sei es La Spezia.

Weitere Gründe für die Abnahme der Bevölkerungszahl: Junge Leute gehen aus den Dörfern fort, um in der Stadt freier, weniger von Verwandten und Nachbarn beobachtet, leben zu können. Und: Viele Wohnungen werden den Einheimischen nicht vermietet, dienen als Zweitwohnungen oder für die Ferienvermietung.

DIE ZWICKMÜHLE. Das Problem ist nur zu klar: Als integrierter Bestandteil der modernen Welt lassen sich die Cinque Terre nur erhalten, wenn man sie zerstört. Einige Neubauquartiere mit erstklassigen sanitären Anlagen, ein paar weitere Hotels, ordentliche Straßenverbindungen - vielleicht ließe sich der Exodus der Bevölkerung bremsen. Vielleicht - eine Garantie gibt es nicht. Und zum Glück stehen solche Lösungen - die reine Barbarei - nicht mehr zur Debatte. Leider funktioniert auch die Alternative nur begrenzt: die Orte der Cinque Terre aus der Logik der Modernisierung auszuklammern und sie als harmonische Gegenwelt zum Asphaltdschungel zu erhalten. Wenn die Dörfer sich entvölkern, wenn das Land nicht mehr bearbeitet wird - was wird dann aus der Gegend?

DIE PERSPEKTIVEN. So ungern man es zugibt: Die Cinque Terre sind ein Reservat. Das heißt nicht: eine künstlich für die Touristen hergerichtete Umgebung, ein Disneyland der Wanderwege. Denn fast alles, was wir dort sehen, ist 'authentisch', Produkt einer jahrhundertealten Kultur: von den Maultierpfaden bis zu den Wohnhäusern. Aber diese Welt konnte sich nur so unversehrt erhalten, weil sie abgekoppelt wurde von den normalen gesellschaftlichen Prozessen. Nur einem besonderen Schutz verdankt sie ihren gegenwärtigen Zustand. Der letzte Schritt dieser Entwicklung ist die Einrichtung des 'Nationalparks Cinque Terre' . Damit stehen die fünf Dörfer seit dem Jahr 2000 nicht nur, wie schon vorher, unter konsequentem Landschafts- und Denkmalsschutz. Jeder Eingriff in die Natur und die Bausubstanz wird jetzt durch zusätzliche Genehmigungsverfahren erschwert, eine eigene Nationalparkverwaltung kümmert sich um die Einhaltung der Regelungen und - Chance und Problem zugleich - die Cinque Terre erhalten staatliche Gelder, um deren Verwendung noch heftige Konflikte aufbrechen dürften. Die Cinque Terre sind damit - auch in juristischer Hinsicht - endgültig als ein Gebiet definiert, das anderen Regeln unterliegt als die Normalgesellschaft.

Kein Zweifel: Die Entwicklung zu einem Naturschutzpark ist vernünftig und sinnvoll. Wir - die Städter, die Reisenden - brauchen solche Gebiete, um nicht zu ersticken in der Phantasielosigkeit der Beton-Architektur, um freier zu atmen, um offen zu bleiben für fast vergessene Träume von Ruhe und Gemeinschaft. Daß vieles von dem, was wir in solche harmonische Landschaften hineinsehen, mehr unseren Wünschen entspricht als der Realität der Bewohner, schadet nichts: sich diese Wünsche zu bewahren, ist lebensnotwendig. Insofern können wir nur hoffen, daß möglichst viele Wunsch- und Traumlandschaften (nicht nur Venedig und die Cinque Terre) erhalten bleiben. Aber die Erhaltung kann und darf nicht zu Lasten derjenigen gehen, die an diesen Orten leben (und die nicht nur die Wunsch- und Traumseite erfahren). Das wäre nicht nur ungerecht - es kann nicht funktionieren. Die Cinque Terre würden zur bloßen Kulisse, wenn irgendwann nur noch einige Einheimische an Ort und Stelle blieben, um für die Touristen zu arbeiten. Im Naturschutzpark läßt sich's vielleicht ganz gut wohnen; aber daß da nur Holzfällerhütten herumstehen sollten, wäre etwas viel verlangt. Das soll nicht heißen: die Bauvorschriften zu lockern. In diesem Punkt stimme ich mit den vielen Cinque-Terre-Bewohnern, die über zu strenge Regeln klagen, nicht überein. Eine Lockerung dieser Vorschriften würde schnell zu einem kleinen ästhetischen Verbrechen hier und einem mittleren ästhetischen Verbrechen dort und auf die Dauer zur Zerstörung des Landschaftsbildes führen. Es heißt eher: Diejenigen Einheimischen, die in den Cinque Terre leben und arbeiten wollen (es sind nach wie vor viele) müssen darin mit allen Kräften unterstützt werden. Ob die mit der Einrichtung des Nationalparks neu zur Verfügung stehenden Finanzmittel diesem Zweck dienen werden? Es ist zu hoffen.

DER TOURISMUS trägt wesentlich zur Erhaltung des Landschaftsbildes bei und hat für das Leben der Einheimischen eine positive Funktion. Gewiß, manchmal wird es in den Orten zu voll; manchmal stöhnen die Bewohner über die Massen von Besuchern, die sich durch die Dörfer wälzen. Insgesamt aber erlaubt die touristische Nachfrage zahlreichen Einheimischen, vor Ort ihren Lebensunterhalt zu finden; und sie bietet auch eine ökonomische Rechtfertigung für Landschaftsschutzmaßnahmen, die andernfalls viel schwieriger durchzuführen wären. Heute leuchtet es jedem ein, daß der Bau von Straßen oder Appartementhäusern in den Cinque Terre auch unter wirtschaftlichen Aspekten

Wahnsinn wäre - schließlich kommen jährlich Zehntausende von Besuchern aus aller Welt nur deshalb, weil's hier keine Straßen und Appartementhäuser gibt...

Der italienische Schriftsteller *Alberto Asor Rosa* hat vor einiger Zeit in einem Zeitungsartikel zu den hier skizzierten Problemen interessante Gedanken geäußert. Ich möchte abschließend aus diesem Aufsatz einige Passagen zitieren, nicht nur wegen ihrer erfreulichen Klarheit, sondern auch deshalb, weil sie verdeutlichen, wie diese Probleme heute in einem Teil der italienischen Öffentlichkeit diskutiert werden. Asor Rosa bezieht sich auf Probleme der Toskana, weist aber ausdrücklich darauf hin, daß die Überlegungen auch für viele andere Gebiete Italiens gelten. „Angesichts der unwiderruflichen Zerstörungen an vielen Orten schlage ich eine 'Leopardenfell-Strategie' vor... Es geht darum, von den charakteristischsten und besterhaltenen Gebieten auszugehen, den zu verteidigenden Bereich genau zu bestimmen und zu seinem Schutz eine Reihe von Maßnahmen vorzunehmen, die zugleich das Schwungrad für einen neuen Entwicklungstypus darstellen. Also keine abstrakten, für alle gleichen Vorschriften, sondern die Suche nach einer Erhaltung, die vor allem die Kenntnisse und die Gefühlsbindungen berücksichtigt, mit denen die Bevölkerung in manchen Gebieten Italiens nach wie vor ihrer heimatlichen Umgebung entgegentritt.

Das wichtigste zu erhaltende Gut ist der Mensch: eben der, der dieses bestimmte Gebiet bewohnt, mit seinen Eigenheiten, seiner Vergangenheit, seiner Vorstellung von der Vergangenheit. Die Entvölkerung der Landschaft ist eine der größten Umweltgefahren; wo sich ein Vakuum bildet, rückt die Spekulation nach (umgekehrt kann die Spekulation natürlich auch das Vakuum herbeiführen). Die Herausforderung durch den angeblichen Widerspruch von Erhaltung und Entwicklung: Gibt es eine dritte Möglichkeit außer der spekulativen Zerstörung des Landes und den reinen, einfachen Schutzmaßnahmen im Museums-Stil? Statt eines trägen brauchen wir einen aktiven Begriff der Landschaftserhaltung - konkret: entwickelte Formen des kulturellen Tourismus (qualifiziert, dauerhaft, mit hohem Niveau), Landwirtschaft (kooperative Bewegungen, Entwicklung ökologischer Anbauformen), ökonomische Unterstützung durch den Staat. Wir müssen uns darüber im klaren sein, daß es zutiefst ungerecht ist, die Last der Schutzvorschriften ausschließlich auf die ansässige Bevölkerung abzuwälzen. Vielmehr müssen alle Bürger Italiens gemeinsam diese Maßnahmen finanzieren..."

Es macht Hoffnung, daß solche Stimmen in Italien laut werden. Wie weit sie durchdringen, wissen wir nicht. Als ausländische Gäste können wir nichts tun, nur zusehen und hoffen. - Ich habe viele Bewohner der Cinque Terre nach ihren Wünschen an die Touristen gefragt: Es waren immer kleine Dinge, die man sich vorstellen konnte: keinen Dreck in den Orten zurücklassen, kein Obst und keinen Wein klauen. In den großen, entscheidenden Fragen können wir wohl keine Unterstützung geben.

EINTRITTSGELD FÜRS RESERVAT? Ab 2001 soll der Zugang in das Cinque-Terre-Gebiet gebührenpflichtig werden - jedenfalls nach den Plänen der Verwaltung des neugeschaffenen Nationalparks. Das Eintrittsgeld in Höhe von voraussichtlich 5000 Lire soll vor allem die vielen Tausend Tagesausflügler treffen, die oft nur ein paar Stunden in den Cinque Terre bleiben, Dorfplätze und Wege verstopfen und jede Menge Abfall hinterlassen. Dauergäste müssen den Betrag nur einmalig für den gesamten Aufenthalt entrichten. Gratis bleibt der Zutritt über die Wanderwege. Bisher ist allerdings noch unklar, wie die Kontrollen an den Bahnhöfen und Zufahrtsstraßen aussehen werden - bei starkem Andrang drohen endlose Staus an den Zahlstellen.

Von Genua bis Sestri Levante

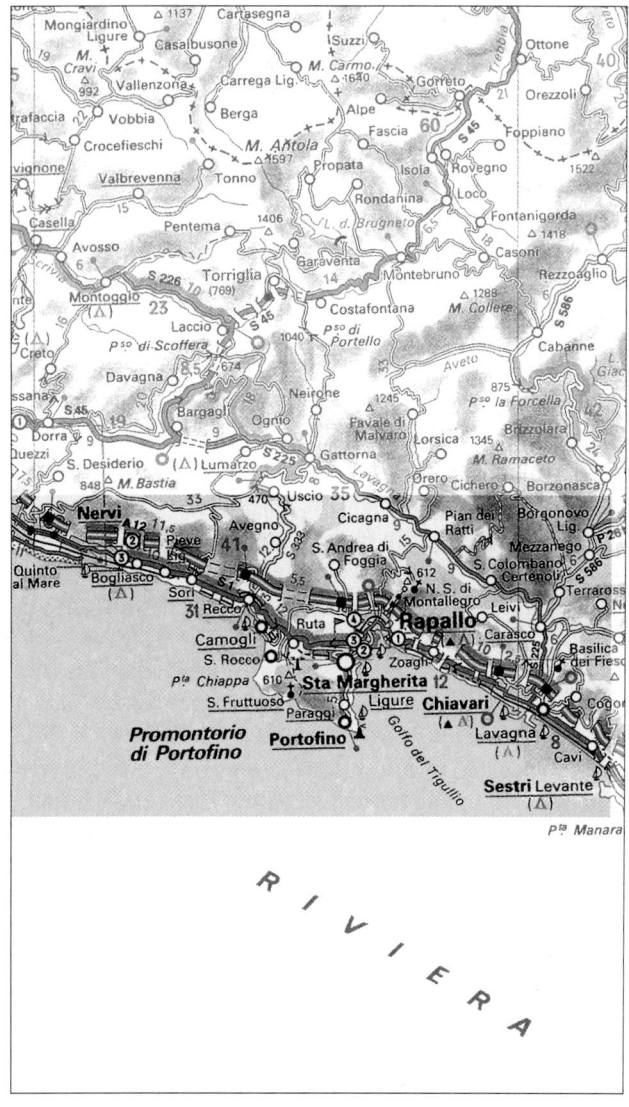

VIELES VON dem, was im Abschnitt 'Vordergrund und Hintergründe' zu den Cinque Terre gesagt wurde, trifft auch auf die anderen Orte der *Riviera di Levante* zu (Kunst, Geschichte, Pflanzenwelt u.a.). Vieles - aber nicht alles: Die Küste ist außerhalb der Cinque Terre in den letzten Jahrzehnten ziemlich massiv von der Zweithaus-am-Meer-Manie getroffen worden, die Landschaft ist streckenweise recht verbaut. Eine Bilderbuchwelt ist das nicht mehr. Dennoch gibt es noch eine Reihe schöner, gut erhaltener Ortschaften und - sobald man sich etwas von den Küstenorten entfernt - sehr schöne Landschaften. Diese Landschaften lernt man am besten auf Wanderungen und Spaziergängen kennen - ich habe dazu jeweils Hinweise gegeben.

Zwischen Genua und Portovenere unbedingt sehenswert sind meiner Meinung nach *Genua, Camogli, San Fruttuoso* und *Portovenere*, mit Einschränkungen sehenswert ist auch *Portofino*. Ganz interessant: *Sestri Levante* und *Chiavari*. Die anderen Orte haben meist mehr oder minder gut erhaltene alte Zentren, die von wenig erfreulichen Neubauvierteln bedrängt werden. Fast überall finden sich Badestrände und vielfach auch hervorragende Restaurants!

■ *Hotels und Restaurants* werden im folgenden jeweils im Ortstext genannt. Zur Einstufung und zu den Preiskategorien vgl. im 'Allgemeinen Teil' S. 20 und 29.

Genua

Diese Stadt ist häßlich über alle Maßen.
Heinrich Heine, 1830

Ich eilte sofort nach Genua. Hier schien mir nun allerdings das er-
sehnte Wunder aufgehen zu wollen. Der herrliche Eindruck dieser Stadt kämpft noch bis heutigentags die Sehnsucht nach dem
übrigen Italien in mir nieder. Ich fühlte mich einige Tage in wahr-
haftigem Rausche.
Richard Wagner, 1853

DAS ZENTRUM Liguriens ist eine vitale, spannende Stadt.
Der Unterschied zu den bekannten italienischen Reiszie-
len wie Florenz, Verona oder Venedig fällt sofort ins Auge.
Genua wirkt nicht geglättet und für Besucher hergerichtet,
Licht- und Schattenseiten werden auf den ersten Blick deutlich. Cafés mit feinster Jugendstileinrichtung öffnen sich
neben verfallenen Häusern, Barockmadonnen blicken auf
wartende Nutten, edel restaurierte Palazzi und heruntergekommene Wohnhöhlen stehen im selben Viertel. In einer
soziologischen Arbeit über die Stadt heißt es: „Die Genuesen würden gern auf den dekadenten, fast unheimlichen
Reiz dieser Altstadt verzichten." (Paolo Arvati, Oltre la città
divisa). Gewiß, das Leben ist hier nicht unbedingt einfach.
Aber ich muß gestehen: In meinem touristischen Egoismus
hat mich das Zentrum Genuas immer fasziniert.
  Das Hafenviertel wirkt fast orientalisch, mit Unmengen
kleiner Läden, engen Gassen, bröckelnden Fassaden, mehr
oder minder malerischem Schmutz, weitgespannten Ge-
ruchsskalen vom Katzendreck zum Fischgestank und einem
interessanten, intensiven Straßenleben. In dem spielen leider auch Drogenhändler und -abhängige ihre nicht zu über-
sehende Rolle. Dennoch: Man fühlt sich nicht bedroht, dazu
ist zumindest tagsüber zuviel 'normales' Leben im Gang.
Man kann sich in diesen Straßen stundenlang aufhalten,

es ist immer etwas los, gibt immer etwas zu sehen. Hätte einer den Ehrgeiz, die typisch levantinische Hafenstadt als Filmkulisse nachzubauen - das Original Genua wäre auch vom einfallsreichsten Dekorateur nicht zu übertreffen. Gedränge in den Hauptgassen, zwielichtige Gestalten in den Nebengassen, Fischstände in den Bogengängen am Hafen, Bouquinisten, Obstverkäufer, Zigarettenschmuggler, Läden mit reichem Angebot an geklauten Autoradios, raffinierte Süßwarengeschäfte, nordafrikanische Garküchen, Kleinstpizzerien, Jeansläden, rufende Mammas, spielende Katzen, Madonnenbilder…

Mittendrin: alte Kirchen, prunkvolle Palazzi, elegante Portale, Spuren einer nicht allzu fernen Zeit, als Genua die reichste Stadt Europas war. Die enorme Kapitalansammlung wird am deutlichsten zur Schau gestellt in der Prachtstraße *Via Garibaldi*. Da geht's auf einmal sehr vornehm zu, in den Renaissance- und Barock-Palästen hausen heute die Banker, keine Rede von ambulanten Händlern. Man promeniert ruhig durch das Viertel, in dem einst die Finanzmagnaten des Mittelmeerraums logierten. Aber in der anschließenden *Via Balbi* (auch sie einst Straße der Superreichen) holt uns das moderne Genua mit seinen Widersprüchen ein: der Verkehr donnert an Barockbauten vorbei, man atmet riesige Abgaskonzentrate ein, die Palazzi verschwinden hinter Baugerüsten.

Das orientalisch-levantinische Genua, das vornehme Genua der *Andrea Doria* und Konsorten, das moderne Genua - die drei Gesichter einer „wunderschönen Stadt, die man entdecken muß - und die man aus dem einen oder anderen Grund nie entdeckt", wie es im Führer des 'Touring Club Italiano' heißt.

Dazu kommt seit wenigen Jahren eine besondere Attraktion: das *Acquario*, der größte Meerwasser-Zoo Europas. Bei den Italienern hat sich herumgesprochen, daß der Besuch lohnt: Der Andrang der Einheimischen ist mittlerweile so groß wie in Pompeji oder den Uffizien! So führen heute nicht mehr, wie noch vor wenigen Jahren, alle Wege des

Tourismus an Genua vorbei. Aber immer noch bleibt Genua außerhalb des Italien-Programms der meisten ausländischen Reisenden. Zu Unrecht. Man kann sich in Genua problemlos mehrere Tage aufhalten und wird immer Neues entdecken.

Orientierung

Genua ist ziemlich unübersichtlich: Die Altstadt hat keine zentrale Piazza, die Straßen sind winklig und winzig. Ohne Stadtplan verläuft man sich schnell. Die Touristenbüros (im Bahnhof Piazza Principe sowie im Zentrum in der Via Roma 11) verteilen kostenlos Stadtpläne und Pläne des Busnetzes; gut sind auch die in Buchhandlungen und an Zeitungskiosken erhältlichen Pläne 'Genova 1:12000' von *Studio F.M.B.*

Die Altstadt: Der touristisch mit Abstand interessanteste Bereich liegt zwischen *Piazza Principe - Piazza Portello - Piazza Dante* und dem *Hafen*. Die Hauptachse der volkstümlichen Viertel verläuft etwa parallel zum Ufer: *Via Pré - Via Campo - Via di Fossatella - Via S. Luca - Via di Canneto il Curto.* Am oberen Rand der Altstadt eine zweite Achse aus größeren Straßen (z.T. den Prachtstraßen des 16. - 18. Jahrhunderts): *Via Balbi - Via Bensa - Via Cairoli - Via Garibaldi - Via XXV Aprile.* Die Via XXV Aprile führt zum Verkehrsknotenpunkt *Piazza De Ferrari,* von der die breite *Via XX Settembre* (mit zahlreichen Bars und Geschäften) in Richtung Bahnhof *Brignole* abzweigt.

Die neueren Wohnviertel liegen an den Hügeln oberhalb der Altstadt, z.T. noch mit Villen des 19. Jhts, als die Bourgeoisie das alte Zentrum verließ und sich hier ansiedelte. Auf diese Hänge hinaufzufahren (mit Bus, Aufzug, Zahnradbahn) ist interessant, um die Stadt von oben zu sehen. Wenig reizvoll sind dagegen die sich kilometerweit nach Westen und Osten erstreckenden Vororte. Genua hat heute, nach zahlreichen Eingemeindungen benachbarter Orte, eine riesige Ausdehnung; die Vororte (im Westen eher proletarisch, mit zahlreichen Industrieansiedlungen, im Osten eher bürgerlich) sind für den Reisenden uninteressant.

Was tun?

Herumbummeln, beobachten, in kleinen Läden herumstöbern, zwischendurch einen Kaffee trinken, Meeresluft und Küchengerüche einatmen, Essen gehen... Aber auch: Kunstwerke anschauen, eine Hafenrundfahrt machen, auf die Hügel über der Stadt fahren. Im nächsten Abschnitt werde ich Ihnen einen Rundgang vorschlagen, auf dem Sie die Stadt und ihre Kunstwerke kennenlernen können. Zunächst einmal ein Überblick über die verschiedenen Möglichkeiten - soweit es eines Hinweises bedarf, denn vieles, vor allem das Atmosphärische, werden Sie auch ohne Führung finden.

Kunst - Dem Kunstliebhaber bietet Genua: mittelalterliche Kirchen, Barock-Palazzi, bedeutende Gemälde. Zum Beispiel: die gotische Kathedrale S. Lorenzo mit dem Kirchenschatz; die romanischen Kirchen S. Donato und S. Cosimo; den Klosterkomplex von S. Maria di Castello; die mittelalterliche Piazza S. Matteo; der Palazzo S. Giorgio am Hafen; die Prunkpaläste der genuesischen Geldaristokratie in der Via Garibaldi; die schöne Galerie im Palazzo Bianco. Nähere Beschreibungen im Abschnitt 'Rundgang'.

Der Hafen - Hafenrundfahrt ab Acquario, Dauer 35 oder 45 min (Auskunft Tel. 010 25 6775/975, Fax 010 25 5975).

Acquario - Der größte Meerwasser-Zoo Europas mit seinen Delphinen, Robben, Pinguinen und Tausenden von Fischen lohnt den Besuch. Vor allem für Kinder ein Höhepunkt der Reise!

Auf die Höhe - Überblick über die Stadtlandschaft: von der Bergstation der Zahnradbahn zum *Righi* (ab Largo della Zecca); in kleinerem Rahmen: von Piazza Portello mit Aufzug *(ascensore)* nach Castelletto fahren.

Ewige Ruhe? - Berühmter bürgerlicher Monumentalfriedhof des 19. Jahrhunderts: *Cimitero Staglieno* (Bus 34 ab Piazza Principe).

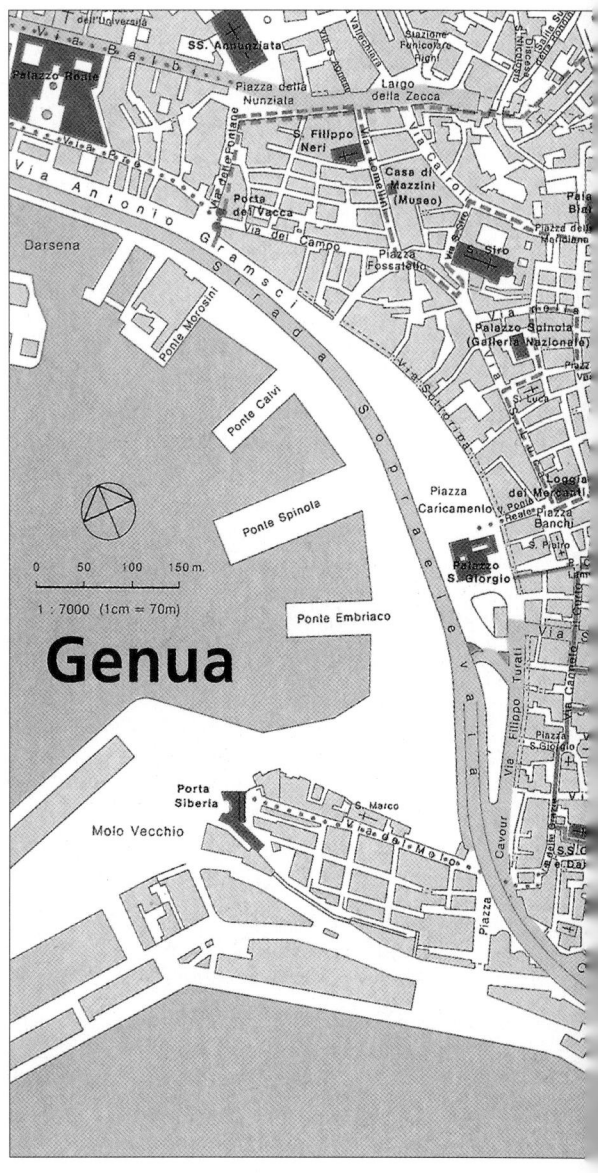

Genua

170

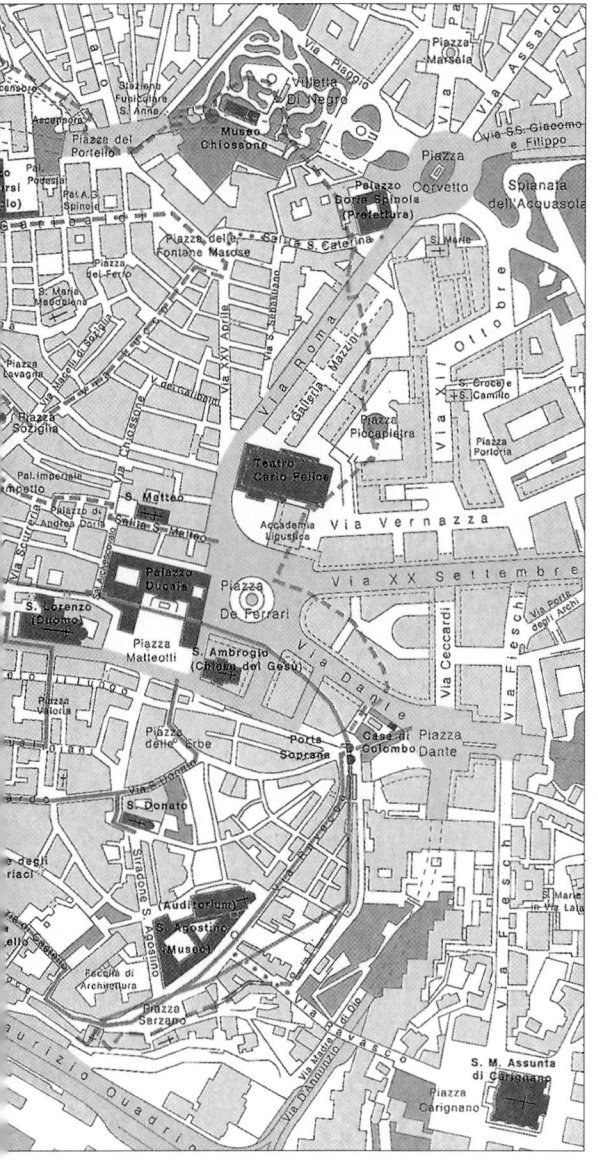

Piazza
Marsela

Via Piaggio

Via Assaro

Villetta
Di Negro

Via S.S. Giacomo
e Filippo

Staziona
Funicolare
S. Anna

Museo
Chiossone

Piazza

Piazza del
Portello

Palazzo Corvetto
Doria Spinola
(Prefettura)

Spianata
dell'Acquasola

Pal.
Podestà

Pal. A.G.
Spinola

Via S.Caterina

S. Maria

Piazza delle
Fontane Marose

Piazza
del Ferro

S. Maria
Maddalena

Via XXV Aprile

Via Roma

Galleria Mazzini

Piazza
Lavagna

V. dei Giustiniani

Via XII Ottobre

Piazza
Sozigla

S. Croce e
S. Camillo

Pal. Imperiale
Brignole

S. Matteo

Piazza
Piccapietra

Piazza
Portoria

Palazzo di
Andrea Doria

Chiesa S. Matteo

Teatro
Carlo Felice

Via Vernazza

Accademia
Ligustica

Via XX Settembre

Palazzo
Ducale

S. Lorenzo
(Duomo)

Piazza
De Ferrari

Piazza
Matteotti

S. Ambrogio
(Chiesa del Gesù)

Via Dante

Via Ceccardi

Via Fieschi

Via Ponte
degli Archi

Piazza
Valoria

Piazza
delle Erbe

Porta
Soprana

Casa di
Colombo

Piazza
Dante

Via S. Bernardo

S. Donato

e degli
riaci

della Stradone

(Auditorium)
S. Agostino
(Museo)

Via Madre di Dio

Via Ravasco

S. Maria
in Via Lata

Facoltà di
Architettura

Piazza
Sarzano

Via D'Annunzio

S. M. Assunta
di Carignano

urizio Quadrio

Piazza
Carignano

Einkaufen - Im Hafengebiet (vor allem Via Pré, Via del Campo) zahlreiche kleine Geschäfte - weniger elegant und erheblich preiswerter als der norditalienische Durchschnitt. Günstig z.B. für Kleidung und Schuhe.

Herumkommen - Busfahrkarten kauft man an Kiosks und in Tabakgeschäften - im Bus sind sie meist nicht erhältlich. Empfehlenswert ist die günstige Tageskarte *(biglietto giornaliero)* für alle öffentlichen Verkehrsmittel im Stadtbereich (Bahn, Bus, Metro).

Fahrradverleih: Casella, Viale Europa 5 (beim Bahnhof Piazza Principe).

Sonntags ist Genua nicht einmal halb so interessant wie an Werktagen: Wenn die Geschäfte geschlossen sind und das Straßenleben erstirbt, verliert sich der atmosphärische Reiz. An Wochenenden und Feiertagen ist zudem das Acquario häufig völlig von Besuchern überlaufen.

Montags sind die Museen und der Meerwasser-Zoo geschlossen.

→ **Achtung Autofahrer**: Autos werden in Genua häufig aufgebrochen. Auf keinen Fall Gegenstände im Wagen zurücklassen! Am besten also gleich ins Parkhaus - die Hotels geben Hinweise.

Rundgang

Der im folgenden vorgeschlagene Rundgang soll einen Überblick über die Altstadt ermöglichen - zugleich führt er zu den interessantesten Kunstwerken Genuas. Je nachdem, wie intensiv man sich mit diesen Kunstwerken (und anderen Dingen am Wege) beschäftigt, wird er wenige Stunden oder auch zwei Tage dauern... Berücksichtigen Sie bei Ihrer Planung, daß die meisten Kirchen von 12 bis 15 oder 16 Uhr geschlossen sind.

Der Weg beginnt auf der **Piazza DeFerrari (**von den beiden Bahnhöfen *Piazza Principe* und *Brignole* mit Bussen oder in knapp dreißig Minuten zu Fuß erreichbar). Über die *Via Dante* in wenigen Schritten zur *Piazza Dante*. Von hier aus betritt man durch das mittelalterliche Stadttor *Porta Soprana* die **Altstadt:** Vor dem Stadttor rechter Hand ein Haus, das aufgrund einer frommen Geschichtslegende als Haus des Kolumbus bezeichnet wird; daneben der Kreuzgang von *Sant'Andrea* (12. Jhdt.), nach der Zerstörung des Klosters Sant'Andrea hier 1904 wiederaufgebaut. Hinter dem Stadttor halblinks in die *Salita di Prione*, von dieser an der *Piazza delle Erbe* nach links in die *Via di S. Donato* und zur Kirche *S. Donato*. Schöner romanischer Bau des 12. Jhdts. (die schwarz-weiß gestreifte Fassade wurde im 19. Jhdt. verändert) - wohl die besterhaltene romanische Kirche in Genua. In der Kapelle des hl. Josef (Zugang vom linken Seitenschiff) befindet sich Joos van Cleves 'Anbetung der Könige', ein prächtiges Renaissance-Bild. Bemerkenswert ist auch die 'Heilige Familie' des genuesischen Malers Domenico Piola: Da das Bild von der Zunft der Zimmerleute in Auftrag gegeben wurde, hält - einmalig in der Kunstgeschichte! - Josef, der ja Zimmermann war, das Christuskind im Arm. Weiter in der *Via di S. Bernardo*, nach links in die *Via S. Biagio*, durch die *Salita Torre degli Embriaci* (links der mittelalterliche Geschlechterturm *Torre degli Embriaci*) zur

■ Kirche **S. Maria di Castello.** In dem romanischen, mehrfach veränderten Bau (12. Jhdt.) stammen die Säulen zum größten Teil aus der Römerzeit. Im Kirchenraum einige schöne Gemälde: an der Eingangswand ein Madonnenfresko von Lorenzo Fasolo (15. Jhdt.), in der dritten Kapelle rechts Renaissancefresken, daneben bemalte Majoliken des 16. Jhdts. Auf dem Hauptaltar eine schwungvolle Barockskulptur der Himmelfahrt Marias (von Domenico Parodi, Ende 17. Jhdt.). In der ersten Kapelle links ein Tafelbild des 15. Jhdts.: Mystische Hochzeit der heiligen Katharina mit dem Jesuskind. Interessant sind Teile der angrenzenden Klostergebäude (Zugang durch die Sakristei am Ende des rechten Seitenschiffs). Über eine Treppe steigt man zur *Loggia dell'Annunciazione*, von der aus man auf einen der Kreuzgänge blickt. Die Loggia ist vollständig im Renaissance-Stil ausgemalt; an der rechten Wand ein Meisterwerk der Renaissance: das Fresko der Verkündigung von Justus von Ravensburg (1451). Schöne Farben und die renaissance-typische Freude an der sinnlichen Wirklichkeit der Welt: Landschaft, Architektur, Details wie Gefäße, Bücher, eine Vase usw.

Die Genuesen, die durch den Handel intensive Kontakte nach Süddeutschland und Flandern hatten, waren an der nordischen Kunst sehr interessiert. Vor allem im 17. Jhdt. arbeiteten viele mitteleuropäische Künstler, vor allem Niederländer wie Rubens und van Dyck, in Genua. Justus von

Ravensburg war der erste Maler aus dem Norden, der in Genua einen Auftrag bekam. Er war selbst ein Händler; vermutlich hatte man ihn nicht extra für das Bild nach Genua kommen lassen, sondern er befand sich aus Geschäftsgründen sowieso in der Stadt.

Von einer darüberliegenden zweiten Loggia Blick auf den Hafen. Vom rechten Flügel dieser Loggia Zugang zur ehemaligen Klosterbibliothek, in der sich weitere Kunstwerke befinden: Über dem Portal ein Renaissance-Relief des heiligen Georg, des Schutzpatrons von Genua; ein ungewöhnliches mittelalterliches Kruzifix (um 1100); ein schönes Altarbild (Verkündigung und Heilige) von Giovanni Mazone (um 1470) in gotischem Rahmen. Dem Kloster ist eine kleine, recht interessante Gemäldegalerie angeschlossen, die nur sonntagnachmittags zugänglich ist.

Zurück durch die *Salita Torre degli Embriaci*, weiter durch den *Vico Pece*, nach rechts in den *Corso di S. Cosimo*. Vorbei an der Rückseite der romanischen Kirche S. Cosimo, durch *Via S. Rosa, Vico Sauli, Via Gesù* zur breiten *Via S. Lorenzo*. Nach rechts zur Kathedrale Genuas, der

■ Kirche **S. Lorenzo.** Die Kirche wurde zu Beginn des 12. Jhdts. erbaut, später mehrfach verändert. Die heute sichtbaren Bauteile stammen zum größten Teil aus dem 13. Jhdt., sind gotisch. Schöne, von der französischen Gotik beeinflußte Fassade: Portale mit verschiedenfarbigen Säulen, Reliefs (rechts und links des Hauptportals: Baum Jesse, Mariengeschichten; über dem Hauptportal: Christus mit Evangelistensymbolen, Martyrium des hl. Laurentius - der auf einem Rost gebraten wurde). An der rechten Ecke der Fassade Statue eines Heiligen mit einer Sonnenuhr. Prunkvoller, vielfarbiger Innenraum mit Architektur- und Dekorationselementen aus verschiedenen Epochen: die schwarz-weiß gestreiften Bögen aus dem gotischen 13. Jhdt., die vergoldete Decke über dem Altar aus dem Barock, die farbigen Fenster aus dem 19. Jhdt.

Bemerkenswerte Einzelkunstwerke: Fresko des Jüngsten Gerichts (um 1300) über dem Eingangsportal; bronzener Kandelaber mit Evangelistensymbolen (um 1300) links vor der Brüstung des Chors; Fresken von Lazzaro Tavarone (1622-24) inmitten reicher Barockdekoration über dem Hauptaltar: Der hl. Laurentius weist auf die Armen als den Schatz der Kirche hin und Martyrium des hl. Laurentius (besonders dramatisch-anschaulich dargestellt); barocke Bronzestatue der Madonna auf dem Hauptaltar; Fresken von G.B. Castello und Luca Cambiaso (zweite Hälfte 16. Jhdt.) in der Kapelle links vom Chor: Mariengeschichten. Im linken Seitenschiff die Kapelle Johannes des Täufers mit reicher Renaissancedekoration. In der Urne auf dem Boden befand sich einst die Asche Johannes des Täufers - eine sehr bedeutende Reliquie, die 1098 von Kaufleuten aus Kleinasien nach Genua gebracht wurde. Noch bis vor wenigen Jahrzehnten durften Frauen diese Kapelle nicht betreten, weil eine Frau - Salome - die Schuld an der Enthauptung des Täufers trug!

■ Besonders interessant für Kunstfreunde ist der Kirchenschatz von S. Lorenzo im **Museo del Tesoro di S. Lorenzo** (Zugang vom linken Seitenschiff). Halbstündliche Führungen Mo bis Sa 9-11, 15-17.30 Uhr. Sein bestes Stück: Der *Sacro Cantino*, eine smaragdgrüne orientalische Glasschüssel (wohl aus dem 9. Jhdt.), die von den Genuesen als Kriegsbeute aus den Kreuzzügen angeschleppt wurde. Der Überlieferung nach wurde diese Schüssel von Christus beim Abendmahl benutzt; lange Zeit wurde sie auch als der Heilige Gral der Parzivalsage gesehen. Die Franzosen entführten die Schüssel 1806 nach Paris, dort ging sie kaputt, wurde 1816 nach Genua zurückgegeben und repariert; nur eine Scherbe fehlt: sie wurde im Louvre zurückbehalten. Andere Ausstellungsstücke: ein kostbares Papstgewand aus dem 15. Jahrhundert; das Zacharias-Kreuz, ein byzantinisches Kreuz mit Goldüberzug, Perlen und Edelsteinen (13. Jhdt.); die Barbarossa-Urne, von dem deutschen Kaiser 1178 der Kathedrale geschenkt, mit Reliefs der Enthauptung des Johannes und des Tanzes der Salome.

An der rechten Seite von S. Lorenzo weiter die *Via S. Lorenzo* aufwärts. Links gleich der große *Palazzo Ducale*, mit einer Fassade des späten 18. Jhdts. Am oberen Ende des Platzes die Kirche *S. Ambrogio* (oder *Il Gesù*), mit aufwendiger Barockdekoration und zwei Bildern von Rubens: Beschneidung Christi (am Hauptaltar) und Der hl. Ignatius heilt eine Besessene (3. Kapelle links).

Vor der Kirche führt die *Via Carlo Boetto* zurück zur *Piazza De Ferrari*. Man biegt von ihr nach links in die *Salita S. Matteo*, gelangt zur **Piazza S. Matteo,** dem besterhaltenen mittelalterlichen Platz der Stadt. Hier hatte die mächtige Familie der Doria ihr Wohnviertel; ihre Häuser umgeben die kleine Piazza. Haus Nr. 15 hat (durch Restaurierung wiederhergestellt) im Erdgeschoß noch eine Loggia, wie es in der mittelalterlichen Architektur Genuas üblich war; bei den anderen Häusern sind die Loggien zugemauert - eine Veränderung, die in Genua in der Renaissance überall stattfand. In der Kirche S. Matteo - der Familienkirche der Doria - Stucke und Gemälde des 16. Jhdts. über der mittelalterlichen Raumstruktur.

Durch den *Vico S. Matteo* zum belebten Platz **Campetto**, dann in der *Via degli Orefici* nach links. Linker Hand Nr. 31 r das schöne Café A. Ved. Romanengo, noch mit der Einrichtung der Zeit um die Jahrhundertwende. Man erreicht die *Piazza Banchi* mit der *Loggia dei Mercanti*

(16. Jhdt.), einstmals Versammlungsgebäude der Kaufleute. In wenigen Schritten durch die *Via al Ponte Reale* zur **Piazza Caricamento** am Hafen. Links der um 1260 errichtete *Palazzo di S. Giorgio*, der ursprünglich als städtisches Rathaus diente, später Sitz der Zollbehörden und der halbstaatlichen Bank des hl. Georg war. Die Fassade zur Stadt hin ist gotisch; an der Hafenseite wurde im 16. Jhdt. ein Anbau geschaffen und mit Fresken bemalt.

Für die politische Geschichte Genuas ist es kennzeichnend, daß die Stadt nie ein eigentliches Rathaus hatte; auch der Palazzo di S. Giorgio verlor diese Funktion schon nach zwei Jahren. Die Stadtverwaltung war in Genua gegenüber den reichen Kaufmannsfamilien immer extrem schwach; in bester kapitalistischer Tradition wurden hier von Anbeginn die Gewinne privatisiert, die Verluste auf den Staat abgewälzt. Genua ähnelte eher einem großen Wirtschaftsunternehmen als einem politisch verwalteten städtischen Organismus. Darin lag auch die historische Schwäche Genuas: die Kämpfe unter den rivalisierenden, ausschließlich auf eigenen Vorteil bedachten Familien brachten die Stadt häufig in Schwierigkeiten. In diesem Sinn ist es charakteristisch, daß das städtische Repräsentativgebäude - eben der Palazzo di S. Giorgio - binnen kurzem hauptsächlich der Finanzverwaltung und später einer Bank diente. Auch das Fehlen einer zentralen Piazza gehört in diesen Zusammenhang der zersplitterten, privatisierten Stadt.

■ Von der Piazza Caricamento blickt man auf den **alten Hafen** Genuas. Anläßlich der Kolumbus-Feiern 1992 wurden Teile der Hafenanlagen unter der Leitung des Star-Architekten Renzo Piano (er schuf das Pariser Centre Beaubourg) zu einem Ausstellungs- und Messegelände umgestaltet. Der von Renzo Piano entworfene *Bigo* (Mastbaum) am Eingang zum Hafengelände war als Symbol der Kolumbus-Feier gedacht. Mit einem Aufzug kann man die 40 m hohe Konstruktion hinauffahren (tägl. 9-18 Uhr) - durchaus empfehlenswert wegen des Blicks auf Stadt und Hafen. In den alten, für diesen Zweck restaurierten Speichergebäuden (Magazzini del Cotone) wurde ein *Kongreßzentrum* eingerichtet. Hier finden sich auch zwei Attraktionen für Kinder und Jugendliche. Der *Padiglione del Mare* (1. April bis 15. September täglich 10-18 Uhr, im Winterhalbjahr nur di und so 10-18 Uhr) zeigt historische Schiffsmodelle, Navigationsinstrumente, Rekonstruktionen einer alten Werft und einer Straße Genuas mit Läden und Werkstätten. Die *Città dei Bambini* (10-18 Uhr, Mo geschlossen), eine in Italien einzigartige 'Kinderstadt', bietet zahlreiche Spielmöglichkeiten, z.B. ein Hausbau-Projekt für Kinder bis zu fünf Jahren und computergestützte Lernspiele für die Älteren.

■ Von der Piazza Caricamento erreicht man auch das **Acquario** (Mo bis Fr 9.30-19 Uhr; Sa, So 9.30-20 Uhr. Einlaß bis 17.30 bzw. 19 Uhr). Der größte Meerwasser-Zoo Europas lohnt den Besuch - vor allem für Kinder ein absoluter Höhepunkt! In 49 Bassins lassen sich Tausende von Fischen, Krebsen, Muscheln, Seesternen bewundern, daneben Pinguine, Delphine, Haie, Robben, die Ökosysteme des tropischen Urwalds in der Regenzeit, eines Korallenriffs, des Roten Meeres. Ausführliche, ökologisch orientierte Erklärungstafeln auf italienisch und englisch beantworten Fragen wie: Was essen Pinguine? Wie verständigen sich Delphine? Warum gibt es im Mittelmeer keine Korallen?

Neben dem Meerwasser-Zoo ankert eine *Galeone*, die Nachbildung eines spanischen Kriegsschiffs in Originalgröße, die 1982 für den Polanski-Film 'Piraten' gebaut wurde und hier für historische Atmosphäre sorgen soll. Man kann sie besichtigen (tägl. 10-18 Uhr).

Unter den *Portici* der **Via Sottoripa**, einem der belebtesten Straßenzüge der Altstadt, geht man an der Hafenstraße entlang bis zur *Via al Ponte Calvi*, dort nach rechts zur *Piazza del Fossatello*, wieder rechts in *Via di Fossatello*, dann nach links in die *Via della Maddalena*. An deren Ende über *Via della Speranza - Via Superiore Ferro* (nach rechts) - *Via Luccoli* (nach links) zur *Piazza delle Fontane Marose*. Bei dieser beginnt die Prunkstraße *Via Garibaldi*, heute (seit 1984) Fußgängerzone, angenehm zu besuchen. Die Via Garibaldi (damals 'Strada Maggiore') wurde in den Jahren nach 1550 planmäßig als Straße einiger der reichsten Familien Genuas angelegt. Die älteren Palazzi, unterhalb in der Altstadt gelegen, genügten den Repräsentationsbedürfnissen der schwerreichen Händler und Finanzleute nicht mehr. Die nötigen Grundstücke wurden zwangsenteignet (das Bauvorhaben hatte man natürlich als gemeinnützig erklärt), dann entstanden aufwendige Bauten im genuesischen, den geographischen Gegebenheiten der Stadt angepaßten Stil: Auf Eingang und Vorhalle folgt ein repräsentativer Hof, dahinter steigt das Gebäude zumeist am Hang an, oberhalb befindet sich oft noch ein Garten. Heute dienen die Gebäude - stilgerecht - vielfach als Hauptsitze der Genueser Banken; in die Höfe kann man oft hineinschauen - es lohnt sich!

Besonders bemerkenswert: *Palazzo Podestà* (Nr. 7) mit schönem Felsbrunnen im Hof; *Palazzo del Municipio* (Nr. 9), der weitaus größte Palazzo, heute Sitz der Stadtverwaltung.

■ Am Ende der Straße zwei **Museen:** *Galleria di Palazzo Bianco* (Nr. 11) und *Galleria di Palazzo Rosso* (Nr. 18); vor allem der Besuch des *Palazzo Bianco* ist für Freunde älterer Malerei unbedingt zu empfehlen. (Öffnungszeiten beider Museen: di, do, fr 9-13 Uhr, mi, sa 9-19 Uhr, so 10-18 Uhr, montags geschlossen.)

Im **Palazzo Rosso** neben zahlreichen Werken genuesischer Maler einige schöne Bilder der venezianischen Renaissance (Paris Bordone, Bonifacio Veronese, Tintoretto, Paolo Veronese, Tizian). Im **Palazzo Bianco** befindet sich die interessanteste Galerie Genuas mit zahlreichen bemerkenswerten Bildern:

Saal 4: interessante Gemälde flämischer Renaissance-Maler. Von Gérard David die *Madonna della Pappa* ('Brei-Madonna': Maria gibt dem Christuskind einen Milchbrei aus einer Schüssel zu essen) und die *Madonna dell'Uva* (Madonna mit Weintrauben, ursprünglich Teil eines größeren Bildes, zu dem auch die Heiligen rechts davon gehörten). Ebenfalls von Gérard David eine Kreuzigung. Von Jan Provost eine Verkündigung (schöne Farben: das Rot des Kissens, das Grün des Bettbezugs, die Abstufungen der Gewänder des Engels und der Maria), ein hl. Petrus, eine hl. Elisabeth von Portugal. Von Hans Memling ein großartiger 'Segnender Christus'.

Saal 5: drei interessante Bilder von *Jan Matsys:* eine sehr sinnliche 'Caritas', die mit ihren vollen Brüsten nicht nur an Nächstenliebe denken läßt; eine Madonna mit Kind; ein Porträt des Andrea Doria, des Herrn über Genua im 16. Jahrhundert: der alte Mann ist müde, mißtrauisch, aufmerksam, energisch, kontrolliert - ein sehr genaues Bild der Macht und des Preises der Macht!

Saal 7: Drei Gemälde des Niederländers Antonius van Dyck, der lange in Genua arbeitete. Von Rubens: Venus und Mars - Mars, ein prächtig gekleideter Feldherr, umfaßt mit kräftigem Druck den Busen der fülligen Venus. Bacchus, ein Genießertyp, wie er im Buche steht, freut sich daneben. Rechts unten spielt der kleine Amor mit Mars' Schwert.

Saal 8: Weitere Niederländer - eine Landschaft von Ruysdael, eine lebhafte 'Szene in der Schenke' von Jan Steen.

Im *Saal 9* einige Bilder venezianischer Maler, im *Saal 10* ein Gemälde von Caravaggio ('Ecce Homo').

Eindrucksvolle Bilder spanischer Maler in *Saal 11:* Die hl. Eufemia, die hl. Ursula, der Tod des hl. Bonaventura von Zurbaran; die Flucht nach Ägypten von Murillo.

Saal 13: In den anschließenden Räumen kann man einen Überblick über die genuesische Malerei des 17. und 18. Jahrhunderts gewinnen.

Am Ende der Via Garibaldi gelangt man auf den **Largo della Zecca.** Von hier fährt eine Zahnradbahn auf den Hügel *Righi* am oberen Stadtrand; gute Aussicht auf Genua und seine Umgebung. Vom Righi aus überblickt man eine Reihe der Forts, die im 17. Jhdt. zum Schutz der Stadt errichtet wurden.

Weiter über *Via Bensa* und *Piazza della Nunziata* zur **Via Balbi.** Auch die Via Balbi war - wie die Via Garibaldi - eine planmäßig angelegte Residenzstraße; hier siedelten sich im 17. Jhdt. zunächst die Familie Balbi (sie hatte hier allein sieben Palazzi) und die Jesuiten an. Wegen des dichten Verkehrs ist der Gang auf der Straße heute eher unangenehm; die Palazzi (z.B. rechts Nr. 5 das ehemalige Jesuitenkolleg, jetzt Universität; links Nr. 10 der riesige *Palazzo Reale*) mag man sich gar nicht recht betrachten, da Lärm und Abgase ständig stören.

Am Ende der Via Balbi der Bahnhof *Piazza Principe*. Nach links gehend kommt man über die *Salita S. Giovanni* zur Kirche *S. Giovanni di Pré* und zur *Commenda*; in den mittelalterlichen Gebäuden versammelten sich einst die Pilger vor der Ausfahrt ins Heilige Land. Auf der Uferstraße nach rechts biegend, erreicht man von hier aus schnell die **Stazione Marittima.** Ein Stück weiter stadtauswärts der Leuchtturm *Lanterna* (16. Jhdt.), das Wahrzeichen Genuas.

Bei S. Giovanni di Pré beginnt der langgezogene Straßenzug *Via Pré - Via del Campo - Via di Fossatello - Via S. Luca*, die Hauptachse der orientalisch verwinkelten **Altstadt.** Man geht auf ihr zurück zur *Via S. Lorenzo*, erreicht, nach links biegend, den Ausgangspunkt *Piazza De Ferrari*. Von der *Via S. Luca* zweigt nach links die *Via Pellicceria* ab, auf der man den **Palazzo Spinola** erreicht (geöffnet Di bis Sa 9-19 Uhr, So 14-19 Uhr, Mo 9-13 Uhr). Im Palazzo Spinola befindet sich eine weitere Gemäldegalerie; vor allem aber ist er interessant, weil man hier wie nirgendwo anders die Inneneinrichtung einer genuesischen Villa im Originalzustand sehen kann: Möbel, Wandfresken, eine Spiegelgalerie usw.

Stadtgeschichte

ES GIBT wohl kaum eine andere europäische Stadt, in der sich die gesamte Geschichte so ums Geld drehte wie in Genua. Die Händlerstadt par excellence - seit altersher aufs Meer, auf Bewegung, auf Gewinn ausgerichtet. Man sieht 's im Grunde schon an der Lage der Stadt - sie ist vollständig dem Meer zugewandt, hat kein eigentliches inneres Zentrum. Ihr wirklicher Mittelpunkt lag außerhalb - dort, wo der Gewinn winkte: auf den Schiffsrouten, in den Handelskontoren des Orients, an den Fürstenhöfen des Auslands.

Mit Ausnahme des ziemlich kleinen, im übrigen privaten Gebiets um die *Via Garibaldi* hat sich die Stadt nie ein monumentales Zentrum, ein großes repräsentatives Gebäude, einen gemeinsamen Hauptplatz gegeben; der symbolische Zusammenhang der Heimatstadt, der z.B. in Venedig wesentlich war, spielte für Genua nie eine besondere Rolle. Stattdessen findet man die Genuesen über Jahrhunderte überall in der Welt, als Kaufleute, Seefahrer, Schiffbauer, Entdecker. Eine Stadt, die kaum je eine gemeinsame Form fand, zerrissen war von Privatinteressen - und die doch, in der Summierung dieser Interessen, zu einem enormen Machtfaktor wurde.

Der rasche Aufstieg der Stadt als Wirtschaftsmacht begann um 1100 mit den Kreuzzügen. In ständiger Konkurrenz mit Pisa und Venedig dehnten die Genuesen ihre wirtschaftliche Einflußzone bis zum Schwarzen Meer und nach Kleinasien aus, gründeten Kolonien und Handelsniederlassungen. Die unmittelbare Umgebung der Stadt - Küste und Hinterland Liguriens - wurde unterworfen, blieb aber im Vergleich zu den Besitzungen außerhalb Italiens ökonomisch fast bedeutungslos. Genua eroberte Korsika, die griechischen Inseln Chios und Lemnos sowie spanische Städte (Almeria, Tortosa). Kaufleute und Bankiers wurden reich, die breiten Bevölkerungsmassen profitierten von der Macht der Stadt kaum.

Um 1300 erreichte das mittelalterliche Genua den Höhepunkt seiner Macht: der Konkurrent Pisa war endgültig besiegt, allenfalls Venedig konnte noch mithalten. Die dauernden Streitigkeiten unter den reichen Familien führten aber zu einem allmählichen politisch-wirtschaftlichen Niedergang. Immer wieder rief die eine oder andere Partei ausländische Mächte zur Hilfe; so fiel Genua an Fremdherrscher, vor allem an Franzosen und Mailänder. Mit der Eroberung Konstantinopels durch die Türken (1453) und der Entdeckung Amerikas (durch den Genuesen Kolumbus) schien die einstmals zentrale Rolle Genuas - wie die der anderen italienischen Städte - endgültig zerstört. Aber Genua erholte sich. Unter Andrea Doria kam es im 16. Jahrhundert zu einer neuen Glanzperiode. Doria, ursprünglich ein Kaperkapitän und Seeheld, stellte seine Flotte dem habsburgisch-spanischen Kaiser Karl V. zur Verfügung, erhielt im Gegenzug für Genua Handelsprivilegien. So mischten die Genuesen bald kräftig im aufblühenden Atlantikhandel mit und wurden zu den Finanziers des spanischen Königshauses. Während die alte Konkurrentin Venedig nunmehr nur noch von den angesammelten Reichtümern früherer Jahrhunderte lebte, scheffelte Genua fleißig weiter. Politisch war die Stadt, obwohl formell weiter selbständig, zwar unbedeutend. Ökonomisch aber blieb die Genueser Hochfinanz für weitere zwei Jahrhunderte im Zentrum des Geschehens.

1815 kam Genua an das Königreich Piemont-Sardinien (mit der Hauptstadt Turin). Im 19. Jhdt. war es eine Stadt mit starken demokratisch-oppositionellen Tendenzen. Aus Genua stammte der Republikanerführer Mazzini; hier (im heutigen Vorort Quarto) schiffte sich 1860 Garibaldi zu der legendären Expedition nach Sizilien ein, mit der das süditalienische Bourbonenreich zerschlagen wurde.

Nach 1860 wurde Genua zu einer der ersten Industriestädte Italiens. Der Hafen wurde ausgebaut. Die italienische Arbeiterbewegung hatte in Genua starke Positionen. Für fast ein Jahrhundert zählte Genua neuerlich zu den reichsten und fortgeschrittensten Städten des Landes. Heute aber ist Genua eine 'Problemstadt'.

Genuas Probleme

GENUA HAT eine überalterte Wirtschaftsstruktur: zumeist Großbetriebe in den einstmals starken, heute eher krisenanfälligen Bereichen Schwerindustrie, Schiffbau, Chemie, Erdöl. Die falschen Branchen, die falsche Organisation: eben die Flexibilität der Kleinbetriebe, mit denen Norditalien seit den achtziger Jahren einen neuen Boom erlebt hat, fehlt hier. In der Industrie Genuas sind in der größten

Krisenphase von 1977 bis 1983 25% der Arbeitskräfte entlassen worden; der Schiffbau ging im gleichen Zeitraum sogar um 40% zurück. Noch schlimmer sieht es im Hafen aus: Heute wird dort nur noch halb so viel gearbeitet wie 1975. Der einstige Stolz der Stadt ist im Niedergang. Falsche Planung und Fehlinvestitionen, aber auch das jahrzehntelange Monopol einer mächtigen Dockarbeiter-Gewerkschaft, das zu extremen Stückgut-Kosten führte, haben den Hafen fast ruiniert. 80% aller für Norditalien bestimmten Schiffsfrachten gehen heute über Rotterdam, Hamburg und andere mitteleuropäische Häfen! In Italien laufen immer mehr Schiffe statt Genua Livorno und La Spezia an.

Zwar ist Genua statistisch gesehen immer noch eine wohlhabende Stadt; das Durchschnittseinkommen liegt über dem nationalen Standard. Aber der Reichtum steht auf tönernen Füßen - zu einem guten Teil rührt er aus Abfindungen und vorzeitigen Pensionszahlungen her, mit denen den Arbeitern der Rückzug aus dem Berufsleben erleichtert werden sollte. Und die Zahl der Arbeitslosen beträgt rund 50 000 - bei 650 000 Einwohnern. Dringend notwendig wäre auch eine behutsame Sanierung der Altstadt. Das Zentrum hat noch ein verhältnismäßig dichtes soziales Gefüge, doch die Wohnbedingungen verschlechtern sich zusehends. In Kellerräumen und verlassenen Bauten ohne sanitäre Anlagen hausen Hunderte farbiger Einwanderer, die Bausubstanz verfällt, manche Gassen sind erschreckend verdreckt. Straßenbeleuchtung, Kanalisation und Abfallbeseitigung sind unzureichend. Immer mehr machen sich Drogenhändler und ihre Kunden breit.

Den großen Aufschwung sollte die Stadt mit den Kolumbus-Feiern 1992 nehmen. Rund eine Milliarde DM investierte der italienische Staat in die 'Colombiadi'. Doch das Riesenprojekt wurde zum Desaster. Statt der erwarteten drei Millionen Besucher kamen gerade 800 000 zu den unzureichend vorbereiteten Ausstellungen. Monatelang verbreiteten die Veranstalter, um das Gesicht zu wahren, falsche Besucherzahlen - bis die Lüge aufflog und der genue-

sische Bürgermeister als Vorsitzender des Organisationsko-
mitees zurücktreten mußte. Für die Stadt sprangen bei den
gigantischen Investitionen nur ein Kongreßzentrum, der zunächst nicht funktionierende Meerwasserzoo *Acquario* und
einige kosmetische Retuschen heraus. Unterdessen wurden
- unter dem Vorwand der 'Colombiadi' - für 7 Milliarden
Mark Straßen in ganz Norditalien gebaut, ein enormes Geschäft für Bauunternehmen und korrupte Politiker.

Seit 1993 sind aber endlich positive Entwicklungen zu
spüren. Das Acquario, das Ende 1992 kein Geld mehr hatte,
um seine Haifische zu füttern, entwickelte sich binnen zwei
Jahren zur drittgrößten Touristenattraktion Italiens. Kongres-
se und Messen ziehen zunehmend mehr Besucher in die
Stadt. Auch die Wirtschaft scheint sich allmählich zu erholen. 1998 und 1999 sank erstmals seit langem die Ar-
beitslosenquote, im Hafen wird wieder mehr gearbeitet.
Vielleicht erholt sich Genua im neuen Jahrtausend von einer
langen Schwächeperiode.

Gute Adressen

PLZ 16167
i   Im Bahnhof Piazza Principe, Tel. 0102462633 und im Hafengelände beim Acquario, Tel. 01024871, Fax 0102467658.

■ Unterkunft

Etwas problematisch. Die Hotels der unteren Kategorien sind
oft hart an der Grenze zwischen Folklore und Dekadenz (zahlreiche z.T. sehr preisgünstige kleine Herbergen in der Altstadt
und in der Nähe des Bahnhofs Piazza Principe). Die besseren
Häuser haben nur in wenigen Fällen eine besonders einladende Atmosphäre und sind zudem oft laut. In den meisten
Hotels (Ausnahme: die Ein-Stern-Kategorie) steigen die Preise während Messen und Kongressen stark an (z.T. bis 50!%
teurer); die hier angegebenen Preise beziehen sich auf 'normale' Zeiten. Während der Bootsausstellung *(Salone Nautico)* im
Oktober (meist zweite Oktoberwoche) sind alle Hotels langfristig ausgebucht; unbedingt möglichst frühzeitig reservieren!

- Mir gefiel gut: *Europa*°°°. Ruhige zentrale Lage (wenige Schritte vom Bahnhof Piazza Principe entfernt am Rand der Altstadt). Angenehme, schöne Zimmer, Dachterrasse mit Blick auf den Hafen, bewachter Parkplatz. DZ um 110 Euro. Vico delle Monachette 8, Tel. 010 246 35 37, Fax 010 26 10 47. www.pangea.it/europa

- Gleich daneben bietet auch das etwas preisgünstigere *Agnello d'Oro*°°° gute, allerdings unterschiedlich komfortable Zimmer - am besten vorher anschauen. Vico delle Monachette 6, Tel. 010 246 20 84, Fax 010 246 23 27.

- Tadellos geführt und in jeder Hinsicht korrekt, aber teurer ist das vorwiegend von Geschäftsleuten frequentierte *Metropoli*°°° bei der Piazza Fontane Marose, von der leichtes Verkehrsrauschen hinaufdringt. Vico Migliorini 8, Tel. 010 246 88 88, Fax 010 246 86 86, www.bestwestern.it

- Ein sympathisches, familiär geführtes Haus ist das *Cairoli*°°. Einfache, aber tadellose Räume; auf der blumengeschmückten Terrasse kann man sich vom Trubel der Stadt erholen. Unbedingt reservieren, das Hotel hat nur 12 Zimmer und ist meist ausgebucht. Via Cairoli 14, Tel. 010 246 14 54, Fax 010 246 75 12, htlcairoli@tin.it

- Das kleine *Galles*°° in Hafennähe wäre ideal, wenn nicht der Lärm von der Straße käme… Unmöglich, bei offenem Fenster zu schlafen; wenn die Fenster zu sind (Isolierglas), ist es zu verkraften. Die freundlichen Besitzer sprechen fließend deutsch. Via Bersaglieri d'Italia 13, Tel. 010 246 28 20, Fax 010 246 28 22. Zimmerreservierung empfohlen, das Haus hat eine treue Stammkundschaft.

- Auch im noblen, traditionsreichen *Savoia Majestic*°°°° am Bahnhof findet man völlige Ruhe nur, wenn man ein Zimmer nach hinten hat. Via Arsenale di Terra 5, Tel. 010 246 41 32, Fax 010 26 18 83, www.hotelsavoiagenova.com

- Korrekte Billighotels sind *Da Gioia*° (Piazza Colombo 4, Tel. 010540227) und *Ricci*° (Piazza Colombo 4, Tel. 010592746, Fax 010590380) in der Nähe des Bahnhofs Brignole. DZ ab 34 Euro.

- **Camping**: Ein angenehmer, schattiger Platz im Stadtteil Pegli: Villa Doria, Via Doria 15, Tel./Fax 010 696 96 00, ganzjährig. (Busse 1,2,3 ab Zentrum; Personenzüge Rg. Savona, Bhf. Pegli).

- **Jugendherberge** *(Ostello della Gioventù)*: Via Costanzi 120 (Standseilbahn ab Largo della Zecca oder Bus 40 ab Bhf. Brignole), Tel. und Fax 010 24 22 45 57. Übernachtung und Frühstück 13 Euro.

→ Als Ausweichquartier kommt der schön am Meer gelegene Ortsteil **Nervi** infrage, der mit dem Zentrum gut durch öffentliche Verkehrsmittel verbunden ist (s. Ortstext).

■ Essen

In der Altstadt finden sich zahlreiche preiswerte, vorwiegend von Einheimischen besuchte Trattorien. Das Essen ist meistens ordentlich, manchmal auch richtig gut. Oft gibt es keine Speisekarte, die Tagesgerichte werden dann mündlich aufgezählt. Trauen Sie sich trotzdem hinein, die Kellner sind fast überall freundlich und kommen auch mit Sprachproblemen gut zurecht!

- Die Trattoria *Ugo*° ist nett eingerichtet und bietet eine sehr angenehme regionale Küche. Vor allem mittags großer Andrang von Einheimischen aus dem Viertel. Freundlicher Service. Via Giustiniani 86r (Parallelstraße zur Via S. Lorenzo in der Nähe des Doms), Tel. 010 246 93 02, Sonntag und Montag RT.

- Ganz in der Nähe finden Sie auch in der Trattoria *Del Galeone*° typische genuesische Kneipen-Atmosphäre. Via S. Bernardo 55r, Tel. 010 246 84 22, Sonntag RT.

- Klassische 'Cucina casalinga' bietet das urige, preiswerte *Sà Pesta*°: Minestrone, Kaninchen, frischen Fisch. Via dei Giustiniani 16r, Tel. 010 246 83 36, Sonntag RT.

- Etwas schicker ist die gemütliche *Ostaja dö Castello*° mit guter regionaler Küche. Selbst das Menu turistico - anderswo meist eine lieblose Folge von Standardgerichten - ist hier empfehlenswert! Salita di S. Maria del Castello 32r (bei Kirche S. Maria del Castello, vgl. Stadtrundgang), Tel. 010 246 89 80, Sonntagabend geschlossen.

- Solide gutbürgerliche Küche im Ristorante *Da Genio*°°. Ein Hochgenuß sind z.B. die köstlichen Fisch-Ravioli oder die Schnitzel in Pinienkern-Oliven-Sauce. Salita San Leonardo 61r (von der Piazza Dante nach rechts in die Via Fieschi, dann erster Weg links). Tel. 010 58 84 63. Sonntag RT.

- Gutes Essen gibt es auch im Restaurant *Da Rina*°° in Hafennähe. Die über achtzigjährige Chefin Rina, die wie eine dynamische Mitt-Sechzigerin wirkt, führt das Lokal seit einem halben Jahrhundert. In dieser Zeit hat sie viel Prominenz bewirtet, wovon Fotos an den Wänden zeugen. Der populäre Staatspräsident Sandro Pertini war Stammgast. Das spricht für ihn: Das Ambiente ist zwar eher schlicht, die Küche aber erstklassig. Vorzügliche Fisch-Ravioli, exquisite Taglierini in einer Sauce aus Scampi und Bohnen(!), jede Menge Fischgerichte und ausgezeichnete Desserts (von der Maronencreme mit Eis und der Sacripantina, einer Art Zabaione-Kuchen, träume ich noch immer). Via Mura delle Grazie 3r, Tel. 010 24 66 475, Montag RT.

- Das *Bakari*°-°° ist ein liebevoll eingerichtetes und geführtes kleines Lokal. An den Wänden hängen imitierte Jugendstil-Lampen, es herrscht legere Stimmung, vor allem abends wird es schnell voll (reservieren oder frühzeitig kommen!). Es gibt Eigenkreationen des Kochs wie die Nudeln mit Artischocken und Pinienkernen oder den warmen Carpaccio mit Pilz- und Trüffelcreme, daneben auch verschiedene Gemüsetorten und große Salate. Nicht alle kulinarischen Experimente gelingen gleichermaßen, aber das Ambiente ist prima und zufriedenstellend ißt man allemal. Vico del Fieno 16 (bei Piazza San Matteo) Tel. 010 24 76 170. Sa-mittag, So und Mo RT.

■ Cafés

- Das historische Café: *A. Ved. Romanengo*, Einrichtung vom Beginn des 20. Jhdts., nur drei kleine Tische zum Sitzen. Via degli Orefici 35 r.

- Die Konkurrenz: Süßwarengeschäft *Pietro Romanengo fu Stefano*, hundert Meter weiter in Via di Soziglia 76, Süßwarenproduktion seit 1870.

- Ein paar Schritte weiter an der Piazza Soziglia (Nr. 102): Caffè-Pasticceria *Klainguti*. Das traditionsreichste Kaffeehaus der Stadt wurde 1828 von vier Schweizer Brüdern gegründet, deren Kuchen in Genua geradezu sensationell gut einschlugen. Es blieb bis 1965 im Familienbesitz.

- *Mangini*, Piazza Corvetto 3, ein weiteres altes, elegant mit Kristallüstern und Gemälden ausgestattetes Café.

Nervi

NERVI IST OFFIZIELL ein Stadtteil Genuas (eingemeindet 1926), bildet aber faktisch einen Ort mit eigenem Charakter. Lange Zeit war es ein vor allem bei Deutschen beliebter Winteraufenthaltsort; so notierte der englische Reisende Frederic Less 1912 in *Wanderings on the Italian Riviera:* „Daß unsere deutschen Vettern Nervi vollständig in Besitz genommen haben, ist eine große Empfehlung für den Ort. Überall wo sie überwintern, kann man sicher sein, die vollkommensten Naturbedingungen vorzufinden... Jeden Winter versammeln sie sich hier in großer Zahl."

Heute ist Nervi zumindest bei den ausländischen Touristen etwas aus der Mode gekommen. Dabei hat der Ort durchaus Atmosphäre: man spürt in Prunkarchitektur und Gartenanlagen noch immer etwas vom zwiespältigen Charme der großbürgerlichen Ferien um die Jahrhundertwende. Schön ist die lange *Passeggiata a mare (passeggiata Anita Garibaldi)*, ein bequemer Fußweg am Meer, kommod mit Bänken ausgestattet, auf denen im Winter Heerscharen italienischer Rentner und einige versprengte Kinderwagenschieber/innen in die Sonne blinzeln - als wollten sie demonstrieren, daß Ligurien eine der niedrigsten Geburtenraten und den höchsten Altersdurchschnitt aller Regionen Europas hat.

Sehenswert auch der kleine Hafen *(porticciolo)* und vor allem die drei Parkanlagen *Serra, Gropallo* und *Grimaldi*, wunderschön mit zahlreichen exotischen Pflanzen, vielen Palmen, zum Teil uralten Bäumen - manche von ihnen zur botanischen Aufklärung dankenswerterweise mit Namensschildern versehen. Zwischen den Pflanzen hindurch blickt man auf kahle Berge, vergißt dabei die Bausünden der Umgebung und die nahe Großstadt Genua - eine Idylle. Das Ortsbild ist ohnehin nicht allzusehr verschandelt, denn die angrenzenden felsigen Hänge sind kaum zu bebauen (schöne Felsformationen). Abwechslungsreiche Felsküste, Bademöglichkeiten.

Im Juli findet im Park der Villa Serra ein Ballett-Festival statt. In der Villa Serra steht ein Museum moderner Kunst mit Werken italienischer Künstler.

Gute Adressen

PLZ 16167

■ Unterkommen

Nervi bietet sich als Aufenthaltsort bei einem Genua-Besuch an, wenn man nicht in der Großstadt wohnen möchte. Häufige Bahn- und Busverbindungen in die Stadt (20-30 min Fahrzeit). Nach wie vor hat Nervi im Winter Saison (heute fast ausschließlich italienische Klientel). Zimmerreservierung ist daher zwischen Dezember und März sinnvoll, außerdem im Oktober, wenn der Salone Nautico (Boots-Ausstellung) in Genua stattfindet.

- *La Pagoda*°°°° liegt schön in einem großen Park; einige Zimmer haben herrliche Aussicht und große Terrassen (Dozi 180-210 Euro). Via Capolungo 15, Tel. 0103726161, Fax 0103212 18. www.romantikhotels.com/pages/rhgenov
- Ein sehr erfreuliches Hotel ist die stilvolle *Villa Bonera*°. Der Jahrhundertwende-Palazzo in einem kleinen Garten hat eine angenehm altmodische Atmosphäre und wird sorgfältig geführt. Der Aufenthaltsraum ist mit Fresken geschmückt. Für die Preiskategorie sehr guter Komfort. Via Sarfatti 8, Tel. 0103726164, Fax 01037285 65. www.pangea.it/bonera/

Bogliasco und **Sori** sind wenig interessante, recht verbaute Orte am Meer (oberhalb von Bogliasco der einzige Campingplatz zwischen Genua und Rapallo).

Recco ist ästhetisch furchtbar, besteht - nach großen Zerstörungen im Zweiten Weltkrieg - nur noch aus Neubauten. Der Besuch lohnt nur am ersten September-Wochenende, wenn das aufwendig gefeierte Ortsfest mit einem besonders schönen Feuerwerk stattfindet.

Gleich darauf aber einer der Höhepunkte der Küste (für mich einer der schönsten Küstenorte in ganz Italien):

Camogli

EINE ÄSTHETISCH-ATMOSPHÄRISCH reizvolle Mischung aus lebendiger kleiner Hafenstadt und sorgfältig ausgepinselter Theaterdekoration. Dabei wirkt hier fast alles echt; man bekommt stärker als anderswo an der Riviera den Eindruck, der Ort lebe noch aus eigener Kraft. Das eher freundlich-kleinstädtische als dörfliche Ambiente ist lebhaft, farbig in jedem Sinn. Starke Farben zeigt vor allem die Architektur - Reihen von sechs- und siebenstöckigen Häusern am Meer, Wolkenkratzern der vorindustriellen Epoche, die Camogli ein einzigartiges Aussehen geben.

Die Kirche liegt so gezielt vor dem Ort auf einer Halbinsel, als hätten ihre Erbauer schon vor Jahrhunderten an zukünftige Postkartenbilder gedacht. Der Ortskern ist schön erhalten, ohne neuere Bauschäden. Es gibt gute Restaurants, die landschaftlich wunderbare Umgebung des Monte Portofino erlaubt zahlreiche Spaziergänge - und größere Touristenmengen rollen (außer im Hochsommer) nur an den Wochenenden an - kurz: Camogli ist - neben den Cinque-Terre-Dörfern - für meinen Geschmack der angenehmste Küstenort.

Der ursprüngliche mittelalterliche Ortskern befindet sich auf der Halbinsel um Kirche und Burg und in den angrenzenden, noch heute sehr verwinkelten Straßen am Ufer. Die Hochhäuser, aus Platzmangel auf dem schmalen Küstenstreifen in die Höhe gezogen, sind zumeist zwei- bis dreihundert Jahre alt. Im 19. Jahrhundert wurde der Ort zum Hang hin erweitert; die meisten Häuser an der Hauptstraße Via XX Settembre stammen aus dieser Zeit, fügen sich aber fast unmerklich in die ältere Architektur ein.

Kaum glaublich, aber wahr: Der Ort zählte im 19. Jhdt. zu den bedeutendsten Seefahrer-Städten Europas. Vorübergehend besaß Camogli nahezu tausend Schiffe, etwa doppelt soviel wie Hamburg oder Genua. Der Aufschwung hatte mit massiven Investitionen der Camoglieser Reeder um 1800 begonnen. 1852 gründete ein Nicolò Schiaffino die

'Camoglieser Seefahrts-Versicherungsgesellschaft', bei der man sich gegen alle Formen von Seeunfällen versichern konnte - das erste derartige Unternehmen auf der Welt, das nicht nur die verlorengegangene Ware, sondern nötigenfalls das gesamte Schiff ersetzte. Noch 1886 hatte Camogli fast vierhundert Segelschiffe. Die Konkurrenz der Dampfboote (auf diesem Sektor hatte der Ort nichts zu bieten) ruinierte in der Folgezeit die örtlichen Reeder - und Camogli wurde zum wirtschaftlich unbedeutenden Küstenstädtchen.

■ **Ein großes Fest** mit kurzer Tradition: Erst 1952 fand zum ersten Mal die *Sagra del Pesce* statt. Am Tag des heiligen Fortunatus, ihres Schutzheiligen, gaben damals einige Camoglieser Fischer die Parole 'Fisch für alle' aus, brieten und verteilten im Hafen kostenlos ihre Fänge.

Waren sie im ersten Jahr noch mit 6 Pfannen ausgekommen, so brauchten sie 1953 schon deren 15. Im darauffolgenden Jahr war der Andrang auf die Gratis-Fritture so groß, daß man zur Organisationsvereinfachung die Fische auf einer eigens konstruierten Riesenpfanne von 4 m Durchmesser - mit einem Ölverbrauch von 500 l - brutzelte. Das Rekordgerät zog das Fernsehen an, 1955 wurde die ganze Geschichte von Eurovision übertragen, und damit begann der unaufhaltsame Aufstieg der Camogli-Pfanne. Die 'größte Pfanne der Welt' reiste in Europa umher, wurde im Zuge des Kulturaustauschs auch zum Pilzebraten und ähnlichen sachfremden Zwecken benutzt. Da konnte der Zusammenbruch der Mauer, an der die Pfanne in ihren Ruhephasen lehnte, nicht viel schaden: Das Utensil wurde zwar verletzt, war aber ausreichend versichert und nahm seine Aktivitäten nach sachkundiger Reparatur wieder auf. Erst 1973 ging die Pfanne in Pension, erhielt natürlich eine gleich große Nachfolgerin (die ihrerseits 1986 durch eine dritte Pfanne ersetzt wurde). Das Fest findet unter großem Andrang jeweils am zweiten Sonntag im Mai statt; die Pfannen kann man in der Via Garibaldi (kurz vor der Pensione Camogliese) betrachten.

- **Baden:** In Camogli ein ausgedehnter Steinstrand. Mit dem Linienboot erreicht man *Punta Chiappa* (schöne Felsufer) und *San Fruttuoso* (zwei kleine, landschaftlich sehr schöne Strände, im Sommer allerdings oft überfüllt).

- **Ausflüge:** Südöstlich von Camogli erhebt sich das Vorgebirge von *Portofino*, schöne, unversehrte Fels- und Macchia-Landschaft über dem Meer. Zahlreiche Wandermöglichkeiten (vgl. S. 273ff). Für Wanderer lohnend auch die Strecken *Rapallo - Santuario di Montallegro - Chiavari* (S. 258ff). und *Nervi - Camogli* (S. 252ff).
  In einer Bucht am Rand des Höhenzugs die wunderbar gelegene Abtei *San Fruttuoso* (vgl. S. 198).
  Leicht zu erreichen sind Genua und Portofino, daneben - mit entsprechend längerer Fahrzeit - auch alle anderen Orte der Küste.

- **Fest der Stella Maris** am ersten Sonntag im August (Bootsprozession von Camogli zur Punta Chiappa).

„Lieber Freund, ein Wort aus diesem wunderlichen Welt-Winkel. Denken Sie sich eine Insel des griechischen Archipelagos, mit Wald und Berg willkürlich überworfen, welche durch einen Zufall eines Tages an das Festland herangeschwommen ist und nicht wieder zurück kann. Ich lag nie so viel herum, in wahrer Robinson-Insularität und -Vergessenheit; mehrfach auch lasse ich große Feuer vor mir emporlodern... jene Oktober-Seligkeit, welche sich auf hundert Arten Gelbs versteht - o lieber Freund, ein solches Nachsommer-Glück wäre etwas für Sie, ebenso sehr und vielleicht noch mehr als für mich."

Friedrich Nietzsche, Brief aus Ruta di Camogli vom 10.10.1886

Gute Adressen

PLZ 16034

i Via XX Settembre 31 (150 m vom Bahnhof entfernt), Tel./Fax 01857710 66.

■ Unterkunft

- *La Camogliese*°-°°. Gut geführtes, ordentliches und freundliches Zwei-Stern-Hotel. Einige Zimmer mit Meerblick. Via Garibaldi 55, Tel. 0185771402, Fax 0185774024.

- *Casmona*°°°. Die Lage an der Uferpromenade ist ausgezeichnet (fast alle Zimmer mit Meerblick) und nach der Anfang 2000 erfolgten Restaurierung präsentieren sich die meisten Zimmer jetzt in neuem, komfortablen Gewand. Der Empfang ist allerdings geradezu aufreizend kühl. Man meint zu spüren, daß die aus Mailand zugezogenen Chefs das Unternehmen vor allem als Investitionsobjekt sehen. Schade, denn das schöne Haus hätte Besitzer verdient, die mit dem Herzen dabei sind. Salita Pinetto 13, Tel. 0185770015, Fax 0185775030.

- *Selene*°-°°. Ein ungewöhnliches Ein-Stern-Hotel: Die Zimmer sind für diese Kategorie erstklassig, das Frühstück reichhaltig - aber weil es nur Etagenbäder hat, darf sich das Haus nicht mit mehr Sternen schmücken. Die Preise liegen - völlig gerechtfertigt - auf Zwei-Stern-Niveau. Via Cuneo 15, Tel. und Fax 0185770149.

- Das *Cenobio Dei Dogi*°°°° ist eines der Luxushotels der italienischen Macht-Elite, Fiat-Chef Agnelli und diverse Regierungsmitglieder logierten hier. Mit Park, eigenem Schwimmbad, Strand und Restaurant bildet das Cenobio dei Dogi eine abgeschlossene Welt, die Prominenz bleibt unter sich. Doppel ab 130 Euro. Via Cuneo 34, Tel. 0185 72 41, Fax 0185 77 27 96. www.cenobio.it

■ Essen

- Eine exzellente Regionalküche bietet die kleine Kneipe *Dal Lama*° an der Hauptstraße oberhalb des Fischerhafens. Die traditionellen ligurischen Gerichte werden hier exemplarisch zubereitet: mit sorgfältig ausgesuchten Grundbestandteilen, genau richtig gekocht und gewürzt. Die 'Buridda di seppie' (eine Art Tintenfischsuppe) ist ein Genuß, die Hausspezialität 'Pavesino' (Dessert mit Sahne, Zabaione-Creme und Marsala) ausgezeichnet. Aber auch Nuß-Pansotti, Minestrone mit Pesto, gefüllte Muscheln sind genauso, wie sie sein sollen. Via Piero Schiaffino 5, Tel. 0185775068, Montag RT.

- Doppelt so teuer ist die direkt am Meer gelegene *La Camogliese*°°-°°°. Allerdings gibt's hier nicht die traditionelle Arme-Leute-Küche, sondern Fischgerichte in gehobener Qualität. Via Garibaldi 78, Tel. 0185771086, Mittwoch RT.

- Das edle *Rosa*°°° bietet den Traumblick auf den Hafen, eine aufmerksame Kellnerbrigade und mitten im Speisesaal eine

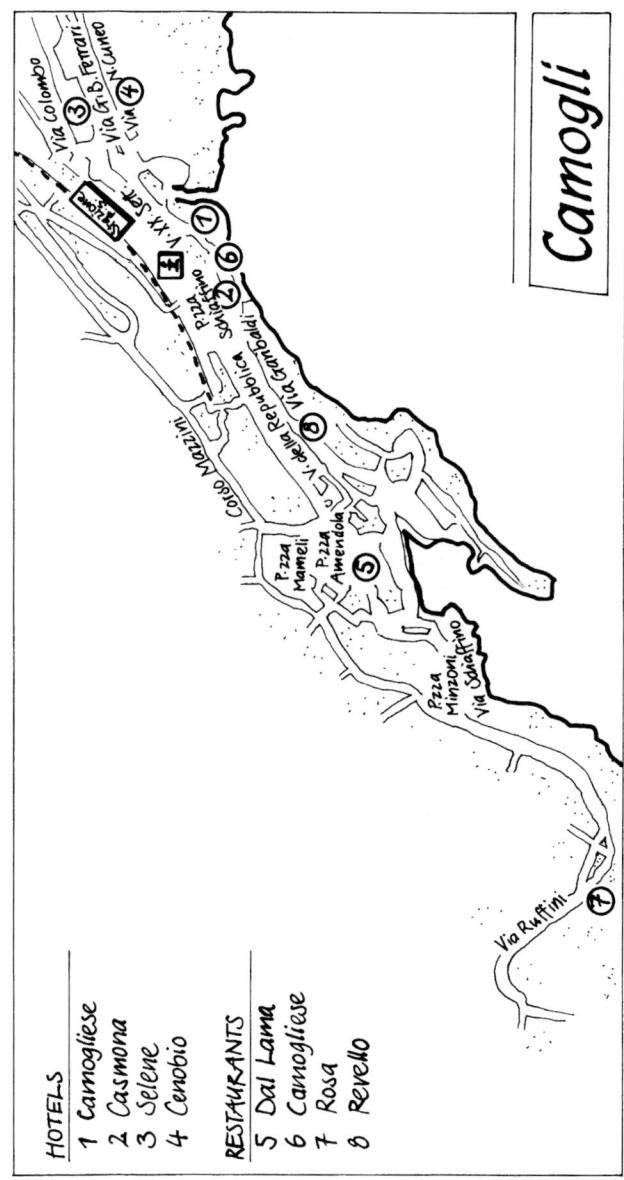

Camogli

HOTELS
1 Camogliese
2 Casmona
3 Selene
4 Cenobio

RESTAURANTS
5 Dal Lama
6 Camogliese
7 Rosa
8 Revello

Via Colombo
Via Gr. B. Ferrari
Via N. Cuneo

Via xx Sett.

Pzza San Fruttuoso

Corso Mazzini

Via della Repubblica
Via Garibaldi

Pzza Mameli
Pzza Amendola

Pzza Minzoni
Via San Fruttuoso

Via Ruffini

echte Steineiche, deren Äste durchs Dach brechen. Das Essen ist gut, aber für die hohen Preise (30-40 Euro und mehr) nicht gut genug. Via Ruffini 11, Tel. 0185 77 34 11, Dienstag RT.

- Für den kleinen Hunger: Pasticceria-Pizzeria *Revello* an der Uferpromenade Via Garibaldi (Nr. 183) hat die ganze Serie der interessanten örtlichen Süßigkeiten (die sogenannten Camogliesi - am besten finde ich die Camogliesi al rhum) und die pizzaartigen Focacce (ligurische Spezialität).

- Für's Frühstück gefällt mir gut die elegante Bar *La Primula* an der Uferpromenade. Zu späterer Stunde bekommt man hier auch gut gemixte Drinks. Via Garibaldi 140, kein Ruhetag.

- In **Ruta** (40 min zu Fuß oder Linienbus - häufige Verbindungen - ab Via XX Settembre) bietet das *Aurelia°* traditionell-ländliche Küche auf gutem Niveau. Das Angebot von nicht weniger als 56 Pizzasorten mit so suspekten Namen wie 'Bismark', 'Cow Boy' oder 'Al Würstel' macht zwar zunächst mißtrauisch, und das Ambiente ist eher nüchtern. Doch die gefüllten Nudeln in Nußcreme und die Pilz-Taglierini sind vorzüglich, die Fleischqualität - egal ob vom Schwein oder Rind - ausgezeichnet, und auch das Tiramisù braucht keine Konkurrenz zu scheuen. Via Aurelia 249, Tel. 0185770281, Dienstag RT.

→ **Eine Camogli-Spezialität,** die es nicht mehr gibt: *Musciame,* luftgetrocknete Delphin-Filets. Für die korrekte Zubereitung mußten die Filets am Mast eines Fischerboots befestigt sein; angeblich gaben die Schläge gegen den Mastbaum den Stücken Konsistenz und Eigengeschmack. Der Delphin-Fang ist heute verboten.

Omas Küche

Die Anfahrt ist mühselig: kurvenreiche, immer schmaler werdende Bergstraßen führen von Recco oder Sori ins einsame Hinterland. **Cornua**: eine Häusergruppe 620 m über
dem Meer, eine Bar - und im Hinterraum die Trattoria aus
dem Italienfilm der fünfziger Jahre. Ein leicht chaotischer
und entschieden schlichter Wandschmuck aus Amateurgemälden, Sportpokalen, Wanduhr und Grünpflanzen rahmt
jeden Mittag (außer montags) Dutzende von glücklich speisenden Einheimischen. Man fragt sich, wo in dieser verlassenen Gegend an gewöhnlichen Wochentagen soviele Leute herkommen - vom Andrang an den Wochenenden ganz
zu schweigen. Das rege Stimmengewirr zeugt von verbreiteter guter Laune, und die ist angesichts der schmackhaften Hausmacherküche und der milden Preise leicht erklärlich. Seit Jahrzehnten hat sich hier kaum etwas verändert -
am allerwenigsten die Rezepte, die im wörtlichen Sinn aus
Omas Küche stammen (nämlich von der *nonna* des jetzigen Chefs): die Pesto-Lasagne, die Pansotti in Nußsauce,
das Kaninchen mit Oliven, die hausgemachten Dolci.
Hausspezialität ist der ungewöhnlich cremige, mit Strac-

Trattoria Cornua, Cornua

chinokäse zubereitete Pesto - eine originelle Variante des ligurischen Klassikers.

- *Trattoria Cornua°*. Strada del Monte Fasce Tel. 0185 94049. Nur mittags geöffnet, Montag RT.

  Anfahrt: Cornua ist auf den Straßenkarten nicht eingezeichnet; auf der Straßenkarte des TCI (Kümmerly & Frey) finden Sie es am 'o' des 'Monte Becco' (nördlich von Sori). Von Recco bis Uscio, dann Richtung Lumarzo und gleich hinter Calcinara (Fraz. Uscio) links auf die Strada Panoramica del Monte Fasce. Kurz vor der Osteria liegt auf einer Anhöhe (620 m) die 'Cappelletta degli Alpi Monte Cornua' - mit Traumblick auf Bergdörfchen und die Küste. Ab Recco sind es 15 km.

  Oder von Sori auf schmaler Bergstraße nach Sussisa und weiter bis zur Strada del Monte Fasce.

Die Portofino-Halbinsel

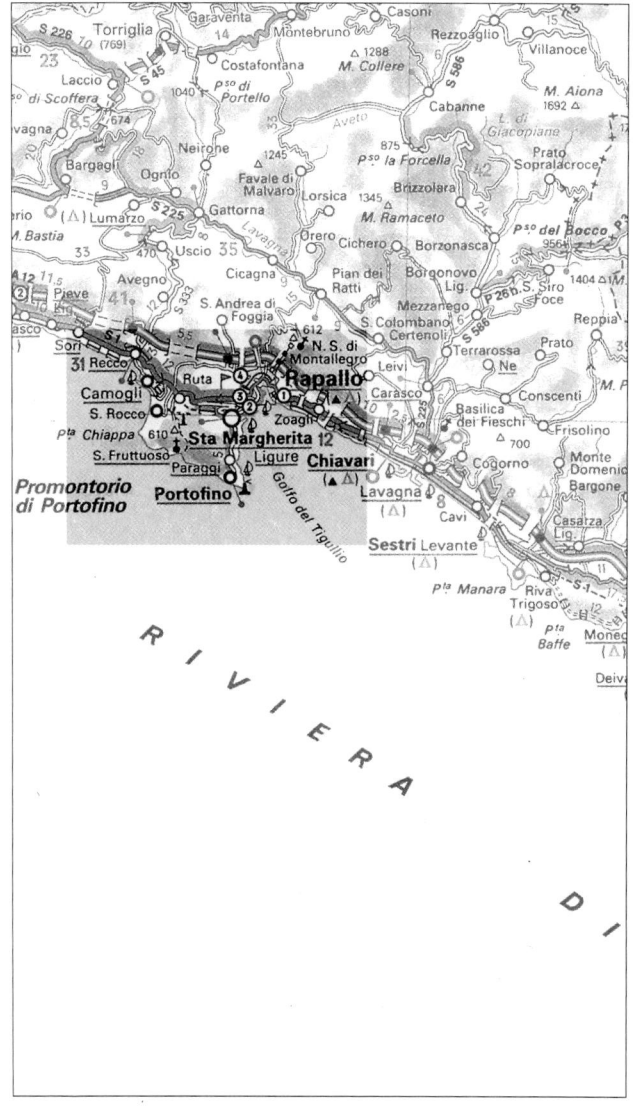

San Fruttuoso

SAN FRUTTUOSO WÄRE ein magischer Ort - wenn sich seine Magie nicht mittlerweile herumgesprochen hätte. Ein paar Häuser, ein alter Wachtturm, ein Kloster in einer einsamen Bucht, die nur vom Meer her oder auf Fußpfaden zugänglich ist. Steile macchiabewachsene Hänge über hellen Steingebäuden, Wasser von unglaublichen Farben. Kleine Strände, wenige Ölbäume... So richtig ein Ort, den jeder für sich allein haben möchte. Weshalb man dort nie allein ist. Im Sommer wird 's eng, auch an warmen Frühjahrs- und Herbstwochenenden: Da wälzt und streckt sich menschliches Fleisch an den Ufern, eigentlich ja kein ungewöhnlicher Anblick, aber vor der San-Fruttuoso-Abgeschiedenheits-Kulisse wirkt er obszöner als anderswo. Trotzdem lohnt der Ausflug unbedingt.

Die Bucht war vermutlich schon seit dem 2. oder 3. Jhdt. besiedelt. Kurz nach 700 floh ein spanischer Bischof aus Tarragona mit einigen Mönchen und den Reliquien des Märtyrers Fructuosos vor den Arabern an diesen geschützten Ort; er ließ ein erstes Kloster errichten. Nach mannigfachem Auf und Ab - Zerstörungen und Wiederaufbauten - wurde das Kloster von etwa 1000 bis 1250 sehr mächtig, hatte ausgedehnte Besitzungen in Ligurien. 1275 geriet es unter die Herrschaft der genuesischen Adelsfamilie der Doria; diese ließen den Bau erweitern.

In den achtziger Jahren wurde das Kloster restauriert - nicht in jeder Hinsicht glücklich. Von „Club-Méditerranée-Gotik" spricht der Journalist Dietmar Polaczek: Viele Details (Türen, Steinfußböden, Wasserspeier) wurden bei der Restaurierung im 'alten' Stil erfunden, moderne Elemente willkürlich eingefügt. Einen wie immer gearteten Originalzustand kann man heute in San Fruttuoso nicht mehr finden; vielmehr sieht man „zweitrangige, durch eine wechselvolle Geschichte zur Unkenntlichkeit entstellte Architektur." Aber das Kloster wirkt dennoch - durch seine großartige Lage in der kleinen Bucht.

Vom Ufer aus sieht man zunächst den *Abtspalast*, den die Doria Ende des 13. Jhdts errichteten. Die dahinterliegende *Kirche* ist in der Bausubstanz etwa tausend Jahre alt - eine der ältesten Kirchen in Ligurien. Die Fassade ist allerdings modern; auch der Innenraum wurde vielfach verändert, entspricht heute etwa dem Zustand des 16. Jhdts. Unter der Kirche ist der Boden des ältesten Baus teilweise freigelegt worden. Der hübsche zweistöckige *Kreuzgang* stammt zum Teil noch aus dem 11. Jhdt. (nach anderen Datierungen ist er noch älter). Durch den Kreuzgang erreicht man die gotischen *Doria-Gräber:* Hier wurden einige Mitglieder der Adelsfamilie begraben, während 1275 bis 1305 ihre Familienkirche S. Matteo in Genua umgebaut wurde.

Seit 1954 hat San Fruttuoso eine weitere Sehenswürdigkeit: die zweieinhalb Meter große Bronzestatue des *Cristo degli Abissi*, des 'Christus der Abgründe', die vor der Bucht in 17 m Tiefe auf dem Meeresgrund steht. Man kann sich auf Booten zu dem Monument hinausfahren lassen und es durch das klare Wasser hindurch bestaunen.

■ **Hinkommen:** Mit dem Schiff (ganzjährig ab Camogli, Frühjahr bis Herbst auch ab Rapallo-Santa Margherita-Portofino) oder zu Fuß (vgl. S. 278f). Am abwechslungsreichsten: Anfahrt ab Camogli, dann Weiterfahrt bis Portofino (bzw. umgekehrt). Vorsicht: Bei stark bewegter See wird der Bootsverkehr eingestellt, man muß dann zu Fuß zurück.

■ **Öffnungszeiten des Klosters:** Montags ganzjährig geschlossen! März/April 10-13, 14-16 Uhr, Mai bis Oktober 10-13, 14-18 Uhr, November bis Januar nur an Wochenenden 10-13, 14-16 Uhr, Februar geschlossen.

■ **Unterkommen:** Das kleine Hotel *Da Giovanni*°° mit nur 7 Zimmern (alle ohne eigenes Bad) hat von Mai bis September geöffnet, Voranmeldung vor allem an Wochenenden und für Juli/August empfohlen. Tel. 0185770047.

■ **Essen:** Mehrere Strandrestaurants vor Ort.

Portofino

PORTOFINO IST SEHR BERÜHMT, sehr schön und ziemlich langweilig. Hat man seine farbigen Häuser am Hafen ausreichend angestaunt, ist man hinaufgestiegen zur Kirche S. *Giorgio*, um den Ort von oben zu betrachten, so bleibt nicht mehr viel zu tun. Losgelöste Ästhetik, optimal fürs Dia. Sobald man die Aufnahmen gemacht hat, kann man eigentlich wieder abfahren (oder in der Umgebung wandern gehen). Ein Museumsdorf, in dem sich schon vor siebzig Jahren die Einwohner als Fischer verkleideten, um den reichen Gästen zu gefallen. Schön ist 's schon, zugegebenermaßen. Ein Kurzbesuch lohnt. Aber dann reicht 's auch. Boutiquen, Edellokale, Bars und Ausflügler von der Sorte, die den ganzen Klimbim chic findet.

Im Ort führt der obligatorische Spaziergang zur Kirche S. Giorgio. Die Aussicht ist hübsch. Dahinter das *Castello*, mit dem die Tourismusgeschichte Portofinos begann: 1870 entdeckte der britische Konsul in Genua, Montague Yeats-Brown das Dorf, war begeistert von Umgebung und Bewohnern (das übliche Lob der Naivität: „Sie wußten gar nicht, was sie machen sollten - als ob der liebe Gott persönlich angekommen wäre"), kaufte und renovierte das Kastell. Dann folgten andere europäische Aristokraten sowie Genueser Kaufleute dem Beispiel des Diplomaten; bald war Portofino in den feinen Kreisen ‘in’. (Trotzdem: Portofino heißt nicht‘feiner Hafen’, sondern kommt vom lat. *Portus Delphini*, Delfinhafen.) Der deutsche Baron Alfons von Mumm baute sich eine Villa am Hang von S. Giorgio; seine Ehrengäste ließ er von den Einheimischen auf einem Tragsessel hinaufbringen. 1914 kam Kaiser Wilhelm zu Besuch; es wird berichtet, Mumm sei vor der Trage rückwärts den Berg hinaufgelaufen, da er dem Obersten Kriegsherrn aus Etikettegründen nicht den Rücken zuwenden durfte. In Portofino wohnte auch Lord Carnarvon, der Entdecker des Tut-Ench-Amun-Grabes; nach seinem mysteriösen Tod las der Priester von Portofino eine Messe, um den Pharaonenfluch vom Ort fernzuhalten - offenbar mit Erfolg. Nach dem Ersten Weltkrieg bestand das zahlende Publikum dann mehr aus Industriellen und Reedern. Das Niveau der Klientel ließ langsam nach. Reiche und Superreiche haben zwar immer noch ihre Zweitwohnung in Portofino und Umgebung; aber die Massen sind auch hier angelangt... Nicht zum Daueraufenthalt allerdings: Portofino bleibt exklusiv, die Unterkunftsmöglichkeiten sind begrenzt, die Preise hoch.

Ein paar Zahlen: Bei rund 400 Einwohnern befinden sich in der Gemeinde Portofino 47 Läden, 20 Restaurants, 11 Bars. Das Durchschnittseinkommen ist das höchste in Italien (hochgetrieben allerdings durch Zweithausbesitzer, die in Portofino den ersten Wohnsitz anmelden). Eine Kleinstwohnung in bester Lage (30 qm mit Hafenblick) wird zu Preisen um die 300.000 Euro gehandelt. Das Durchschnittsalter der Bewohner liegt bei 50 Jahren. Die jungen Leute ziehen nach S. Margherita oder Rapallo, weil sie im Ort keine Wohnung finden.

Zustandsbericht: „Sie ahnen 's schon. Nirgendwo die Fassaden perfekter sich aneinanderkauern, die Bucht so amphitheatrisch sich krümmt, die Piazza so muschelförmig sich öffnet. Schwarzwaldklinik am Mittelmeer - Portoamore. Hier müßte gedreht werden, die Statisten sind schon da: Der bleiche, im eigenen Vermögen vertrottelte Engländer im Marineblazer tänzelt linkisch über Deck, die Miezen räkeln sich. Derweil polieren die Kellner in den Wasserfrontlokalen nochmal die Gläser und rücken zum fünftenmal das Besteck parallel zum Tuchknick. Die Gitterrollos vor den Cashmeres gehen hoch. Klappe auf - und alle Affen los." (Wolfgang Abel)

- **Anfahrt**: mit Schiff oder Bus von Rapallo-S. Margherita. Wer mit dem eigenen Auto kommt, riskiert: Ist der Parkplatz am Ortseingang voll, muß man oft stundenlang in der Schlange warten, bis ein Platz frei wird. An Ausflugstagen kommt auch der Bus nicht mehr durch. Die Parkgebühren sind exorbitant: ca. 4 Euro je Stunde. Gebührenfreie Parkplätze gibt es nicht.

- **Unterkunft im Ort** (PLZ 16034): Fünf Hotels, vom 'preiswerten' Zwei-Stern-Hotel *Eden*°°°° (DZ um 180 Euro, Vico
Dritto 20, Tel. 0185 26 90 91, Fax 0185 26 90 47), bis zum weniger preiswerten *Splendido*°°°° (DZ ab 650 Euro, Salita Ba-
ratta 10, Tel. 0185 26 78 02, Fax 0185 26 78 06, www.orient-
express.com). Es muß ja nicht sein...

Santa Margherita Ligure

NEBEN PORTOFINO der mondänste Urlaubsort der Riviera di Levante: jede Menge First-Class-Hotels, Antiquitä-
tenhändler und Modegeschäfte, unter Palmen flanierendes
Publikum, teure Restaurants und Luxus-Nightclubs... Als
bloßer Ausflugsort ist Santa Margherita wenig interessant,
es hat weder ein besonders reizvolles Ortsbild noch größere Sehenswürdigkeiten, noch attraktive Strände. Für einen
längeren Urlaubsaufenthalt möglich, wenn man auf Unterhaltung und (klein-)städtische Atmosphäre Wert legt. In
diesem Fall ist Santa Margherita besser als das nahegele-
gene Rapallo - schöner, exklusiver, ruhiger, allerdings auch
teurer. Gute Ausflugs- und Wandermöglichkeiten: Das Vorgebirge von Portofino, Portofino selbst, Camogli, Genua
sind schnell erreichbar (vgl. Ausflüge von Camogli aus,
siehe Ortstext).

Das *Caffè Colombo* an der Uferstraße Via Pescino 13 (Montag RT) ist das schönste Kaffeehaus der Küste. Hier wurden kurz nach 1900 dekorative Holzschnitzereien in Auftrag gegeben, damit die noblen Gäste des Edel-Badeorts
einen angemessenen Treffpunkt bekämen. (Santa Margherita zählte seit der Mitte des 19. Jahrhunderts zu den Ri-
viera-Quartieren der europäischen Bourgeoisie.) Herausge-
kommen ist eine fantasievoll aus Jugendstil und Barock-
Anklängen gemischte Inneneinrichtung. Am Tresen lächeln
Engelsköpfe, nackte Sirenengestalten spähen zwischen großen Spiegeln lüstern auf die Gäste, in reich verzierten Wand-

schränken stehen die Likörflaschen. Die Liste prominenter Kunden ist unendlich lang. Der Physiker Guglielmo Marconi hat im Colombo seine Kuchen verzehrt, und der alte Kellner erzählt - wie viele alte Kellner überall auf der Welt - von den Besäufnissen und Streitereien Liz Taylors und Richard Burtons.

Tresen im Caffè Colombo

Ein paar Meter weiter auf der Uferstraße: die *Farmacia Internazionale* mit ähnlichem Dekor - nur stehen hier Medizinflaschen statt der Liköre in den holzgeschnitzten Schränken. Die Einrichtung stammt vom dem Künstler, der das Caffè Colombo gestaltet hat.

Sehenswert ist der Park der *Villa Durazzo* mit 3 Villengebäuden (16./19. Jhdt.), exotischen Pflanzen, Brunnen, Statuen (April bis September täglich 9-19 Uhr, Oktober bis März 9-17 Uhr).

Santa Margheritas jüngste Attraktion - eines der wenigen 'modernen Kunstwerke' an der Riviera - ist ein Kinderspielplatz. In der Parkanlage Villa Carmagnola (Viale Rainusso, 10 Fußminuten vom Hafen Rg. Ruta/Camogli) hat der Bühnenbildner Emanuele Luzzati 1998 den *Parco del Flauto Magico* gestaltet. Die Standardausstattung der Rutschen, Wippen und Klettergerüsten wurde fantasievoll verwandelt (zum großen Teil nach Motiven aus der 'Zauberflöte') und wunderschön bemalt; so können die Kinder beispielsweise in einem farbigen Drachen herumkrabbeln oder aus überdimensionalen Vogelkäfigen rutschen.

Gute Adressen

PLZ 16038

i Via XXV Aprile 2B, Tel. 0185 28 74 85, Fax 0185 28 30 84.

■ Unterkunft

Grundsätzlich liegen die Hotelpreise höher als in den anderen Orten der Küste (außer Portofino). Ein Fünf-Stern-Hotel (Imperiale Palace, Tel. 0185 28 89 91, Fax 0185 28 42 23, Internet: www.hotelimperiale.com) und sieben Vier-Stern-Hotels. Vom teuren Grand Hotel Miramare (DZ um 220 Euro) bis zum 'preiswerten' Metropole (DZ um 140 Euro, Tel. 0185 28 61 34, Fax 0185 28 34 95, hotel.metropole@metropole.it).

- *Grand Hotel Miramare*°°°°. Das 1904 gegründete Luxushotel direkt am Jachthafen bietet vorzüglichen Komfort, es hat schöne Salons und einen angenehmen Park. Erster Geschäftsführer war zu Beginn des Jahrhunderts ein gewisser Herr Kuoni, der eine steile Karriere als Reiseunternehmer vor sich hatte... Auf der Terrasse machte später Guglielmo Marconi Versuche, die zur Erfindung des Radars führten; unter den Gästen war und ist die High Society von Haile Selassie bis Rainier von Monaco.
  Via Milite Ignoto 30, Tel. 0185 28 70 13, Fax 0185 28 46 51. www.grandhotel-miramare.it

- *Jolanda*°°-°°°. Drei-Stern-Hotel mit stilvoller Einrichtung und angenehmer Atmosphäre, guter Komfort. Leider etwas Straßenlärm. Via L. Costa 6, Tel. 0185 28 75 12, Fax 0185 28 47 63, www.promix.it/hotel/jolanda

- *Fasce*°°. Das Haus zählt zu den angenehmsten Unterkünften der Küste. Ein sorgfältig geführter Familienbetrieb mit engagierten Wirten; makellose, gründlich renovierte und ruhige Zimmer; zuvorkommender Service. Auf der Dachterrasse kann man ungestört stundenlang ruhen, lesen und sonnenbaden. Besonders angenehm: kostenlose Leihfahrräder für die Gäste. Via L. Bozzo 3, Tel. 0185 28 64 35, Fax 0185 28 35 80, www.hotelfasce.it

- *San Giorgio*°°. Schöne Lage am Hang oberhalb des Ortes (an der Straße nach Ruta/Camogli). Gutes, persönlich geführtes Haus, hübscher Garten. Einzelne Zimmer sind zwar klein, was aber durch die wahrlich panoramische Sicht (Balkons!) aus-

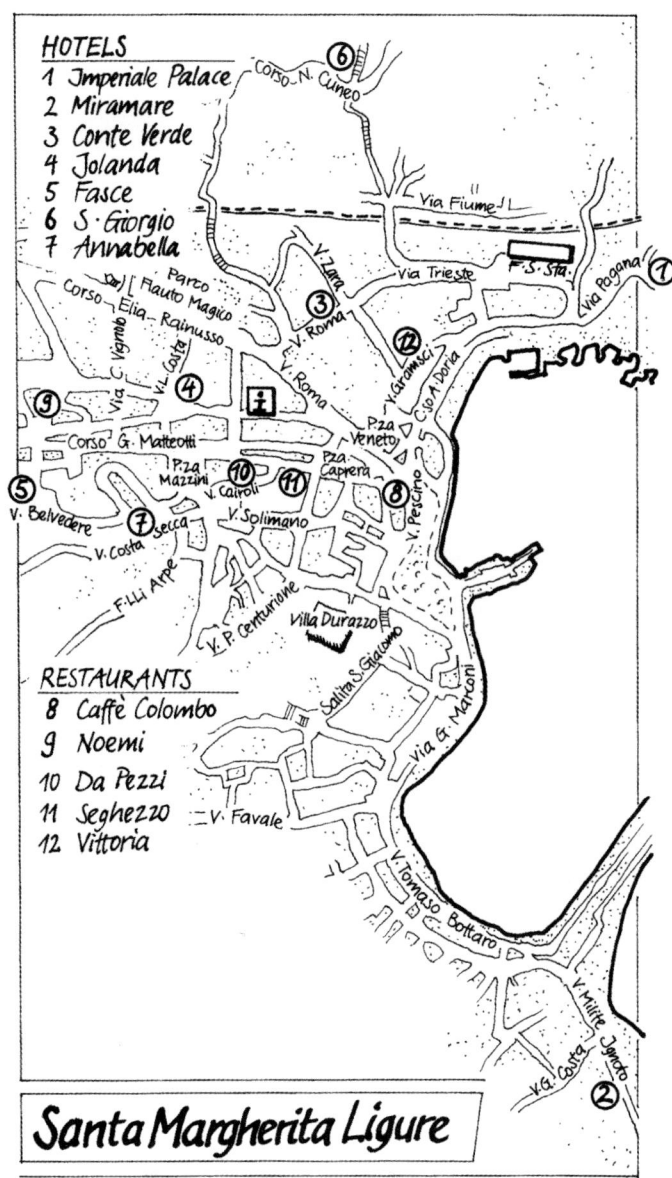

HOTELS
1 Imperiale Palace
2 Miramare
3 Conte Verde
4 Jolanda
5 Fasce
6 S·Giorgio
7 Annabella

RESTAURANTS
8 Caffè Colombo
9 Noemi
10 Da Pezzi
11 Seghezzo
12 Vittoria

Santa Margherita Ligure

205

geglichen wird. Das Frühstück wird auch auf dem Balkon serviert. Dozi mit Frühstück 75 Euro, ganzjährig geöffnet. Corso Cuneo 59, Tel. 0185 28 67 70, Fax 0185 28 07 04.

- *Villa Anita*°°. Familiär und freundlich geführtes Hotel mit zwölf schlichten und ordentlichen Zimmern, viele davon mit Balkon. Im kleinen Garten kann man zwischen Zitronenbäumen, Hortensien und Bougainvillen lange Stunden vertrödeln. Völlig ruhige Lage, das Zentrum ist 10 Fußminuten entfernt. Das Schwarzbrot auf dem Frühstücksbuffet (für Italien eine Sensation) und die Chefin Daniela Tarella kommen aus Südtirol. Via Tigullio 10, Tel. 0185 28 65 43, Fax 0185 28 30 05. www.topwork.net/turismo

- Zentral gelegen, in Ordnung: *Conteverde*°° (einige Zimmer ohne eigenes Bad sind besonders preiswert; Via Zara 1, Tel. 0185 28 71 39, Fax 0185 28 42 11) und *Annabella*° (Via Costasecca 10, Tel. 0185 28 65 31).

■ Essen

In S.Margherita habe ich nie ein erinnerungswürdiges Restaurant gefunden - lieber fahre ich die paar Minuten mit dem Zug nach Camogli, Rapallo oder Chiavari (s. Ortstexte). Einen gewissen herben Charme hat die einfache Trattoria *Noemi*° (Via S. Bernardo 1, Tel. 0185 28 53 94, Mittwoch RT). Das zentral gelegene *Da Pezzi*° lockt mit frappierend niedrigen Preisen. Man wird satt - damit sind seine Vorzüge erschöpfend beschrieben (Via Cavour 21, Tel. 0185 28 53 03, Sonntags RT). Die teureren Lokale haben mich auch nicht überzeugt.

- Der Trost: Das vorbildlich cremige und fruchtige Eis der Bar-Gelateria *Vittoria* (Via Gramsci 43) ist unübertroffen an der gesamten Riviera di Levante.

- Noch ein Trost: *Seghezzo*, eines der schönsten Lebensmittelgeschäfte der Küste (Via Cavour 1, am Kirchplatz). In dem altmodisch vollgestopften Geschäft findet man eine gute Weinauswahl und ein überwältigend reiches internationales Angebot an Eßwaren - von italienischen und französischen Käsesorten über Parmaschinken, Oliven, getrocknete Pilze, Grappa, Kognak bis zu britischen Keksen, französischem Veilchensirup und deutschen Marmeladen.

Rapallo

EINE ITALIENISCHE KLEINSTADT am Meer. Viel mehr läßt sich über den Ort wirklich kaum sagen. Palmen, Hotels, überwinternde Pensionäre, sich vergnügende Sommergäste, eine Uferpromenade, villenbesetzte Hügel im Hintergrund, Neubauviertel. Naja. 'Rapallizzazione' ist im Italienischen zum Begriff geworden. Es bedeutet: Die Zerstörung eines einstmals schönen Ortes. Fast hundert Jahre lang war Rapallo ein Nobel-Badeort. Dann, nach dem Zweiten Weltkrieg, schlug die Bauspekulation zu, und so wurde Rapallo, was es heute ist: eine ganz normale Stadt mit ganz normaler 08/15-Architektur. Denkt man sich die Uferpromenade, Palmen und Hotels weg, so ähnelt Rapallo jeder beliebigen Provinzstadt Norditaliens. Gar nicht mal ausnehmend häßlich - aber was soll man hier?

Nur gelegentlich erinnert ein Winkel noch an den alten Charme: der kleine lebendige Markt, auf dem die Bauern der Umgebung Eier und Kräuter anbieten und frisch gefangene Fische im Schuppenglanz leuchten; einige hübsche Gassen der Altstadt mit schmucken Geschäften, in denen Käselaibe, Orangen und Markenpullover dekorativ herumliegen; ein paar Nostalgiebauten aus Rapallos Glanzzeit an der Uferpromenade. Direkt am Meer (am Lungomare V. Veneto) steht auch der kuriose *Chiosco della Banda Cittadina*, einst Schauplatz von Promenaden-Konzerten. Am Deckengewölbe thronen berühmte Komponisten: Verdi, Berlioz, Beethoven, ein frankensteinartiger Mozart; über den jugendstilisierten Maestri tummeln sich ihre Opernfiguren, aufgeregt wie barocke Heilige.

Rapallo ist durch den Rapallo-Vertrag in die Geschichte eingegangen, mit dem 1922 Deutschland und die Sowjetunion diplomatische Beziehungen aufnahmen und auf jede gegenseitige Kriegsentschädigung verzichteten. Die deutsche Regierung wollte damit die aus dem Versailler Vertrag resultierenden Lasten verringern; die Sowjetunion suchte - wenige Jahre nach der Oktoberrevolution - ihre internationale Isolierung zu durchbrechen und wirtschaftliche Hilfe zu bekommen. Der Vertrag wurde nicht in Rapallo, sondern im Hotel der russischen Delegation in Santa Margherita geschlossen; aber Santa Margherita war damals noch Ortsteil von Rapallo - daher der Name.

Gute Adressen

PLZ 16035
i   Via A. Diaz 9, Tel. 0185230346, Fax 018563051

■ Unterkommen

- *Rosabianca*°°°. Schönes kleines Vier-Stern-Hotel in einem Jahrhundertwende-Palazzo direkt am Ufer, fast alle Zimmer mit Meerblick. Leider nicht hundertprozentig ruhig. Lungomare Veneto 42, Tel. 018552262, Fax 018565035. www.dap.it/rosabianca

- *Riviera*°°°. Makellos renoviertes Drei-Stern-Haus, in einem alten Palazzo am Meer. Auch hier etwas Verkehrsgeräusche. Piazza IV Novembre 2, Tel. 018550248, Fax 018565668. www.tigullio.net/hotelriviera

- *Vittoria*°°. Zentrale Lage, kleine, aber sehr gepflegte Zimmer. Für das Gebotene preisgünstig. Via S. Filippo Neri 11, Tel. 0185231030, Fax 018566250.

- *Miramare*°°-°°°. Ordentlich, ohne größere ästhetische Ansprüche. Einige besonders schön hergerichtete Zimmer (die Suites) haben Vier-Stern-Niveau und entsprechend höhere Preise. Zentrale Lage an der Uferpromenade, Lungomare V. Veneto 27, Tel. 0185230261, Fax 0185273570.

- In den unteren Kategorien besonders angenehm: das *Bandoni*° in einem Palazzo mit Jugendstil-Gemälden, für die Preisklasse recht komfortabel, fast alle Zimmer mit Meerblick, freundliche Wirte. Via Marsala 24, Tel. 018550423, Fax 018557206.

- **Camping:** *Miraflores*, lärmgestört in der Nähe der Autobahnausfahrt. Via Savagna 10, Tel. 0185263000, Fax 0185 260938. *Rapallo*, 3 km westlich vom Ort - an der Autobahnausfahrt vorbei - bei S. Maria del Campo, ruhig, aber wenig Schatten. Via Lazzaro 4D, Tel. 0185262018.

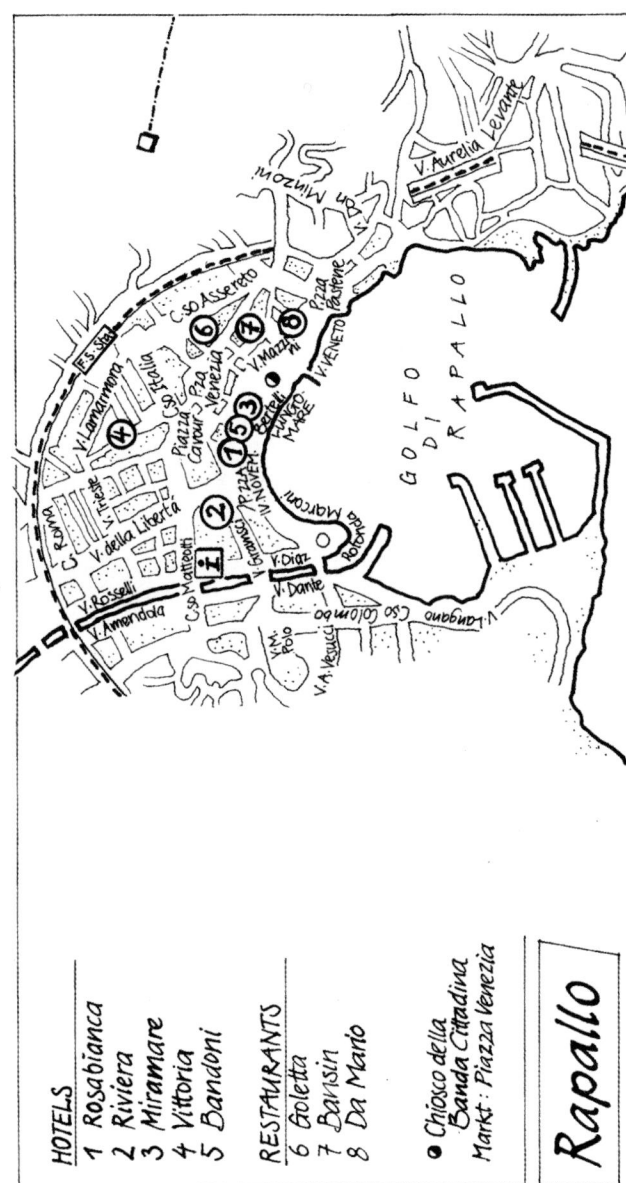

HOTELS
1 Rosabianca
2 Riviera
3 Miramare
4 Vittoria
5 Bandoni

RESTAURANTS
6 Goletta
7 Bansin
8 Da Mario

● Chiosco della
   Banda Cittadina
Markt: Piazza Venezia

Rapallo

209

■ Essen

Fein oder urig essen - das ist die Grundsatzentscheidung. Beides geht in Rapallo sehr gut:

Im Restaurant *La Goletta*°° genießt man eine angenehme, qualitätvolle Küche. Schon die große Auswahl an Nudelgerichten kann begeistern: Muschel-Spaghetti, Fischravioli, Pansotti in Piniensauce, Kastaniennudeln mit Pesto und viele andere. Das Fritto misto ist vorzüglich und ungewöhnlich reichhaltig, der Fisch vorzüglich, die hausgemachten Desserts exzellent. Gute Weinauswahl. Kleine Aufmerksamkeiten schaffen den Eindruck unaufdringlicher Eleganz: die Blumen auf den Tischen, der vom Haus offerierte Aperitif, die Amaretti nach dem Dessert. Pane e coperto werden nicht berechnet, und auch sonst ist die Preisgestaltung freundlich. Via Magenta 28 (5 min vom Bahnhof entfernt), Tel. 0185 66 92 61, Donnerstag RT.

-   *Ü Bansin*° entspricht tiefverwurzelten Vorstellungen von der 'urigen Marktkneipe': schlichte Holztische, karger Steinfußboden, Gemälde von Freizeitkünstlern, alte Fotos und ein Schiffsmodell. Zu günstigen Preisen kommen solide regionale Gerichte auf den Tisch. Via Venezia 105, Tel. 0185 23 11 19, So-abend, Montag RT.

-   Ein empfehlenswertes Restaurant ist auch *Da Mario*° (Piazza Garibaldi 23, Tel. 0185 51736, Mittwoch RT). Gleich daneben befindet sich die 1862 gegründete Bar *Canepa*, die älteste noch bestehende Bar der Stadt (Piazza Garibaldi 39).

-   Ein Spitzenangebot an Käse und Wurstwaren aus ganz Italien hat die *Bottega dei Sestieri*, Via Mazzini 44. Die frisch aus Süditalien gelieferte Mozzarella beispielsweise ist der reine Genuß, aber auch die toskanischen Würste, die piemontesischen und lombardischen Käse sind erstklassig.

Chiavari

AN CHIAVARI BIN ICH jahrelang mit Grausen vorbeigefahren. Zwischen dem Vorgebirge von Portofino und Sestri Levante treten hier, an der Mündung des Flüßchens Entella, die Berge ausnahmsweise mal etwas weiter vom Ufer zurück - und in den (nicht einmal besonders großen) freien Raum hat sich ein Brei von Zweitwohnungen ergossen. Zwischen den schönen Landschaften der Umgebung wirkt das wie eine Jauchegrube im Rosengarten. 'Nichts wie weg' war immer meine Spontanreaktion. Erst bei den Vorbereitungen für dieses Buch habe ich pflichtbewußt in Chiavari Halt gemacht - und war angenehm überrascht. Wenn man die hochtrabend-triste Uferpromenade hinter sich läßt und die Neubauviertel vergißt, findet man im Zentrum ein hübsches Städtchen mit Laubengängen, netten Plätzen, mittelalterlichen Häusern, Barockvillen und Jugendstilgebäuden, Geschäften und vielen kleinen Kneipen.

Chiavari wirkt außerhalb der Saison vom Tourismus unberührt, führt ein Eigenleben wie kaum ein anderer Ort der Riviera. In diesem Sinn ist es die 'italienischste' Stadt der Küste - der Ortskern hat eine Atmosphäre wie manche der reizvollen, von Reisenden kaum besuchten Kleinstädte des Binnenlandes. Es gibt originelle Cafés und angenehme Trattorien, in denen man preiswert und gut speist. Keine überwältigenden Eindrücke, auch keine Stadt für einen längeren Aufenthalt, aber zum Bummeln, Kaffeetrinken, Herumsitzen, ein Gläschen Wein schlürfen ist Chiavari gar nicht schlecht. Und die *Osteria Luchin* lohnt allein schon fast den Ausflug, ganz zu schweigen von den Restaurants der Umgebung (s. unten)…

Rundgang: Vom Bahnhof zum Stadtzentrum gehend, sieht man gleich rechter Hand die gewaltige *Kathedrale* aus dem 17. Jhdt.; die antikisierende Fassade stammt aus dem 19./20. Jhdt. Schöner die darauf folgende *Piazza Mazzini*, auf der vormittags die Stände der Obst- und Gemüsehändler ein farbiges Bild abgeben. Der ziemlich echt aussehende *Palazzo di Giustizia* stammt von 1886, eine Mittelalter-Imitation, bei der nur der Turm historisches Gemäuer ist. Linker Hand - Nr. 1 - der *Palazzo Torriglia* aus dem 17. Jhdt. Die Nordseite der *Piazza Mazzini* wird von der *Via Martiri della Liberazione* geschnitten, seit dem 14. Jhdt. Zentrum des bürgerlichen städtischen Lebens. Chiavari war seit dem späten Mittelalter eine Seefahrer- und Handelsstadt. Im 18. und 19. Jhdt. trugen auch Weberei, Möbelherstellung und Schiffbau zum Wohlstand bei. Stärker als in den anderen Küstenorten konnte sich so eine urbane Kultur entwickeln. In der zweiten Hälfte des 19. Jhdt. wurde das Gebiet allerdings von einer Agrar- und einer Textilkrise zugleich getroffen. Eine Massenabwanderung setzte ein - damals wies das Gebiet um Chiavari den höchsten Prozentsatz an Auswanderern in ganz Italien auf. Der Sprachwissenschaftler *Hugo Plomteux* hat noch im heutigen Telefonbuch von Buenos Aires einen hohen Anteil von typischen Familiennamen der Gegend festgestellt.

Parallel zur Via Martiri della Liberazione verläuft weiter nördlich der Straßenzug *Via Giuseppe Raggio - Via Ravaschieri - Via Costaguta*; in all diesen Straßen Laubengänge und schöne alte Palazzi. *Via Costaguta* endet beim Park der *Villa Rocca*. Im Palazzo Rocca (Via Costaguta 4) befindet sich ein kleines *Archäologisches Museum* mit Funden aus einer Nekropole der ligurischen Urbevölkerung (Schmuck, Keramik und Waffen aus dem 8./7. Jhdt. v. Chr.). Geöffnet Di-Sa 9-13.30 Uhr, sowie 2. und 4. Sonntag im Monat.

Ein kurzes Stück weiter östlich liegt an der *Piazza Matteotti* das *Caffè Defilla* von 1883. Von seiner alten Einrichtung blieben nach einer Renovierung noch Stuckverzierungen, Gemälde und große Spiegel erhalten. Schöner ist die Bar-Pasticceria *Copello* (Via Martiri della Liberazione 164), das älteste noch bestehende Geschäft der Riviera: Sie wurde 1826 gegründet. Die Jugendstil-Einrichtung stammt von 1911. An der Bar und an den zwei Tischen mit insgesamt fünf Stühlen werden feine hausgemachte Apéritife und köstliche Dolci serviert.

Gute Adressen

PLZ 16039

i   Corso Assarrotti 1, Tel. 0185 32 51 98, Fax 0185 32 47 96

■ Unterkunft

Rund 35 Hotels, die meisten davon unschöne Neubauten an der Küstenstraße - Meerblick und Autolärm -, außen furchtbar, innen korrekt-anonym. Eine rühmliche Ausnahme ist das

- *Monterosa*°°, ein gutbürgerliches Drei-Stern-Hotel im Zentrum, das viel von Geschäftsreisenden frequentiert wird. Die Einrichtung erregt keine ästhetischen Ekstasen, aber das Haus wird sehr angenehm geführt, bietet soliden Komfort und ist ruhig gelegen. Für die Qualität sanfte Preise: Doppel 70-80 Euro. Via Marinetti 6, Tel. 0185 30 03 21, Fax 0185 31 28 68. www.gattei.it/monterosa

- Ruhig liegt auch die *Villa le Rose*°, ein Jahrhundertwende-Palazzo am Stadtrand in einem hübschen Garten. Preisgünstige Zimmer ohne eigenes Bad. Salita Bacezza 13 (10 Fußminuten vom Zentrum in Rg. Genua), Tel. 0185 30 34 93.

- In Ordnung, allerdings lärmgestört durch Autos und Bahn ist das *Zia Piera*°-°° an der Uferstraße. Via Marina Giulia 25, Tel. 0185 30 76 86, Fax 0185 31 41 39.

- In gleicher Lage, wenige Schritte entfernt, das einfache *Miramare*°. Corso Valparaiso 56, Tel. 0185 30 98 91.

- **Camping:** *Al Mare* (am westlichen Ortsrand, Via Preli 30, Tel./Fax 0185 30 46 33) sowie mehrere Campingplätze im nahen Lavagna.

■ Essen

- Ein angenehmes Lokal ist die zentral gelegene *Osteria Luchin*°. Endlich mal eine alte Osteria, die der Besitzer nicht kaputtrenoviert hat; vielmehr wurde sie mit Geschmack und vorsichtig modernisiert, so daß neue Tische, Tresen und sogar die unvermeidliche Computer-Kasse mit dem alten Raum harmonieren. Das herrliche Durcheinander von Bildern an den Wänden - von den Fotografien der Vorfahren bis zur abstrakten Kunst - läßt sich gar nicht beschreiben - hingehen und anschauen! Auch das Essen ist nicht übel, aber den Charme schafft das einzigartige Ambiente. Spezialität (auch zum Mit-

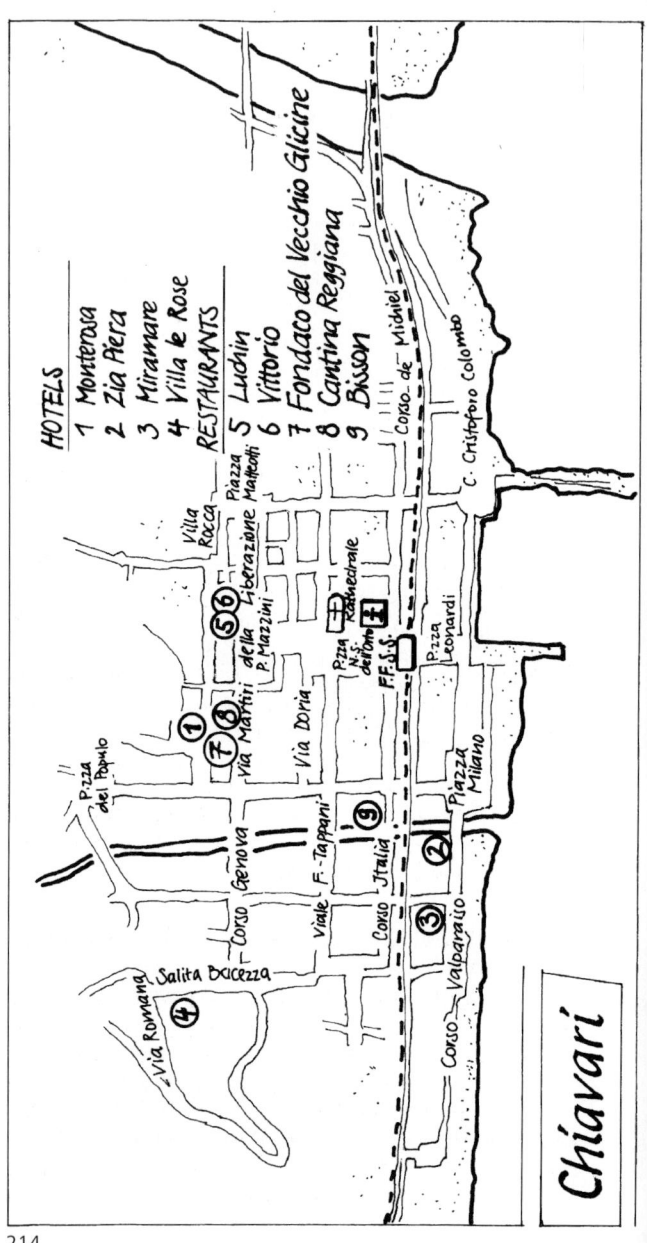

HOTELS
1 Monterosa
2 Zia Piera
3 Miramare
4 Villa le Rose

RESTAURANTS
5 Luchin
6 Vittorio
7 Fondaco del Vecchio Glicine
8 Cantina Reggiana
9 Bisson

Chiavari

nehmen auf die Hand): Farinata, pizzaartiges Gebäck aus Kichererbsenmehl, hier besonders gut zubereitet - probieren lohnt sich! Via Bighetti 51 (im Zentrum bei Piazza Mazzini), Tel. 0185 30 10 63, Sonntag RT.

- Preiswert und gut ist auch *Da Vittorio*° 100 m weiter (Via Bighetti 33, Donnerstag RT).

- Sehr empfehlenswert ist der *Fondaco del Vecchio Glicine*°-°°. Das einfache Äußere täuscht: Hier kommen ausgezeichnete regionale Gerichte auf den Tisch, alles ist liebevoll und sorgfältig zubereitet, z.B. die Nudeln mit Tintenfisch und Artischocken (linguine alle seppie e carciofi) oder die Muschel-Kichererbsen-Suppe (zuppa di vongole e ceci). Als Hauptgang gibt es vorwiegend Fisch, ausgezeichnet sind auch die Dessert wie z.B. das Zabaione-Semifreddo.Via G.Raggio 39, Tel. 018 530 1421, Mittwoch RT.

- Die *Cantina Reggiana*° ist ein einfaches sympathisches Lokal, wo die Angestellten der umliegenden Geschäfte preiswert zu Mittag essen. Man sitzt hautnah, das Menu ist auf einer großen Schiefertafel angeschrieben, Gäste und Bedienung kennen sich, aber auch die seltenen Touristen werden flott und freundlich bedient. Via G. Raggio 27, Tel. 0185 30 83 38, Montag RT.

- Die *Enoteca Bisson* ist eine der besten Weinhandlungen Liguriens. Man findet vorzügliche italienische Weine aus allen Regionen und eine große Auswahl an guten, preiswerten Tafelweinen aus dem Faß zum Selbstabfüllen. Der Besitzer Piero Lugano baut auch eigene Weine aus, z.B. den empfehlenswerten weißen 'Marea'. Corso Gianelli 28 (Bahnhofsnähe), Tel. 0185 31 44 62, tägl. 8.45-12.45 Uhr und 15.30-19.30 Uhr, Minachmittag und Sonntag geschlossen.

Im Hinterland von Chiavari befinden sich zwei besonders schöne Restaurants:

- *La Campagnola*° in **Sant'Andrea di Rovereto** ist eine der angenehmsten Trattorien der Küste. Sie präsentiert sich in der klassisch-kühlen Einrichtung italienischer Landgasthäuser; kühl ist auf den ersten Blick auch die Wirtin, aber wenn sie merkt, daß man am Essen Freude hat, taut sie auf. Aus der Glasveranda genießt man den Postkartenblick auf den Kirchturm des Dörfchens Sant'Andrea vor dem Hintergrund von Bucht und Berg von Portofino. Aber man wäre auch ohne die Aussicht vollkommen glücklich wegen der herrlichen Antipasti (eingelegter Fisch, gefüllte Gemüse, Pesto-Crêpe), der erstklassigen Pesto-Nudeln, der reichhaltigen Spaghetti ai frutti di mare und des köstlich zubereiteten frischen Fischs. Das abgelegene Lokal lebt von der Stammkundschaft aus der näheren und weiterer Umgebung, von Genua bis Sestri Levante. Tel. 0185 31 82 38, Mittwoch RT. Zufahrt: Busse ab Bahnhof Chiavari, 15 min Fahrzeit; abends muß man allerdings mit dem Taxi zurück. Mit dem Pkw: von Chiavari auf der Via Aurelia Richtung Rapallo, nach gut 3 km beim Hotel 'Mare e Monti' rechts abbiegen (Hinweisschild 'La Campagnola'), dann noch 1 km.

- *Ca'Peo*°°° in **Leivi** ist ein edles Haus. Im blumengeschmückten Gastraum, auch hier mit weitem Blick auf Meer und Hügelland, kommt ein großes Repertoire ungewöhnlicher Speisen auf den Tisch, von den kastaniengefüllten Tortelloni über Fisch in raffinierten Saucen bis zu den flambierten Äpfeln mit Rosinen, Pinien und Eis. Der Service ist allerdings für ein Lokal dieses Anspruchs - und dieser Preise - unzureichend und die Küche hält das Niveau nicht gleichmäßig. Trotzdem: ein kulinarisches Vergnügen, ein Höhepunkt italienischer Kochkunst. Menu ab 48 Euro, Weine ab 16 Euro. RT: Montag und Di-mittag. Strada Panoramica, Leivi (Tel. 0185 31 96 96, Fax 0185 31 96 71). Zufahrt: Buslinie 2 und b ab Bahnhof Chiavari Richtung S. Bartolomeo (Fahrer nach

Ristorante Ca'Peo, Leivi

Ca'Peo fragen), Fahrzeit 25 min. Abends keine Rückfahrmöglichkeit, mit Taxi zurück. Mit dem Pkw: Chiavari-Leivi 7 km. Die Alternative: Das Restaurant vermietet in Leivi 5 Appartements mit Terrasse (ab 90 Euro).

Lavagna und **Cavi** haben breite Strände, werden deshalb im Sommer stark von Badetouristen frequentiert. Die Orte selbst sind nicht interessant. 3 km von Lavagna entfernt befindet sich in *San Salvatore dei Fieschi* die Familienkirche des aus Lavagna stammenden gleichnamigen Adelsgeschlechts, das durch Schillers Drama 'Die Verschwörung des Fiesco zu Genua' in die deutsche Literatur einging. Die schön erhaltene Kirche in romanisch-gotischem Übergangsstil ist einer der bemerkenswertesten Sakralbauten der Riviera di Levante. Sie wurde im Auftrag des Grafen Sinibaldo Fiesco erbaut, der 1243 als Innozenz IV. Papst geworden war (Bauzeit 1245-1252).

- In **S. Giulia** die schlichte und schlichtweg erfreuliche Trattoria *Colomba*°. Vom verglasten Speisesaal genießt man einen herrlichen Meerblick, auf der Terrasse unter Weinlaub wirkt das Panorama sogar noch schöner. Die mündlich vorgetragene Speisekarte ist kurz und überzeugend, die traditionelle Hausmacher-Küche angenehm. Anfahrt: Von Sestri kom-

Trattoria Colomba, S.Giulia   217

mend an der ersten Kreuzung in Lavagna vor der Tankstelle rechts und dann 4 km auf schmalem kurvigen Sträßchen in die Berge hinauf. Tel. 0185 39 00 75, Montag RT. Ganzjährig geöffnet.

- **Feste**: Am 2. Juli wird die 'Festa della Madonna dell'Orto' in Chiavari u.a. mit einer Prozession und einem Feuerwerk gefeiert. Bei dem besonders prunkvollen Fest der 'Torta dei Fieschi' (14. August in Lavagna) wird ein gigantischer Kuchen von mehr als einer Tonne Gewicht in 14 000 Portionen an die Zuschauer verteilt. Beeindruckend sind auch die Umzüge in historischen Kostümen und das Abschlußfeuerwerk.

Sestri Levante

DIE ANGENEHME KLEINSTADT in schöner Lage auf einer Halbinsel ist für einen längeren Aufenthalt geeignet: Sie hat ein gutes Hotelangebot, breite Strände und bietet viele Ausflugsmöglichkeiten. Durch die zentrale Lage an der Riviera di Levante erreicht man die Gegend um Camogli und S. Margherita ebenso gut wie die Cinque Terre. Die unmittelbare Umgebung ist allerdings ziemlich verbaut. Aber in der hübschen Altstadt, der ruhigen *Isola* mit ihrem großen Park und an der malerischen *Baia del Silenzio* fühlt man sich wohl - außer im Hochsommer, wenn hier - jedenfalls für mein Empfinden - zuviel Trubel herrscht.

Die Hauptstraße des alten Ortes ist die *Via XXV Aprile*, mit vielen schönen, stilvollen Häusern, kunstvollen Portalen, gemalten Scheinfenstern. An ihrem Ende liegt links die *Baia del Silenzio*, eine kleine Bucht mit farbigen Häusern und schönem Sandstrand.

Über die *Piazza Matteotti* geradeaus weitergehend, gelangt man von der *Via XXV Aprile* zum kleinen Vorgebirge der *Isola* (bis ins 11. Jhdt. war dies tatsächlich eine Insel). Beim Anstieg linker Hand die romanische Kirche *S. Nicolò* (gewöhnlich verschlossen). Oberhalb der große Park um das *Grand Hotel dei Castelli*.

- **Strände:** Besonders schön der Sandstrand an der *Baia del Silenzio*. An der anderen Seite der Halbinsel breiter Sandstrand, schönes Panorama, aber die Stadt im Hintergrund bedrängt einen etwas.

- **Ausflüge:** die ganze Küste entlang. Sestri liegt ziemlich genau in der Mitte zwischen Genua und La Spezia. Alle Küstenorte sind in weniger als einer Bahnstunde erreichbar.

- **Wanderungen:** Von *Sestri* zur *Punta Manara* (wie *Sestri-Riva Trigoso,* vgl. S. 265, dann den Hinweisschildern folgen). *Riva Trigoso-Moneglia* (S. 266f), *Chiavari-Sestri* (S. 262ff). Außerdem sind auch die Wanderwege am Vorgebirge von Portofino und in den Cinque Terre gut erreichbar.

Gute Adressen

PLZ 16039

i   Piazza S.Antonio 10, Tel. 0185457011, Fax 0185459575

■ Unterkunft

- Eindeutig die erste Wahl ist das *Helvetia*°°°: schöne Zimmer, optimale ruhige Lage an der Baia del Silenzio, Garten, Dachterrasse (DZ ab 110 Euro). Via Cappuccini 43, Tel. 0185411 75, Fax 0185457216. www.rainbownet.it/helvetia

- Die besondere Empfehlung in der unteren Preisklasse: *Villa Jolanda*°. Das freundlich und professionell geführte Ein-Stern-Hotel liegt ruhig auf der Halbinsel, viele der einfach eingerichteten Zimmer haben einen Balkon. Kleiner Garten mit Pool. Für 2001 ist eine Renovierung geplant, dann werden die bislang sehr milden Preise wohl etwas steigen. Via Pozzetto 15, Tel. und Fax 0185413 54. waodtor@tin.it

- *Villa Balbi*°°°-°°°° ist eine stilvolle dreihundertjährige Villa in einem wunderschönen Garten. Die plüschige, freskengeschmückte Eingangshalle mit einem aufwendig verzierten Kamin weckt Erwartungen, die nicht durchgängig befriedigt werden. Die restaurierten Räume der modernen Nebengebäude sind in Ordnung, im Haupthaus finden sich aber noch uralte abblätternde Türen und Fenster und heruntergekommene Bäder - für ein Hotel dieser Kategorie nicht akzeptabel! Stark gestaffelte Preise: je nach Saison und Raum Doppel zwischen 100 und 250 Euro. Viale Rimembranza 1, Tel. 0185 42941, Fax 0185482459. www.villabalbi.it

- Aussichtsreich gelegen und relativ komfortabel ist das *Vis à Vis*°°°-°°°°. Das reichhaltige Frühstück im Panorama-Speisesaal verbreitet schon am Morgen gute Laune, das Abendessen begeistert weniger. Zu vermeiden: Die nicht renovierten, relativ kleinen und hellhörigen Zimmer im 3.Stock. Via della Chiusa 28, Tel. 0185 42661, Fax 0185480853. www.rainbownet.it/visavis

- Das zentral gelegene Zwei-Stern-Hotel *L'Approdo*° ist preisgünstig und angenehm - allerdings sehr kleine Zimmer; freundliche Wirte. Piazza Francesco Bo 17, Tel. 0185429 16.

- Auf sympathische Weise wird auch das *Marina*° geführt; es bietet einen blumengeschmückten Innenhof und eine Terrasse zum Ausruhen. Die Zimmer sind einfach, aber ordentlich. Via Fasce 100/108, Tel./Fax 0185 48 73 32.

- Ruhige Lage auf der Halbinsel, Garten: *Due Mari*°°. Service und Komfort nach Leserberichten unzuverlässig. Vico Coro 18, Tel. 42695, Fax 42698.

- **Camping**: In Sestri und im benachbarten Riva Trigoso gibt es mehrere Campingplätze. Empfehlenswert ist Camping *Tigullio*, Via Sara 111, Tel. 0185 45 72 57, Fax 0185 48 01 02, 3 km außerhalb in Richtung Casarza Ligure in schattiger Hanglage.

■ Essen

- Die *Cantina del Polpo*° bietet zu günstigen Preisen ein sehr ordentliches Essen. Das viergängige 'Menu degustazione' zeigt Stärken und Schwächen, aber es ist reichhaltig, abwechslungsreich und seinen Preis immer wert. Das Lokal eignet sich auch für den kleinen Imbiß, es gibt Salat, Käseteller, Wurstplatten usw. Besonders attraktiv: das vorzügliche, große Weinangebot (auch Außer-Haus-Verkauf). Piazza Cavour 2 (wenige Schritte von der Baia del Silenzio, Tel. 0185485296, kein RT.

- Solide Qualität bietet die freundliche Trattoria *La Mandrella*°°. Die einfallsreiche Speisekarte zeigt, daß die Wirtin nicht - wie viele andere Köche der Region - ewig die gleichen Rezepte wiederholt. Das neuerdings erkennbare Bemühen um immer raffiniertere Kreationen scheint mir allerdings nur

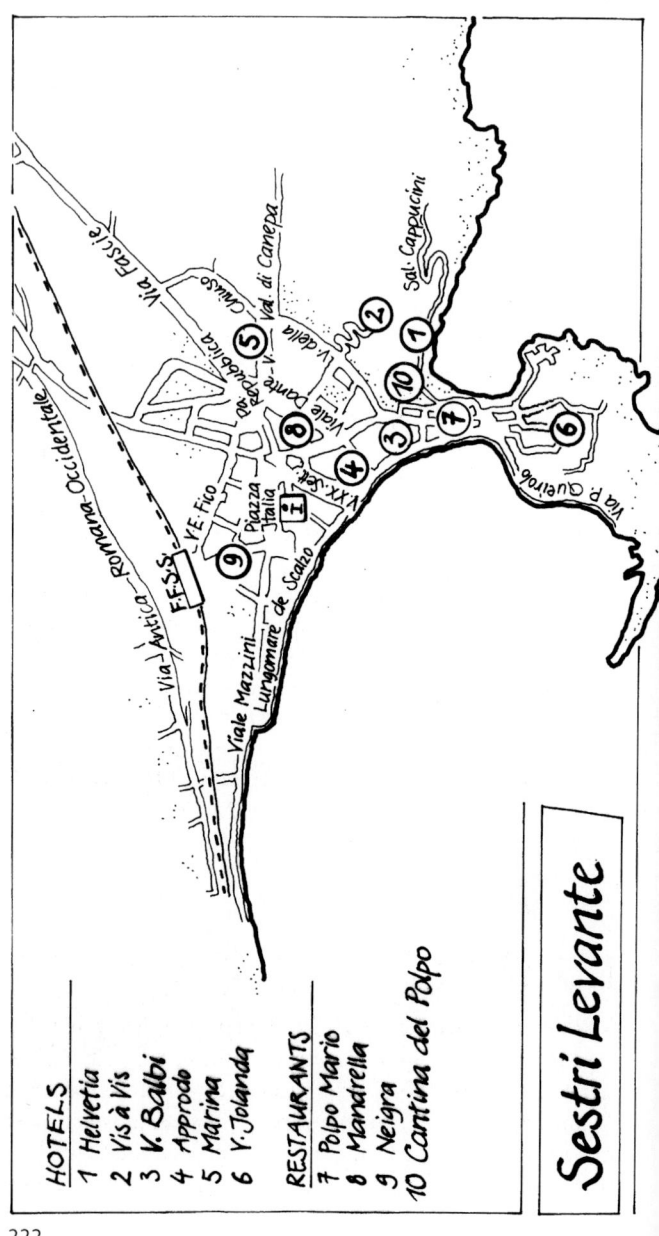

HOTELS
1 Helvetia
2 Vis à Vis
3 V. Balbi
4 Approdo
5 Marina
6 V. Jolanda

RESTAURANTS
7 Polpo Mario
8 Mandrella
9 Neigra
10 Cantina del Polpo

Sestri Levante

222

teilweise von Erfolg gekrönt und geht außerdem mit einem zügigen Preisanstieg einher. Trotzdem: Sicher die beste kulinarische Adresse in Sestri Levante. Viale Dante 37, Tel./Fax 018542716, Di RT.

- *Polpo Mario*°° wird von den meisten Gourmetführern großzügig gelobt, meine eigenen Erfahrungen waren eher zwiespältig. In dem weit gewölbten Raum, der einst als Pferdestall eines Bischofpalastes diente, sitzt man sehr gemütlich unter Bildern und alten Fotos. Doch man wundert sich, wenn man das im Eingang groß annoncierte Menu des Hauses auf der Speisekarte nicht wiederfindet und ausdrücklich danach fragen muß. So geht es weiter: Die Weinkarte mit vielen italienischen Spitzensorten ist hervorragend - doch um einen Weinkühler muß man extra bitten. Mißverständlich heißt es draußen: pane, coperto e servizio incluso 5000 Lire; am Ende ist nur der servizio eingeschlossen, Brot und Gedeck werden berechnet. Auch die Küche schwankt, manche Gerichte gelingen erstklassig, andere sind guter Durchschnitt, gelegentlich geht etwas völlig daneben. Via XXV Aprile 163 (zentral in der Fußgängerzone). Tel. 01854 80203. Montag RT.

- Preiswert, aber von der Essensqualität eher durchschnittlich ißt man in *La Neigra*° am Bahnhof. Mehrere Leser haben sich dort wohl gefühlt. Viale Roma 49, Tel. 018541756, Di RT.

- Pasticceria *Rossignotti:* Ein schönes altmodisches Süßwarengeschäft mit holzgeschnitzten Spiegeln und Vitrinen vom Beginn des Jahrhunderts. Via XXV Aprile 1.

- Erstklassiges Eis: Gelateria/Caffè *Centrale,* Corso Colombo 41. Und in der *Gelateria O Leccardún,* Via della Chiusa 2-4 (Ecke Via XXV Aprile).

Bella Italia

Wir legen ein romantisches Puzzle aus Originalteilen: Da ist zunächst einmal die serpentinenreiche, schmale Straße, dann das winzige Dorf im Hinterland, versteckt zwischen Weinbergen und Obsthainen, steil und aussichtsreich über der Küste. Schließlich die Trattoria im kleinen alten Zentrum, mit laubbeschatteter Terrasse und verglaster Speisekanzel, natürlich der Blick aufs Meer, abends Lichtermeer. Unterzubringen wären noch: die herzliche, engagierte Wirtsfamilie, die mächtigen, blanken Aluminiumtöpfe in einer Küche, die sich direkt zum Speisesaal öffnet, der von mutigem Dekorationswillen zeugt. Nun müssen noch eingefügt werden: die mündlich angesagte Speisenauswahl (Salate aus dem Garten, feine pasta, Kaninchen), der gute offene rote Landwein, der familiäre Service, die aus Sestri Levante heraufkommenden Stammgastfamilien mitsamt ihrer erwartungsvoll frohen Laune. Es fehlen noch: die frischen Zutaten, die deftige, aber sorgfältige Zubereitung, die einfachen, aber wahrhaft perfekten Saucen, üppige Desserts, milder Grappa, schwere Beine. Und nach allem eine freundlich moderate Rechnung. Ein Märchenbild?

- Die *Trattoria Carla*° in S. Bernardo (2 km nordwestlich Sestri Levante) erwartet Sie - außer montags. Ferien vom 15.10. bis 20.12. Tel. 0185 428 19.

Trattoria Carla, San Bernardo

Die 'Kleine Cinque Terre'
Zwischen Sestri Levante und Levanto

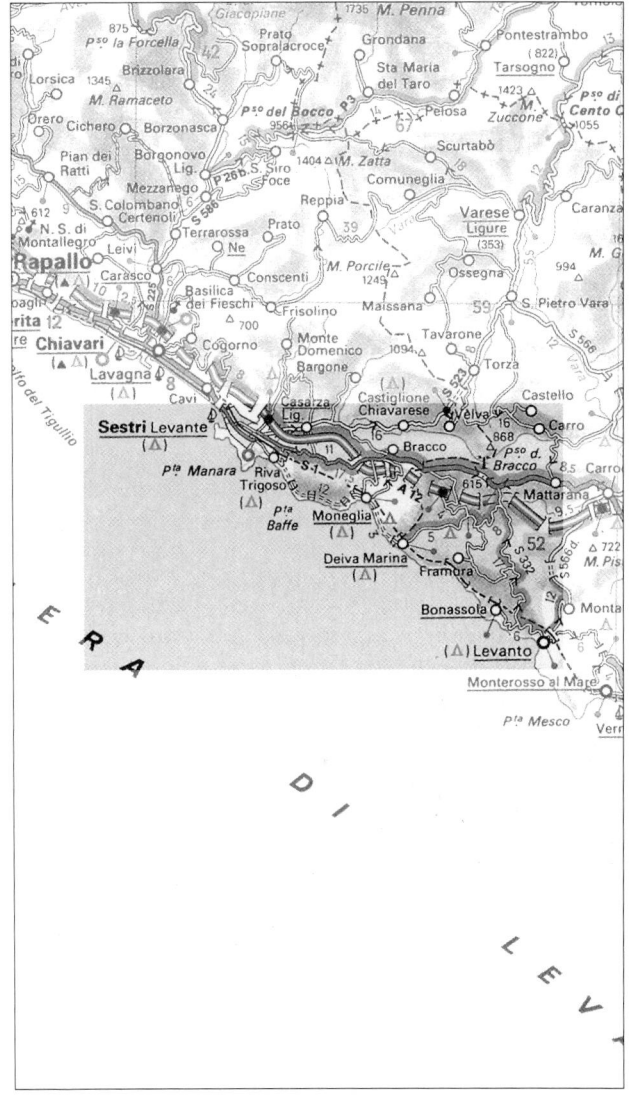

DIE KLEINE CINQUE TERRE: Zwischen Sestri Levante und Levanto erstreckt sich eine weitgehend einsame, guterhaltene Landschaft, die großenteils unter Naturschutz steht. In den steil zum Ufer abfallenden Vorgebirgen mit ihren Pinien- und Steineichenwäldern und den interessanten Felsformationen kündigt sich bereits das Landschaftsbild der Cinque Terre an. Nur auf Wanderungen kann man diese Gegend richtig wahrnehmen; denn Bahn und Straßen führen durch Tunnel und berühren die Küste nur in den Tälern, in denen Ortschaften liegen.

Von den fünf Küstenorten zwischen Sestri Levante und Levanto sind Riva Trigoso und vor allem das modern verbaute Deiva Marina von geringem Interesse.

Moneglia, Bonassola und *Levanto* haben dagegen hübsche Straßenzüge und echtes Mittelmeer-Leben; zudem gehören die Strände zu den schönsten der Küste. Ästhetisch sind die Cinque-Terre-Dörfer zwar sehr viel reizvoller. Doch für einen Badeaufenthalt in der Nebensaison oder auch als ruhige Standquartiere für Wanderungen sind die drei Ortschaften gut geeignet. Im Frühjahr und Herbst ist der Touristenandrang viel geringer als in den Cinque Terre; die Hotelpreise liegen im Schnitt niedriger.

Riva Trigoso ist trotz seines Strandes touristisch uninteressant: nur noch ein winziger älterer Ortskern und ein zersiedeltes Tal. Eine hochspezialisierte Werft, die Cantieri Navali Riuniti, stellt Militärschiffe her - mit 2000 Beschäftigten eines der größten Industrieunternehmen zwischen Genua und La Spezia.

Moneglia

MONEGLIA IST SCHON reizvoller: das Ortszentrum gut erhalten und ziemlich lebendig, der angenehme Strand wird durch eine Mole vor zu starkem Seegang geschützt. Das seichte Wasser in Ufernähe bleibt bis lange in den Herbst verlockend warm. Das Hotelangebot ist gut und preisgünstiger als in den Cinque Terre; kein Wunder, daß immer mehr Urlauber nicht nur zum Baden anreisen, sondern Moneglia auch als Standquartier für einen Wanderurlaub wählen.

Künstlerische Sehenswürdigkeiten des Ortes sind die barocke Rosenkranz-Madonna und die hübsche, etwas naive Statue des hl. Georg mit dem Drachen in der Kirche *S. Giorgio* (in Bahnhofsnähe).

Gute Adressen

PLZ 16030
i   Corso Longhi 32, Tel./Fax 0185 490576

■ Unterkunft

- *Villa Edera*°°. Die dynamische Chefin Orietta lenkt den Familienbetrieb schwungvoll und mindestens viersprachig. Die vielen Stammgäste haben gute Gründe zum Wiederkommen: die gute Küche, das für italienische Verhältnisse fast sensationelle Frühstücksbuffet, der solide Komfort in den Zimmern, der kleine Garten und der Pool. Eines der angenehmsten Hotels der Küste, allerdings nicht völlig ruhig, denn von der nahegelegenen Bahnlinie hört man Zuggeräusche. Doppel mit Frühstück um 90 Euro. Via Venino 12, Tel. 0185 492 91, Fax 0185 494 70,   www.villaedera.com
- *Leopold*°°. Neueres Haus in ausgezeichneter, ruhiger Lage am Steilhang über dem Meer. Die Einrichtung ist funktional und ordentlich; in fast allen Zimmern genießt man Meerblick und Meeresrauschen, die meisten Räume haben zudem eine kleine

Terrasse mit großzügigem Panorama. Weitere Pluspunkte sind das reichhaltige Frühstück und der kleine Pool direkt am Haus. Zufahrt direkt ab Tunnel Richtung Sestri Levante, La Secca 5. Tel. 0185 49 24 40, Fax 0185 49 99 67, www.hotelleopold.it

- *La Vigna*°°, 3 km oberhalb Moneglia im Bergdorf **San Saturnino;** herrliche Panoramalage in einer Straßenschleife umgeben von heiterer Wein- und Olivenlandschaft. Die quirlige Wirtin hat jahrelang in Deutschland gearbeitet und pflegt ein persönliches Verhältnis zu den Gästen, von denen auffällig viele immer wieder kommen. Ordentliche Zimmer, teils mit großartiger Sicht (die Zimmer im 3. Stock sind sehr begehrt!); nach hinten raus hört man ganz leichtes Rauschen von der Autobahn. Am Schwimmbad und auf der Bocciabahn kann man ganze Nachmittage vertrödeln. Eine beliebte, vor allem durch Mundpropaganda bekannte Adresse - Reservierung dringend empfohlen! Wegen der Lage abseits von Strand und Bahn vor allem für Autofahrer geeignet. Für ein Drei-Stern-Hotel extrem günstige Preise: DZ mit Frühstück 70 Euro, Einzel 40 Euro. Via Provinciale 72, Tel. 0185 48 27 30, Fax 0185 49 15 51. rik@rainbownet.it

- *Piccolo Hotel*°°, freundlich und engagiert geführtes, korrektes Drei-Stern-Haus. Manche Zimmer sind allerdings recht klein. Im Sommer stört vorn der Lärm von der Uferstraße, nehmen Sie eher die ruhigen Zimmer nach hinten! Corso Longhi 19, Tel. 0185 49 04 32, Fax 0185 40 12 92. laura@piccolohotel.it

- *Maria*°. Eine ordentliche Pension der unteren Preisklasse in Strandnähe. Corso Longhi 14, Tel./Fax 0185 49 33 5.

- *Villa Argentina*°. In hübschem statuengeschmückten Garten, sympathisch, einfache ordentliche Zimmer (ohne Bad), aber leider direkt an der Bahnlinie. Halbpension um 40 Euro. Via S. Lorenzo 2, Tel. 0185 49 22 8.

- **Drei Campingplätze:** *La Secca,* Tel./Fax 0185 49 44 1; *Rospo,* Tel. 0185 49 11 1; *Smeraldo,* Tel. 0185 49 375, Fax 0185 49 04 84. Der letztere liegt traumhaft über dem Meer, fein terrassiertes, halbschattiges Areal (etwas außerhalb des Ortes Richtung Riva Trigoso). Allerdings nur mit Auto erreichbar und relativ teuer. Zufahrt zu allen drei Plätzen über eine einspurige Straße, deren Verkehr durch Ampeln geregelt wird. Wegen der langen Wartezeiten (bis zu 20 min!) als Standorte für einen längeren Aufenthalt nicht optimal.

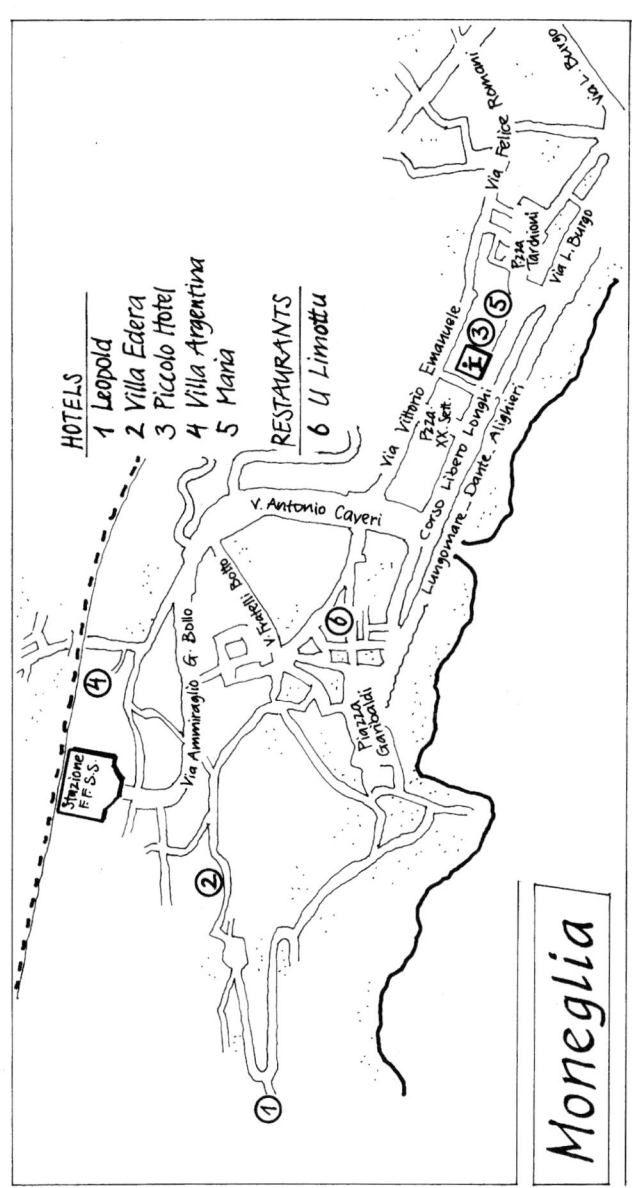

HOTELS
1 Leopold
2 Villa Edera
3 Piccolo Hotel
4 Villa Argentina
5 Maria

RESTAURANTS
6 U Limottu

Moneglia

Stazione F.F. S.S.

v. Antonio Caveri

Via Fratelli G. Bollo

Via Ammiraglio G. Bollo

Piazza Garibaldi

Via Vittorio Emanuele

Pizza XX. Sett.

Corso Liberto Lovagi

Lungomare - Dante Alighieri

Via Felice Romani

Via i. Burgo

P.zza Tardinoni

Vol. Burgo

■ Essen

- Das interessanteste Lokal in Moneglia ist *Da U Limottu*°°. Licht und Schatten wechseln sich allerdings ab. Erstmal das Positive: der einladende Eingangsraum mit Balkendecke, Kamin und appetitlichem Antipasti-Buffet, der gemütliche angrenzende Speisesaal, wo man unter einem Backsteingewölbe vor weißgekalkten Wänden sitzt, die reiche Auswahl traditioneller ligurischer Gerichte, die gemäßigten Preise für riesige Portionen, der zuvorkommende Service. Leider ist die Küche nicht immer auf der Höhe der Erwartungen, die das freundliche Ambiente weckt. Mein Meeresfrüchte-Antipasto war versalzen, im Gemüsegericht 'Cappun Magro' (ein Klassiker der genuesischen Küche, den man in Restaurants nur selten findet) schmeckte der Essig zu stark durch, die Tintenfisch-Tagliolini und die Fischravioli waren gut, aber nicht überwältigend. Der gute Wille ist da, vielleicht kommt irgendwann noch mehr Küchenhandwerk dazu? Schön wär's. Trotz der kleinen Mängel ist Da U Limottu aber erheblich angenehmer als die durchschnittlichen Rivieralokale mit ihrer 08/15-Küche. Piazza Marengo 13, Tel. 0185 49877, Dienstag RT.

Deiva Marina

ÜBER DEIVA MARINA lese ich in einem italienischen Führer aus dem Jahre 1971: „ein sanfter, ruhiger Winkel Liguriens" und in einem deutschen Buch von 1967: „Ein kleines, liebliches Dorf... Der Ort hat nur ein Hotel und mehrere Pensionen. Wer den lauten Trubel nicht liebt, dem mag Deiva Marina zusagen." Wie die Zeit vergeht: Das „liebliche Dorf" steht zwar, ein paar hundert Meter landeinwärts, noch da (es ist wirklich hübsch); aber zwischen Bahnlinie und Küste ist mittlerweile eine kühle Neustadt mit unsäglichen Appartementhäusern entstanden. In Deiva gibt 's allein 1200 Zweitwohnungen (die natürlich den größten Teil des Jahres über leerstehen). Da kann auch die in diesem Tal besonders üppige und interessante Vegetation (talaufwärts sogar ein Korkeichenwäldchen - eine Seltenheit in dieser Gegend) nicht trösten.

- Hotels nenne ich nicht etwa, damit man sich hier niederlasse, sondern nur für die Wanderer, die auf der Strecke Genua-Portovenere Station machen wollen (einen Abend läßt sich's ertragen...): *Clelia*°° (Tel. 0187815827, Fax 0187816234); *La Marina*°-°° (Tel. 0187815868, Fax 0187815091); *Eden*° (Tel. 0187815824, Fax 0187815825).

Framura

SCHÖN DAGEGEN ist Framura, das nicht direkt an der Küste liegt. Seine Ortsteile *Costa*, *Setta* und *Anzo* sind drei getrennte Dörfer, das erste rund dreihundert, das letzte knapp hundert Meter über dem Meer. Hier stimmt's noch fast, das 'vom Tourismus unberührt' - keine besonderen Sehenswürdigkeiten, aber ziemlich intakte Ortschaften und schöne, noch im Herbst angenehm grüne, waldreiche Landschaft. In Costa ein Wachtturm, dessen Grundmauern über tausend Jahre alt sind (neben der Kirche) und eine Pfarrkirche mit einem merkwürdigen Stilgemisch aus romanischen und barocken Elementen.

■ Unterkunft

PLZ 19014

- Oben im Ortsteil **Costa** eine solide geführte und preiswerte Pension: *Silvia*°. Der kleine fernsehbegeisterte Café/Barbetrieb sorgt für die lässige Atmo drinnen, an den vier, fünf Tischen draußen lassen sich ganze Nachmittage vertrödeln. Die Küche schwankt zwischen gut und schlecht - je nachdem, wer kocht und für wie viele Gäste… Leider wird in dem etwas zu nüchternen und allzu gut ausgeleuchteten Untergeschoß serviert. Schöne Gartenwirtschaft. Einfache Zimmer. Nachteil: Die Kirchenglocke von nebenan macht nachts keine Pause! Tel. 0187810021.

- Ebenfalls in **Costa**: Pensione *Meri*°. Die Zimmer - mit Blick auf den Kiefernwald - sind eindeutig besser ausgestattet als im Silvia nebenan. Den begeisterten Bericht eines Lesers über das „fantastische Frühstück auf der Terrasse" und die abwechslungsreiche Küche konnte ich allerdings nicht ganz nachvollziehen - vielleicht saisonabhängig? Restaurant-RT Mittwoch, Tel. 0187823019.

- Meerblick und absolut die schönste Lage von allen dreien hat das *Augusta*°-°° etwas weiter unten, in **Anzo**. Der herrliche, aussichtsreiche Speisesaal ruft Kindheitserinnerungen an die ersten Italienurlaube wach - nur das Essen dämpft die Euphorie bisweilen; die Gastgeber sind aber ausgesprochen nett und bemüht. (Einzelne Leser haben mittlerweile auch von positiven kulinarischen Erfahrungen berichtet.) Tel. 0187823026. In allen drei Häusern zumindest während der Hauptsaison Halbpensionspflicht.

- **Camping**: *Il Nido del Gabbiano*, rund 2 km westlich Setta. Die Lage über der Bucht ist unübertrefflich, der Boden steinig. Für Campingmobile nicht geeignet (Tel. 0187810155).

Bonassola

BONASSOLA ist ein ruhiger, außerhalb der Saison leicht
schläfrig-verträumt wirkender Badeort. Das Hotelangebot
ist kleiner als in Moneglia oder Levanto; nennenswerter Betrieb herrscht nur im Hochsommer. Als Standquartier ist
Bonassola durchaus angenehm, wenn man keine starken
Außenreize sucht. Man kann sich ja immer noch in der breiten Badebucht mit ihrem guten Kiesstrand vergnügen...

■ Unterkunft

PLZ 19011

- Ein angenehmes gutbürgerliches Haus ist das Drei-Stern-Hotel *Delle Rose*°°. Der frühere italienische Fußballnationalspie-
ler, der das Haus gründete - und von dem ich Wesentliches
über Taktik und Technik zu den Zeiten Peles erfuhr - hat sich
inzwischen zurückgezogen; seine Söhne führen das Haus jedoch solide weiter. Via Garibaldi 8, Tel. 0187813713, Fax
0187814286, lerose@spitline.it

- Schön über dem Ort liegt die *Villa Belvedere*°°. Den herrlichen
Panoramablick genießt man besonders aus den etwas teureren
Zimmern mit Balkon. Aber das Haus hat noch andere Trümp-
fe: Der Service ist persönlich und freundlich, im Garten sitzt
man wunderbar unter Ölbäumen, Palmen, Feigen und Zitronen. Wer mit Halbpension bucht, kann im Restaurant L'Arcidiacono (gleiche Leitung) zu einem günstigen Pauschalpreis
ausgezeichnet essen (s.unten), und auf der Frühstücksterrasse
zwischen Oleander und Hortensien werden Ferienträume
vom Süden Wirklichkeit...
Via Serra 33, Tel./Fax 0187813622, vrichie@tin.it

- Das *Feluca* in schöner Lage am Strand, bisher eine solide Ein-
Stern-Familienpension, wird derzeit aufwendig renoviert, vermutlich wird ein angenehmes Komfort-Hotel daraus.

■ Essen

- Angenehm sitzt und ißt man in der Osteria *L'Arcidiacono*°°.
Die gepflegte Kneipe im Ortszentrum ist liebevoll eingerichtet: Ocker- und Rotbrauntöne an den Wänden, schlichte

Holztische und Parkettboden, unter der Decke ein Kanu, an den Wänden einige moderne Kunst. Die Küche hat ebenso wie die freundlichen Wirte einen leichten neapolitanischen Akzent: Neben ligurischen Gerichten kommen süditalienische Spezialitäten auf den Tisch, z.B. die gnocchi alla sorrentina (mit Mozzarella und Basilikum) oder der Kuchen pastiera. Via Daneri 18, Tel. 0187 81 43 83, Montag RT, nur April bis September geöffnet. Außerdem werden 6 Zimmer vermietet.

- Aus dem Speisesaal von *La Guetta*°°-°°° blickt man direkt aufs Meer, dazu paßt die Küche: Es gibt fast ausschließlich Fischgerichte. Die Qualität ist durchgehend gut, vor allem bei der Pasta zeigt sich der Koch kreativ, z.B. bei 'trofie' mit Jakobsmuscheln und Garnelen oder Tintenfisch-Tortelloni in einer Krebs-Sauce. Reichhaltige Portionen. Via Marconi 1, Tel. 0187 81 37 97. Donnerstag RT, Oktober bis März geschlossen.

Levanto

DAS STÄDTCHEN IST recht lebendig, im Zentrum drängen sich allerdings immer wieder Neubauten zwischen die historischen Gemäuer, so daß der ästhetische Eindruck nicht voll überzeugt. Der größte Ort zwischen Sestri Levante und La Spezia (6500 Einwohner) ist mit allen wesentlichen Reizen italienischer Kleinstädte ausgestattet: angenehmen Restaurants, guten Eisdielen, ansprechenden Geschäften. Dazu kommen der breite Sandstrand und die landschaftlich reizvolle Umgebung: Im Tal von Levanto stehen besonders gut erhaltene alte Bergdörfer.

Die *Piazza Cavour* im Zentrum war einst der Innenhof eines Nonnenklosters. Das ehemalige Klostergebäude dient heute als Rathaus. Der mittelalterliche Ortskern befand sich weiter östlich auf einem kleinen Hügel, der heute von der Via Guani und der Salita S. Giacomo überquert wird. Hier findet man noch immer jahrhundertealte Bauten. Die Salita S. Giacomo endet an der Piazza del Popolo, wo die *Loggia del Comune* aus dem 13. Jhdt. erhalten blieb. Am östlichen Ortsrand steht die gotische Kirche *S. Andrea*. Die schöne Fassade ist weiß-grün gemustert und weist ein Rosenfenster auf; auch der Innenraum lohnt den Besuch. Hinter der Kirche erheben sich die über 700 Jahre alten Stadtmauern; oberhalb sieht man die Reste eines Kastells aus dem 12. Jhdt.

Gute Adressen

PLZ 19015
i   Piazza Cavour 2, Tel./Fax 0187808125

■ Unterkunft

- Das *Stella Maris*°°° bietet in einem Palazzo des 19. Jahrhunderts freskengeschmückte Zimmer, holzgeschnitzte barockige Betten und einen stilvollen Speisesaal; die Preise liegen allerdings für ein Zwei-Stern-Hotel sehr hoch. Neuerdings sind die Nostalgie-Räume meist langfristig von US-Touristen ausgebucht.

Seit ein Reisejournalist sich an der Atmosphäre berauschte und seine Begeisterung im 'San Francisco Examiner' kundtat, gehört das Stella Maris zu den Standardtips der amerikanischen Ligurien-Reportagen von 'Motorland' bis 'New York Times'. Freskenfrei und daher leichter zu reservieren sind die Zimmer der Dépendence. Nur mit Halbpension (75 Euro, in der Dépendance 65 Euro).
Via Marconi 4, Tel. 0187 80 82 58, Fax 0187 80 73 51.

- Das *Gentile°* hat einen vielversprechenden Eingangshof voller Blumen mit einem kleinen Brunnen und einer Poseidon-Skulptur. Drinnen wird man nicht enttäuscht: Auf den Fluren entfaltet sich eine Orgie von Plastikblumen in allen Farben, und auch sonst ist das kleine Hotel kühn dekoriert. Die Zimmer (alle ohne eigenes Bad) sind mit angenehm altmodischen Möbeln und guten Matratzen ausgestattet. Zimmer Nummer 3 hat einen hübschen kleinen Balkon; vermeiden sollte man Zimmer 8, das direkt auf die Straße geht. Milde Preise (Doppel um 33 Euro, im Juli /August muß man allerdings fürs Duschen extra bezahlen). Via Jacopo da Levanto 27, Tel. 0187 80 85 51.

- Weniger pittoresk, aber ebenfalls preisgünstig ist *La Loggia°*, Piazza del Popolo, Tel. 0187 80 81 07.

- Korrekte Drei-Stern-Hotels ohne spezifische Reize sind das *Dora°°* (vergleichsweise preisgünstig, aber einige Zimmer sind sehr klein - besser vorher anschauen; Via Martiri della Libertà 27, Tel. 0187 80 81 68, Fax 0187 80 80 07), das *Stella d'Italia°°* (Corso Italia 26, Tel. 0187 80 81 09, Fax 0187 80 90 44) und das *Nazionale°°°* (Via Jacopo da Levanto 20, Tel. 0187 80 81 02, Fax 0187 80 09 01, www.nazionale.it).

- Seit 2000 gibt es in Levanto eine neue **Jugendherberge**. Sie wurde in einem früheren Kloster eingerichtet. Das Ambiente in dem historischen Gebäude direkt an der alten Stadtmauer wirkt angenehm, aber die Preise (je nach Saison, Zimmer und Aufenthaltsdauer 18 bis 25 Euro für Übernachtung und Frühstück) sind für die Unterbringung in Mehrbettzimmern (4-9 Plätze) recht hoch. *Ostello Ospitalia del Mare*, Via San Nicolò (beim Campingplatz Acquadolce), Tel. 0187 802 562, Fax 0187 803 696, ospitalia@libero.it. Kein JH-Ausweis erforderlich, keine Altersbegrenzung.

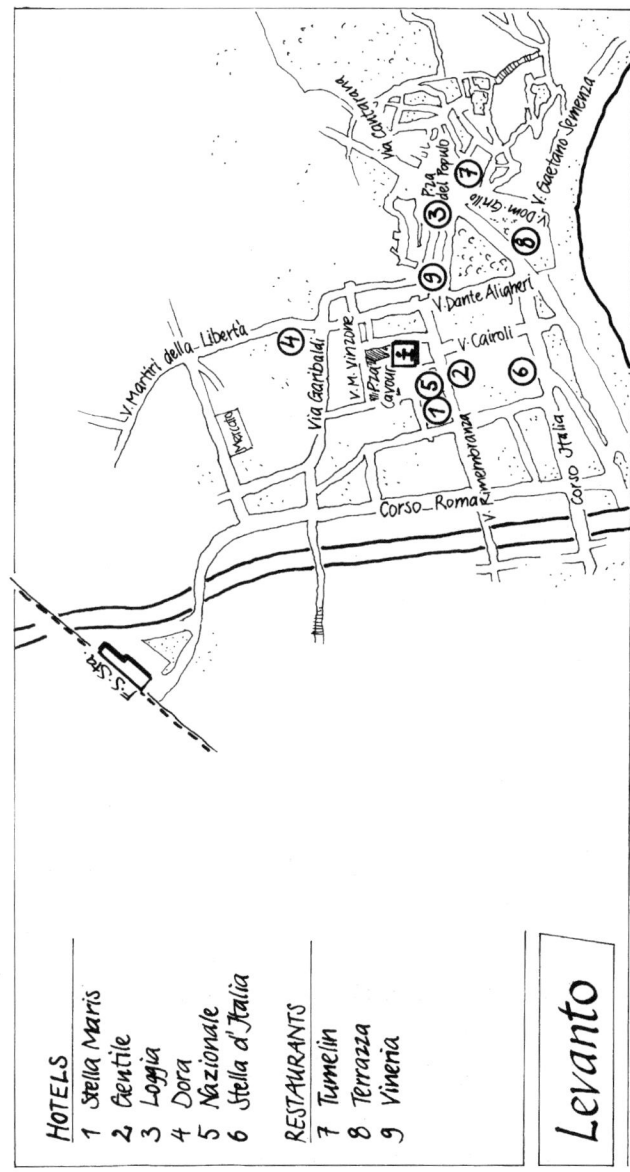

HOTELS

1 Stella Maris
2 Gentile
3 Loggia
4 Dora
5 Nazionale
6 Stella d'Italia

RESTAURANTS

7 Tumelin
8 Terrazza
9 Vinenia

Levanto

237

Mit seinen fünf **Zeltplätzen** ist Levanto der geeignete Standort für Camper. Die Cinque Terre sind nur 5 Bahnminuten entfernt.

- Am komfortabelsten und günstigsten gelegen ist der Campingplatz *Acquadolce* in Meer- und Zentrumsnähe. Auf dem schattigen Terrassengelände unter Ölbäumen kann es in der Saison allerdings eng werden. Das gilt aber auch für die anderen Plätze (mit einer Ausnahme, siehe unten) Via Guido Semenza 5, Tel. 0187808465, Fax 0187807365, acquadolce@tin.it Geöffnet vom 1.3. bis 15.11.

- Weiträumiger angelegt und relativ preisgünstig ist der Platz *San Michele* in einem kleinen Waldstück an der Straße nach Monterosso (3 km von Levanto). Die sanitären Anlagen sind sehr einfach, dafür genießt man Natur pur am Hang über dem Ort. Tel. 0187800449, geöffnet April bis September.

- Die drei anderen Plätze sind ohne besondere Reize. Sie liegen etwa 1 km vom Zentrum entfernt am Ortsrand in Rg. Monterosso: *Pian di Picche* (Tel./Fax 0187800597), *Cinque Terre* (Tel./Fax 0187801252), *Albergo d'Oro* (unschön, kaum Schatten, Tel. 0187800400).

■ Essen

- Das 2000 neu eröffnete Fischrestaurant *L'Oasi*°°-°°° im Ortszentrum ist uneingeschränkt empfehlenswert. Meeresfrüchte und Fisch sind ganz frisch und von vorzüglicher Qualität - kein Vergleich mit der zweit- und drittklassigen Ware, die man den meisten Riviera-Lokalen vorgesetzt bekommt! Das Antipasto di mare, die Nudeln mit Scampi oder Muschelsauce, der gebackene oder in der Salzkruste gegarte Fisch, alles ist ein Genuß. Für die kulinarische Sorgfalt der Besitzer spricht auch der gute Vino della casa. Die Preise halten sich im Rahmen; man zahlt nur wenig mehr als bei der Konkurrenz mit den Tiefkühlprodukten. Piazza Cavour, Tel. 0187 800 856, Mittwoch RT.

- Auch die *Osteria Tumelin*°°-°°° ist für Fischspezialitäten bekannt. Manches gelingt dem Koch ausgezeichnet, aber das Niveau der Zubereitung schwankt. Nach dem 'Oasi' nur die zweite Wahl. Via Domenico Grillo 32, Tel. 0187808379, Donnerstag RT.

- Das *Antico Caffè Roma*° bietet eine ordentliche regionale Küche zu günstigen Preisen und ist zu Recht bei den Einheimischen beliebt. Bei schönem Wetter kann man im Freien essen, innen sitzt man ein wenig eng. Piazza Staglieno 10, Tel. 0187 808 514, Dienstag RT.

- Die beste Pizza gibt's in der *Nuova Pizzeria Bruna°*, Piazza Staglieno 42, Tel. 0187807796, nur abends geöffnet, Donnerstag RT.

- Eine ausgezeichnete Weinstube ist *La Vineria*. Auf der endlosen Weinkarte steht fast alles, was im italienischen Weinbau Rang und Namen hat; einige vorzügliche Weine werden auch glasweise ausgeschenkt. Für den kleinen Hunger gibt's gute belegte Brote. Piazza Staglieno 28, Tel. 0187807239, von 18 bis 2 Uhr geöffnet, Donnerstag RT.

Fest: Bei der *Festa di San Giacomo* am 25. Juli wird das Meer mit Hunderten von kleinen Flammen beleuchtet, es gibt Umzüge in historischen Kostümen. Fahnenschwinger treten auf und in einer berühmten Prozession tragen Büßer die schweren Holzfiguren der 'Cristi'. Zum Abschluß findet ein großes Feuerwerk statt.

Portovenere

PORTOVENERE IST nochmals ein Höhepunkt unter den Riviera-Orten, an architektonischem Eigencharakter, Farbigkeit, Geschlossenheit den Cinque-Terre-Dörfern, Portofino und Camogli gleichwertig, historisch noch bedeutsamer. Über einer dem Meer zugewandten Front schmaler, mehrstöckiger Häuser steigt der mittelalterliche Ort hangaufwärts; er wird von einer großen Burg überragt.

An der äußersten Spitze der Halbinsel, auf der Portovenere liegt, hockt das Kirchlein S. Pietro auf einem Felsklotz im Meer; von hier aus blickt man nach Norden auf einen dramatischen Küstenabschnitt mit steilen Felsabstürzen. Portovenere hatte durch seine Lage am Zugang zum Golf von La Spezia im Mittelalter große strategische Bedeutung. Die Republik Genua baute den kleinen Ort um 1160 nach genauen Plänen zu einer militärisch befestigten Siedlung aus, um sich einen soliden Stützpunkt in den dauernden Kämpfen mit dem konkurrierenden Pisa zu schaffen. Die Rolle des Festungsortes spielte Portovenere dann für dreihundert Jahre. An der Stadtmauer, der Burg, der Anlage der Straßen (alle Zugänge vom Meer konnten im Kriegsfall leicht versperrt werden) wird diese geschichtliche Funktion noch immer anschaulich.

Besonders eindrucksvoll sind die dem Hafen zugewandten vielfarbigen Häuserfassaden. (Die mehrstöckigen, sehr schmalen Gebäude haben übrigens eine erstaunliche Tiefe mit drei bis vier aufeinanderfolgenden Räumen.) Parallel zum Hafenkai verläuft im Ortsinnern die düstere *Via Capellini*, Hauptstraße des mittelalterlichen Portovenere; man betritt sie durch ein Stadttor des 12. Jhdts. Zahlreiche interessante, fein geschmückte alte Häuser. Am entgegengesetzten Ortsende die schöne Kirche *S. Pietro* in großartiger Lage, an drei Seiten vom Wasser umgeben. (Auf dem Weg zu ihr passiert man - rechter Hand - ein Treppe, die zur *Grotte Byrons* führt; der englische Dichter hielt sich häufig in Portovenere auf.) Der rechte Teil der Kirche stammt noch aus dem 6. Jhdt.; dieser erste Bau wurde im 13. Jhdt. zur Vorhalle einer neuen, größeren Kirche gemacht. Unter der Kirche sind Reste eines antiken Tempels ans Licht gekommen; vielleicht handelt es sich dabei um ein Heiligtum der Venus, nach der Portovenere (Venushafen) seinen Namen hat. Einen schönen, konzentrierten Innenraum hat auch die romanische Kirche *S. Lorenzo* im oberen Teil des Ortes. In der Fassade des um 1130 errichteten Baus ein merkwürdiges Relief des Märtyrers Laurentius (der auf einem Rost gebraten wurde). - Die heutige *Burg* stammt aus dem 16. und 17. Jhdt.; die mittelalterlichen Befestigungsanlagen waren 1453 zum größten Teil zerstört worden.

Der Überlieferung nach war in Portovenere die Liebesgöttin Venus aus dem Meer aufgetaucht (so wie es Botticelli auf dem berühmten Bild der Florentiner Uffizien gemalt hat). Der Ort war schon zu Zeiten der alten Römer besiedelt. Im 6. und 7. Jhdt. ließen sich Benediktinermönche auf den Portovenere vorgelagerten Inseln nieder; aus dieser Zeit stammt auch die erste *S. Pietro-Kirche*. Der Ort ist ein klares Beispiel für die landschaftlich eindrucksvollen Plätze, an denen sich antike Kulte entwickelten und die dann von frühchristlichen Mönchen besetzt wurden, bei denen - so vermute ich - vorchristliche naturreligiöse Empfindungen noch nachwirkten.

Probleme von heute: Der alte Ort stirbt. Mittlerweile wird nur noch ein Drittel der Wohnungen im mittelalterlichen Zentrum ständig bewohnt, der Rest dient als Ferienwohnungen. Zugleich herrscht - verständlicherweise - großer Wohnungsmangel, die Einheimischen wissen nicht, wo sie unterkommen sollen. Auch der Tourismus bringt Portovenere relativ wenig Vorteile. „Wir hassen die Cinque Terre", sagte mir ein Bewohner. Warum? Fast jeder Cinque-Terre-Urlauber macht (übrigens zu Recht) seinen Portovenere-Ausflug, häufig ist das Städtchen gequetscht voll, aber am Spätnachmittag rauschen die Touristen wieder ab, in Portovenere blieb allenfalls das Geld für einen Kaffee und ein Eis - und Monterosso sahnt die Großausgaben ab...

- **Strände:** Vom Hafen aus kann man sich zu einsamen, nur vom Meer aus zugänglichen Stränden an der Küste in Richtung Riomaggiore fahren lassen. Besonders sauberes Wasser. - Regelmäßige Schiffsverbindung (10 min Fahrt) zur gegenüberliegenden Insel Palmaria; an deren Ostseite kleine Badebuchten, zumeist mit Kiesstrand.

- **Feste:** Am 17. August das Fest der *Madonna Bianca* - Prozession und nächtliche Fackelbeleuchtung des ganzen Ortes. Am Sonntag nach dem 13. September Fest des hl. Venerio, Prozession zur schönen Insel *Tino,* die nur an diesem Tag öffentlich zugänglich ist (sonst Militärsperrgebiet). In der ersten Septemberwoche die 'Woche des *Teatro Comico*', z.T. mit bekannten Schauspielern.

- **Ankommen in Portovenere:** Am schönsten mit Schiff von Monterosso oder zu Fuß von Riomaggiore. Von La Spezia aus: Bus ab Via Garibaldi, zehn Minuten vom Bahnhof entfernt, Linie P. Fahrkarten im Tabakgeschäft oder Zeitungskiosk kaufen. Busse von und nach La Spezia fahren alle 20 min.

Gute Adressen

PLZ 19025

i Piazza Bastreri, in der Stadtmauer, Tel. 0187790691, Fax 01877902 15.

■ Unterkunft

- Komfortabel das Vier-Stern-Hotel *Grand Hotel Portovenere*°°°-°°°° in einem ehemaligen Klostergebäude mit fantastischem Ausblick auf Hafen und Ort. Via Garibaldi 5, Tel. 0187792610, Fax 0187790661, www.village.it/ghp/

- Passabel ist das *Genio*°°, im alten Ort, umgeben von Stadtmauer und Türmen, Terrasse mit Blick über die Straße aufs Meer. Nur 7 Zimmer, daher Voranmeldung unerläßlich. Witzig fand ich die Mini-Spielhölle, die der Besitzer in einem mittelalterlichen Turm eingerichtet hat: 7 Automaten, ein Tischfußball und eine Music-Box. Piazza Bastreri 8, Tel./Fax 0187790611.

■ Essen

- Die *Osteria del Carugio*° ist eine nette Weinstube alten Stils, sehr gemütlich für eine kleine Mahlzeit, obwohl man auf den Holzbänken etwas unbequem sitzt. Würste hängen malerisch von der Decke, auf den Regalen stehen Grappe und Weinflaschen, an den Wänden hängen Schiffsbilder und die Dankschreiben zufriedener Gäste, darunter immerhin des Erzbischofs von Pisa. Die kurze Speisekarte wird mündlich angesagt, es gibt gute regionale Gerichte: die Getreide-Kichererbsen-Suppe 'mesciüa', gefüllte Muscheln, Tintenfisch, eingelegte Sardellen. Via Capellini 66, Tel. 0187790617, Donnerstag RT.

La Spezia

La Spezia ist das häßliche Entlein der Riviera di Levante. Allerdings erweckt der Begriff 'Entlein' einen falschen Eindruck: Die Industrie- und Hafenstadt, das zweite Zentrum Liguriens nach Genua, hat immerhin 100 000 Einwohner. Idylle sucht man hier vergebens. Nüchterne Zweckbauten bestimmen das Stadtbild; vom mittelalterlichen Kern ist - im Unterschied zu den meisten anderen italienischen Orten - kaum etwas geblieben. Bis ins 19. Jahrhundert war La Spezia fast bedeutungslos. Das änderte sich, als Napoleon die strategisch optimale Position des Hafens erkannte. Ab 1808 wurde La Spezia - zunächst unter der französischen Besatzung, später von den Italienern - zum Militärhafen ausgebaut. Im Golf von La Spezia bildete sich ein militärisch-industrieller Komplex von Werften und Waffenfabriken, Produktionsstätten für Unterwasserkabel und Metallverarbeitung, Textilmanufakturen und mechanische Werkstätten. Bis heute ist La Spezia eine Soldaten- und Arbeiterstadt geblieben - kein Ort für die Verwirklichung touristischer Italien-Träume.

Trotzdem lohnt es, einmal hineinzuschauen. Nach den Traumlandschaften der Küste läßt sich hier ein wenig städtische Alltagsrealität schnuppern. Die hat übrigens durchaus ihren Reiz. Der große Lebensmittelmarkt an der Piazza Cavour (vormittags bis 13 Uhr, außer sonntags) beispielsweise ist ein Paradies für Selbstversorger mit großem Angebot an frischem Fisch, Käse, Obst, Gemüse, in der Saison Steinpilzen. Zum Einkaufen ist La Spezia ohnehin günstig; die Stadt ohne jeden Hauch von Schickeria bietet generell günstige Preise.

■ Seit dem Dezember 1996 zeigt La Spezia - bis dahin abseits aller Besichtigungsrouten - auch für Kunstliebhaber eine Attraktion ersten Ranges: das **Museo Amedeo Lia** in der zentralen Via del Prione 234 (geöffnet täglich außer montags von 10 bis 18 Uhr). Die Story seiner Entstehung wirkt geradezu kitschig: Der Industrielle Amedeo Lia sammelte ein halbes Jahrhundert lang Kunstwerke und brachte im Lauf der Zeit etwa 200 Gemälde und fast 1000 weitere wertvolle Objekte zusammen. Mit 83 Jahren beschließt er, seine Kollektion (geschätzter Wert: rund 100 Millionen DM) der Stadt zu schenken. Einzige Bedingung: Binnen eines Jahres muß ein Museumsgebäude bereitstehen. Als der Bürgermeister von La Spezia die Sammlung - von der außer wenigen Eingeweihten niemand etwas wußte - zu Gesicht bekam, wurde er nach eigenem Bekunden "fast ohnmächtig". Unter den Gemälden sind bedeutende toskanische Bilder des 14. und 15. Jhdts., venezianische Meisterwerke wie Giovanni Bellinis *Geburt Christi,* Tizians *Bildnis eines Edelmanns,* Tintorettos *Kreuzabnahme,* Sebastiano del Piombos *Geburt des Adonis,* außerdem ein von manchen Kunsthistorikern Raffael zugeschriebener *Hl. Martin und der Bettler.* Daneben zeigt das Museum unter anderem wertvolle mittelalterliche Elfenbeinarbeiten und Handschriften, liturgisches Gerät, Marmorskulpturen, venezianische Gläser, zahlreiche Renaissance- und Barockbronzen.

Um die Bedingung des Stifters zu erfüllen, ließ die Stadtverwaltung im Eilverfahren ein ehemaliges Franziskanerkloster renovieren. Lia wußte, was er tat: Hätte er keinen Druck ausgeübt, so wären wie anderswo in Italien vermutlich Jahre oder Jahrzehnte vergangen, bis das Museum seine Tore geöffnet hätte. Der alte Industrielle aber wollte es noch zu Lebzeiten sehen: "Das ist kein Geschenk für die Stadt. Es ist ein Geschenk an mich selbst", behauptet er. La Spezia ist nicht New York, Madrid oder Venedig, Amedeo Lia nicht Paul Getty, Baron von Thyssen oder Peggy Guggenheim; aber wie die großen Vorbilder hat er sich als Kunstmäzen unsterblich gemacht.

■ Außer dem Museo Lia lohnt auch das **Museo Archeologico** in der Burg San Giorgio einen Besuch. Es besitzt eine Sammlung der sogenannten 'Lunigiana-Stelen' - ungewöhnlicher Steinfiguren aus der Bronze- und Eisenzeit - sowie römische Skulpturen und Mosaiken (Via XXVII

Marzo, 1. April-15. Okt. 9.30-12.30 und 17-20 Uhr, 16. Okt.-
31. März 9.30-12.30 und 14-17 Uhr, dienstags geschlossen).

Gute Adressen

PLZ 19100

i   Viale G. Mazzini 45, Tel. 0187 77 09 00, Fax 0187 77 09 08

■ Unterkunft

- Das gepflegte *Firenze*°°° hat geräumige, ansprechend eingerichtete Zimmer, Doppel um 120 Euro mit reichhaltigem Frühstücksbuffet. Via Paleocapa 7 (am Bahnhof), Tel. 0187 71 32 00,
Fax 0187 71 49 30, www.iol.it/hotelfirenze

- Etwas preisgünstiger ist das professionell und freundlich geführte *Genova*°° im Stadtzentrum. Via Fratelli Rosselli 84, Tel.
0187 73 29 72, Fax 0187 73 29 23, hgenova@col.it

- Im einfacheren, aber angenehmen *Corallo*°° sollte man die lauten Zimmer zur Straße unbedingt vermeiden. Via Crispi 32,
Tel./Fax 0187 73 13 66.

- Das *Terminus*° hat einen Vorzug: die günstigen Preise (vor allem für Zimmer ohne eigenes Bad). Für erfahrene Dritte-Welt-
Reisende ist das Haus komfortabel, strengere Maßstäbe legt
man besser nicht an. Via Paleocapa 21, Tel. 0187 70 34 36, Fax
0187 71 49 35.

■ Essen

- Im *Dino*°, einem gutbürgerlichen Lokal im besten Sinn, speisen mittags die leitenden Angestellten und Geschäftsleute aus
nahegelegenen Büros, das Handy immer griffbereit. Das gele-
gentliche Geklingele kann die angenehme Atmosphäre nicht
stören, denn man ißt überdurchschnittlich gut. Vorwiegend
toskanische Küche, auch Fischgerichte. Via Cadorna 18, Tel.
0187 73 61 57, So-abend und Mo geschlossen.

- *Nettare e Ambrosia*° ist in erster Linie eine kleine, ausgezeichnet
sortierte Weinstube. Daneben sind aber immer mehrere täglich
wechselnde Gerichte im Angebot - die meisten davon vorzüglich! Via Fazio 85, Tel. 0187 73 72 52, Sonntag RT.

- Die *Osteria all'Inferno°* in unmittelbarer Nähe des Markts entspricht dem klassischen Bild von der 'einfachen italienischen Kneipe'. Das geweißelte Kellergewölbe ist so niedrig, daß man aufpassen muß, sich keine Beule zu holen. Wer das vermeidet, wird angenehm überrascht: Das Essen ist solide, die Preise gastfreundlich. Spezialität des fast hundertjährigen Lokals (1905 gegründet) ist die 'mesciüa', eine Getreidesuppe mit Kichererbsen und Bohnen. Fragen Sie auch nach den Tagesgerichten - sie sind oft interessanter als die Standards auf der Karte. Via L. Costa 3, Tel. 018729458, Sonntag RT.

- Das *Ristorante di Bayon°* ist ein gemütliches kleines Lokal in einer ruhigen Gasse beim Stadttheater. Der freundliche Wirt bemüht sich emsig um die Gäste, und die Speisekarte bietet zu günstigen Preisen originelle Gerichte wie Fisch-Zucchini-Lasagne oder die Livorneser Fischsuppe 'cacciucco'. Die Qualität der Zubereitung schwankt, aber für einen netten Abend ist das Lokal immer gut. Via Felice Cavallotti 23, Tel. 0187732209, Sonntag RT.

- Das *Ristorante Sevieri°* in zentraler Lage zwischen Markt und Kirche. Das Angebot an Fischgerichten hat gleich mehrere Leser begeistert, die sich im traditionellen Ambiente wohlgefühlt haben und von guter Trattoriaküche und animierender Stimmung berichten: Gleich nach dem Markttreiben kurz nach 12 Uhr finden sich hier Händler, Marktbesucher und Geschäftsleute aus dem Quartier ein. Allerdings war ich persönlich bei meinem letzten Besuch mit dem Essen überhaupt nicht zufrieden - schreiben Sie mir bitte Ihre Erfahrung! Via F.lli Roselli 58, Tel. 0187733570, Montag RT.

- Große Aperitifauswahl in der Bar *Le Volte*, Piazza Verdi 1.

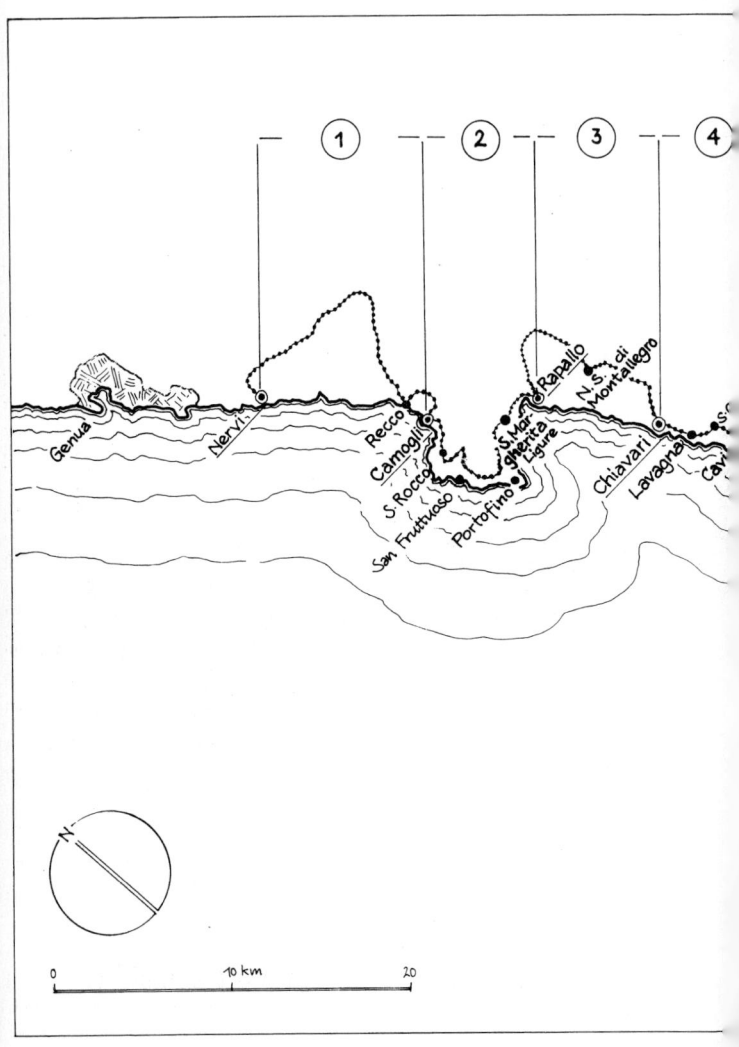

① ② ③ ④

Genua
Nervi
Recco
Camogli
S. Rocco
San Fruttuoso
Portofino
S. Margherita Ligure
Rapallo
N. S. di Montallegro
Chiavari
Lavagna

N

0   10 km   20

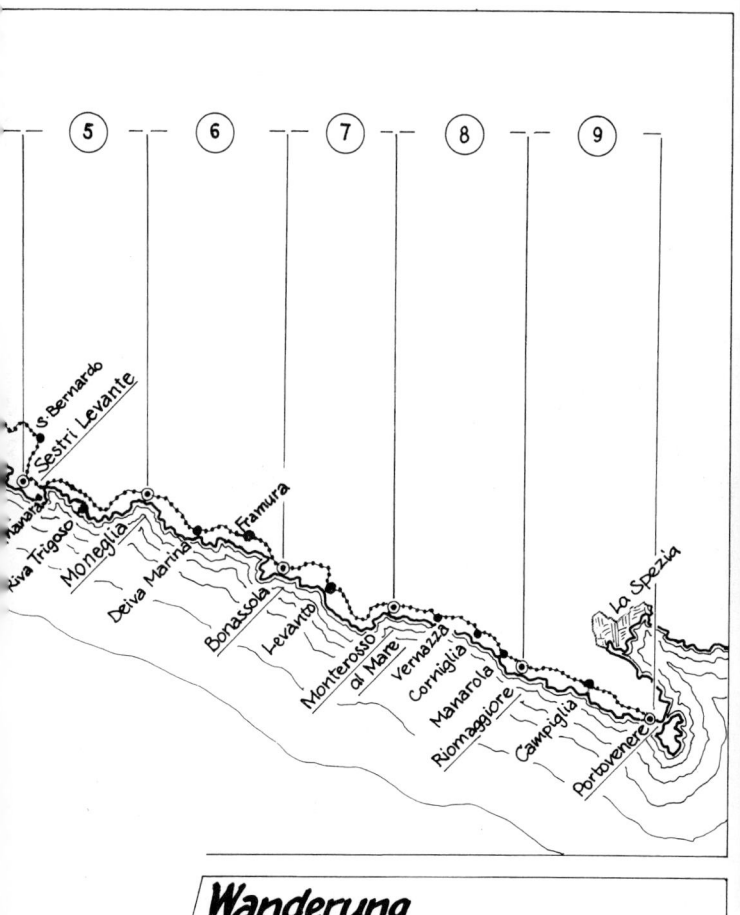

⑤ ⑥ ⑦ ⑧ ⑨

s. Bernardo
Sestri Levante
Riva Trigoso
Moneglia
Deiva Marina
Framura
Bonassola
Levanto
Monterosso al Mare
Vernazza
Corniglia
Manarola
Riomaggiore
Campiglia
La Spezia
Portovenere

Wanderung
Genua – Portovenere

Die große Tour:
In 9 Tagen von Genua nach Portovenere

EIN FANTASTISCHES WANDERERLEBNIS an der Küste südlich von Genua. Als ich mit der Ausarbeitung der Wanderroute begann, war ich skeptisch, ob sich eine durchgehend interessante Streckenführung finden ließe; wenn man mit Bahn oder Auto durch die z.T. arg verbauten Orte zwischen Genua und Sestri Levante fährt, kommt 's einem eher unwahrscheinlich vor. Die größten Überraschungen lagen daher für mich nicht im einsameren zweiten Teil der Wanderung - daß es von Moneglia bis Portovenere schön werden würde, war von vornherein klar -, sondern bei Nervi, Recco, Rapallo, Chiavari: traumhafte Landschaften in unmittelbarer Nähe verstopfter Küstenstraßen und verbauter Küstenorte…

Mit Ausnahme eines kleinen Stücks (zwei Kilometer zwischen Chiavari und Lavagna) lohnt sich die Fußwanderung überall; und nach einem Tag in einsamer Landschaft mit herrlichen Fernblicken erträgt man tolerant auch kleinere Neubauviertel oder Autobahngeräusche auf der letzten Viertelstunde des Wegs. Auf der ganzen Wanderung hat man fast immer das Meer vor Augen: mal von Nahem, öfter aber von der Höhe der Hügel und Berge. Unglaublich weite Blicke, nach Süden hintereinanderliegende, sich zum Wasser senkende Bergketten, nach Norden der bis ins Frühjahr schneebedeckte Bogen der Alpen und des Apennins. Je weiter man nach Südosten kommt, desto steiler und dramatischer fällt das Land zum Meer ab, bis hin zu den großen Felsabstürzen ganz am Schluß vor Portovenere.

Während die Ufer heute zum größten Teil touristisch genutzt werden, finden sich im angrenzenden Hinterland noch zahlreiche Reste der alten Bauernkultur. Ursprünglich war das Land nicht wie heute entlang der Küstenlinie organisiert; vielmehr bildeten Küstenorte und Berglandschaft einen engen sozialen und ökonomischen Zusammenhang. Aus den Bergen kamen Holz, Kastanien, Vieh; umgekehrt versorgte die Küste das Hinterland mit Fisch, Olivenöl, Gemüse und Obst. Die Verbindungswege, auf denen sich dieser Austausch vollzog, waren kunstvoll angelegte, sorgsam instandgehaltene Maultierpfade - vielfach gepflastert fast wie Römerstraßen.

Die Wanderung verläuft oft über diese jahrhundertealten Wege; man sieht dabei immer wieder die Spuren des bäuerlichen Lebens in Ligurien - einer Lebensform, die sich im Hinterland teilweise noch erhält, die insgesamt aber seit rund vierzig Jahren mehr und mehr zerbricht. In der Landschaft wird ihre Hinterlassenschaft noch deutlich: Steinmauern und Terrassen, alte Bauernhäuser und steinerne Hirtenhütten, Olivenhaine und kleine Weinberge, Obstbaumpflanzungen, Brunnen, gemauerte Brücken. Diese menschlich geprägte Landschaft fasziniert - und zugleich erfüllt sie mit Melancholie, wenn man an ihren schleichenden Verfall denkt. Schon heute kann man wohl nur zu Fuß ihren Reichtum nachfühlen - in einem Rhythmus, der demjenigen der alten bäuerlichen Lebensform noch am ehesten nahekommt.

- **Die ideale Zeit:** Grundsätzlich hängt, wie immer im Süden, die Schwierigkeit des Weges mehr von den Temperaturen als von der Wegbeschaffenheit ab. Günstig sind vor allem Mitte März bis Ende Mai und Mitte September bis Ende Oktober; ich war mit großem Vergnügen auch im Winter unterwegs. Dringende Empfehlung: Wandern Sie diese Strecke nicht im Hochsommer - im Juli und August ist 's wegen der Hitze reiner Masochismus.

- **Kondition:** Man sollte sich nicht untrainiert auf den Weg machen: Täglich sind längere Anstiege (meist zwischen 500 und 800 m Höhenunterschied) zu bewältigen. Das kann vor allem bei Hitze und mit schwerem Gepäck mühselig werden.

- **Gepäck:** Nehmen Sie nur das Nötigste mit, jedes Kilo verringert den Genuß! Am geschicktesten ist es m.E., größeres Gepäck in einem Hotel zurückzulassen und nach einigen Wan-

dertagen kurz dorthin zurückzufahren - bei den guten Bahnverbindungen kein Problem.

■ Die **Orientierung** dürfte keine Schwierigkeiten bereiten. Viele
Teilstrecken des Weges sind markiert. Im allgemeinen hat man
in dem übersichtlichen Gelände viele Orientierungspunkte.

■ **Kartenmaterial**: Empfehlenswert sind die beiden Ligurien-
Karten des RV-Verlags (Portofino - Sestri Levante 1:25 000,
Cinque Terre - La Spezia 1:50 000). Vgl. auch Stichwort 'Kar-
ten' im ABC.

■ **Campingplätze** gibt's nicht überall, wildes Zelten ist verboten (dürfte allerdings, mit Ausnahme der Cinque Terre, abseits der Orte unproblematisch sein). Ein schwierigeres Hindernis beim Zelten: die Beschaffenheit der Landschaft - über
große Strecken findet sich einfach kein geeigneter Zeltplatz, das
Gebiet ist zu abschüssig, zu waldig, zu steinig... Ich gebe im
Text gelegentlich Hinweise auf Stellen, die fürs Zelten geeignet
sind, wiederhole aber die großen Bitten: Kein Feuer anzünden, kein Obst, Trauben usw. klauen (auch nicht kleinste
Mengen - es summiert sich), nichts zurücklassen!

■ Die Unterteilung der Strecke in **Tagesetappen** ist natürlich
nur ein Vorschlag. Angesichts der vielen Unterkunftsmöglichkeiten am Wege kann man leicht auch anders disponieren.
Außerhalb der Sommersaison dürfte es keine Schwierigkeiten
bereiten, ohne Voranmeldung abends in einem Hotel unter-
zukommen. Man kann also spontan entscheiden, wo man
übernachten möchte. Ausnahmen: Zeitraum der Boots-Ausstellung 'Salone Nautico' in Genua, meist in der zweiten Oktoberwoche; an Frühjahrs- und Herbst-Wochenenden. (Hotels und Restaurants sind im jeweiligen Ortstext angegeben.)

→ **Diese Wanderung kann leicht auch zu einer kulinarischen Reise werden - fast überall gibt es gute Trattori-
en am Wege!** (Vgl. hierzu auch den jew. Ortstext.)

1. Tag: **Von Genua/Nervi nach Camogli**

■ 6½ Stunden - Zum Auftakt gleich ein starkes Stück Wegs: die längste Etappe der gesamten Wanderung, insgesamt fast 900 m Anstieg.

Die Strecke bietet faszinierende Panoramen - vor allem im mittleren Wegstück zwischen dem *Paß Crocetta* und *S.Uberto,* wo die Wanderung für gut drei Stunden auf 500-700 m Höhe über kahle Hänge mit außerordentlichen Fernblicken führt. Man schaut aufs Meer, auf das einsame Hinterland und auf die Steinmäuerchen und verlassenen Hirtenhütten am Wege. Ein zusätzlicher Höhepunkt ist das Mittagessen in der *Trattoria Cornua* auf halber Strecke. Das letzte Stück zwischen Recco und Camogli, in dicht besiedeltem Gebiet, ist weniger reizvoll; man kann es weglassen, sollte dann aber nicht in Recco übernachten, sondern mit der Bahn weiterfahren ins viel schönere Camogli.

Hinweise zur Wanderung

- **Anstiege**: 750 Höhenmeter bis Cornua, 125 m zwischen Recco und Camogli.

- **Verpflegung**: Trattoria in Cornua (Tel. 018594049, montags geschlossen vgl. dort); Läden und Restaurants in Recco. Trinkwasser: nur in Cornua und Recco.

- **Abkürzungsmöglichkeiten**: Von Cornua aus (nach 3:20 h Wanderzeit) erreicht man in knapp 30 min die Dörfer Calcinara bzw. Colle Caprile mit Busverbindungen nach Recco: Ab Calcinara werktags 15.40, 18.10 Uhr, sonn- und feiertags 14.40, 18.10 Uhr; ab Colle Caprile werktags etwa stündlich, sonn- und feiertags 14.45, 16.45, 18.15 Uhr. Weiterfahrt von Recco bis Camogli mit dem Zug. Man kann auch bis Recco wandern und dort den Zug nehmen. Die Tour verkürzt sich dann um 40 min.

- **Zeltmöglichkeit**: keine Campingplätze. Wildes Zelten wohl am besten oberhalb Recco (nach 5 h, vgl. Wegbeschreibung).

Vom Bahnhof in *Nervi* geht man auf dem Meeruferweg *Passeggiata a mare* in westlicher Richtung bis zum Hafen (10 min). Hier am Ende des Fußgängerwegs nach rechts in die Via Odoardo Gan-

duccio. Über eine mittelalterliche Brücke (im Ort als 'Römer-
brücke' bezeichnet), dann Anstieg in der Via Roberto Sarfatti. Bei
Haus Nr. 13 (gegenüber einer Bäckerei) nach links unter einem
Bogen hindurch zur Hauptstraße (Via Oberdan). Über die Straße, zwanzig Meter nach rechts, dann - neben Haus Nr. 122 - in
einen nach links ansteigenden Treppenweg. Über eine weitere
Straße, ziemlich steiler Anstieg auf Treppenweg Salita Domenico
Morelli. Eine Kreuzung, man geht nach rechts in die Via S.Rocco
di Nervi, steigt über Stufen an. Bei einer Wegkreuzung geradeaus
(ab hier Markierung: 2 rote Dreiecke). Aufwärts bis zum Kirchlein
San Rocco (209 m ü.M.; 45 min).

Man geht an der linken Seite der Kirche bei einer Wegverzweigung in den halblinks zwischen Steinmäuerchen ansteigenden
Weg. (Schild: 'Itinerario Storico Colombiano', Markierung weiter zwei rote Dreiecke.) Nach wenigen Minuten Gabelung bei
einem Haus; man nimmt den rechten Weg, steigt auf Hügelkamm
weiter an. Bei einer Wegkreuzung geradeaus. Schöne Blicke auf die
Berge westlich von Genua und das Vorgebirge des Monte Portofino. Nach kurzem ebenen Stück schließlich eine Wegverzweigung
(60 min). Man geht halbrechts (auf dem mittleren der drei Wege),
biegt nach 20 m in einen schmalen Pfad nach links. Nach weiteren 20 m findet man am Weg wieder ein Schild des 'Itinerario
Storico Colombiano'. Zur Rechten hat man ein umzäuntes Beton-
gebäude. Gleich am Ende der Umzäunung geht man bei einer
Gabelung nach rechts auf einen schmalen, ansteigenden Pfad.
Dieser ist für ein kurzes Stück stark überwachsen und schwer zu
erkennen; dann wird er deutlicher, es findet sich auch wieder die
Markierung. Auf Maultierpfad am Hang des *Monte Giugo* in nordöstlicher Richtung aufwärts. Man geht durch Edelkastanienwald,
blickt auf eine einsame, eindrucksvolle Landschaft kahler Berge;
nur der Lärm der unterhalb entlangführenden Autobahn stört
auf diesem Wegstück etwas. Man erreicht den Paß *La Crocetta* (486
m ü.M., 1½ h); Blick nach Süden auf den Ort Bogliasco.

Weiterer Anstieg in nordöstlicher Richtung auf dem Hügelkamm (den
Markierungen folgen). Die Ausblicke werden immer schöner, auch der
störende Autolärm verliert sich. Bei einer Gabelung unterhalb des
bewaldeten *Monte Cordona* (gut 2 h) geht man rechts, steigt an der
Ostseite des Berges unter Pinien weiter an bis zur Straße Genua-Uscio
(735 m ü.M.; 2¼ h).

Ab hier folgt man einer anderen Markierung: zwei rote Quadrate.
Man geht nach rechts, biegt nach hundert Metern von der Straße nach
rechts auf am Waldrand ansteigenden Weg. (Man kann auch auf der
Straße weitergehen, etwas bequemer, aber weniger schön). Links unter-

halb im Tal wird das Dorf *Cisiano* sichtbar. Man erreicht wieder die Straße, folgt weiter dem markierten Weg, der rechts von der Straße leicht ansteigt. Der Weg wendet sich dann über Wiesen nach rechts, ist etwas exponiert und streckenweise schwierig zu erkennen. Bei einem Parkplatz erreicht man wieder die Straße, die hier einen großen Linksbogen beschreibt (2:40 h).

Von hier bis zur *Osteria del Bacco* gibt es zwei Varianten. Die **erste Variante** ist sehr viel bequemer zu gehen, bietet aber keine Meerblicke: Man nimmt den rot-weiß markierten Weg, der links von der Straße abzweigt und parallel zu ihr unterhalb weiter verläuft. Immer den Markierungen folgend, gelangt man nach rund 20 min beim verfallenen Anwesen Osteria del Bacco wieder zur Straße, biegt hier nach links und geht einen Kilometer bis *Cornua*.

Die **zweite Variante** führt streckenweise über sehr schmale Pfade - sie ist für Leute mit ausgeprägter Höhenangst nicht angenehm. Dafür genießt man eine wunderbare Aussicht auf das tief unterhalb liegende Meer: Man geht auf der Straße nach rechts (in südöstlicher Richtung) und folgt ihr für 10 min, bis - bei einem Parkplatz rechter Hand- nach rechts (Südosten) ein schmaler Pfad abbiegt. Man steigt auf diesem Pfad 50 Meter bis zu einer kleinen Kuppe an; bei einer Gabelung unmittelbar danach geht man nach links, in östlicher Richtung am Hang (Markierung: roter Punkt und Strich). Nach etwa zehn Minuten am Hang biegt der Pfad an einem Steinmäuerchen entlang nach links, erreicht die verlassenen Gebäude der Osteria del Bacco, gelangt zur Straße. Man geht auf der Straße nach rechts, erreicht nach einem Kilometer die Häuser von *Cornua* (3:20 h).

→ In **Cornua** die höchst angenehme *Trattoria Cornua°* (Montag RT), ideal fürs Mittagessen! Vgl. dort.

Abkürzung: Wer die Wanderung hier beenden will, folgt von Cornua weiter dem markierten 'Itinerario Colombiano', der z.T. auf, z.T. direkt neben der Straße in 20 min zum Dorf *Calcinara* führt. Ab hier fahren Busse nach Recco. Häufigere Verbindungen findet man im nächsten, noch 10 min entfernten Ort *Colle Caprile*. Abfahrtszeiten der Busse vgl. oben.

Hauptvariante: Der Wanderweg nach Recco führt ebenfalls zunächst in östlicher Richtung auf der Straße weiter (Wegweiser 'Uscio', 'Lumarzo'). 250 m nach dem Restaurant steht rechts oberhalb der Straße eine Kapelle; kurz danach beginnt die Straße sich zu senken. Hier biegt man (hundert Meter vor dem Ortsschild 'Uscio') in einen nach rechts abzweigenden Pfad (Markierung: rotes X, zwei rote Striche). Bei einer Gabelung gleich darauf nach rechts.

Auf schönem Weg eben am Hang nach Südosten. Bei zwei kurz aufeinanderfolgenden Gabelungen knapp 10 min später geht man zuerst rechts (Markierung: rotes X und zwei rote Striche), 20 m weiter links (Markierung nur zwei rote Striche). Der Weg verläuft aussichtsreich, meist leicht absteigend, am Hang. Vorübergehend wechselt er auf die linke, dann - kurz ansteigend - wieder auf die rechte Kammseite. Bei einer nicht markierten Gabelung (gut 40 min ab Cornua) rechts am Hang halten, nach 50 Metern findet man wieder die Wegzeichen. Streckenweise ist der Pfad etwas zugewachsen, die Markierungen (zwei rote Striche) sind aber immer gut zu erkennen. Nach längerem Wegstück überquert man die viele hundert Meter tiefer verlaufende Autobahn (rechts dahinter am Meer der Ort Sori). Wenig später wird nach links der Blick auf Camogli und den Monte Portofino frei. Kurz darauf kommt man zur Kapelle *S.Uberto* mit gewaltiger Christus-Statue (4:50 h). Weiter geradeaus, in südlicher Richtung auf dem Hügelrücken abwärts. Fünf Minuten nach der Kapelle biegt man auf einem ebenen Wegstück (von den roten Markierungen abweichend) in den zweiten nach links abzweigenden, absteigenden Pfad (gelegentlich blaue Markierungen). Dieser Pfad ist leicht zu übersehen! Er biegt unmittelbar vor einer Eiche nach links, der Hauptpfad biegt an dieser Stelle leicht nach rechts.

Variante: Wenn man die Abzweigung verpaßt, kommt man auf dem markierten Weg nach 40 Metern in ein Wäldchen. Gleich darauf beginnt der Weg abzusteigen. Auch auf diesem Pfad gelangt man nach Recco. Er ist bequemer, aber weniger schön als die Hauptvariante und nur dann empfehlenswert, wenn diese zu stark zugewachsen sein sollte: Man steigt in rund 15 min ab bis zur Kirche Sant'Apollinare. Hier nach links in die Via Belvedere, gleich darauf rechts abwärts in die Strada della Baggiarda. 5 min bergab, dann bei einer Abzweigung in einer scharfen Rechtskurve des Weges (bei einem Marienaltar und einem Haus) nach links. Dieser Weg biegt nach gut 10 min bei einem hellroten Haus nach links. Bei der nächsten Abzweigung (Salita del Campetto) geradeaus und gleich darauf bei einem Querweg nach rechts. Zu einem Sträßchen, weiter geradeaus, Abstieg auf steilem Treppenweg zur Hauptstraße. Nach links über eine Brücke, beim Bahnhof Mulinetti in einer Unterführung unter den Gleisen hindurch, dann auf dem Sträßchen Corso Garibaldi nach *Recco* (1:10 h ab S.Uberto, 6 h ab Nervi).

Hauptweg: Man steigt auf dem schmalen Pfad in Südost-Richtung ab. Nach knapp 10 Minuten biegt der Weg scharf nach links (weiter den blauen Markierungen folgen); man geht nun in nördlicher Richtung. Man erreicht ein Häuschen (gut 5 h). Hinter dem Häuschen eine als Zeltplatz geeignete Wiese.

Man biegt 20 m hinter dem Haus nach rechts in einen Pfad, der sich am rechten unteren Rand der Wiese nach Nordosten senkt. Etwa 100 m hinter dem Haus gabelt sich der Pfad; hier hält man sich rechts, behält in etwa die bisherige Richtung bei. Nach rund zehn Minuten Abstieg im Wald gelangt man zu einem Brunnen. Hinter dem Brunnen biegt der Weg nach rechts, führt durch einen Olivenhain nach Osten bis zu einem Sträßchen. Geradeaus weiter auf der Straße; nach drei oder vier Minuten zweigt - bei Haus Nr. 36, kurz vor einem weißverputzten Neubau linker Hand - nach rechts über Treppenstufen ein Weg ab, den man einschlägt. Der Weg überquert nach 100 m die Straße, führt zwischen Mäuerchen abwärts, überquert noch einmal die Straße. Man gelangt anschließend ein drittes Mal zu dem Sträßchen und geht nun auf ihm nach links. Nach gut 5 min biegt man - in einer Linkskurve der Straße - in einen nach rechts abzweigenden, abwärts führenden Weg (Salita della Giudea). Von diesem biegt man nach wenigen Minuten nach links in den Weg 'Via alla Pineta'. Durch reiche Vegetation (Ölbäume, Orangen, Oleander, Rosmarin, Salbei, Palmen) gelangt man zur Kirche *S. Maria di Megli* (5:45 h). An der Kirche vorbei abwärts zur Straße, geradeaus weiter auf kleinem Asphaltsträßchen, am Friedhof vorbei, gleich darauf in Treppenweg nach links (Salita Megli). Man überquert zweimal die Straße, geht auf Treppenwegen abwärts zum Ufer von Recco. Man überquert auf einer Brücke das Flüßchen Recco an seiner Mündung, erreicht die Uferpromenade des Ortes (6 h).

Am Meer entlang in östlicher Richtung. Nach 200 m passiert man das Postamt, geht sofort danach (unterhalb der Kirche) auf einer Treppe nach links aufwärts zu einer Straße. Auf der Straße nach rechts, nach 100 m nach links in den Treppenweg Salita San Francesco. Über die Via Aurelia, zehn Meter aufwärts in Richtung Friedhof, vor diesem nach rechts in einen stark ansteigenden Treppenweg. Der Weg erreicht eine Asphaltstraße, der man für fünfzig Meter folgt, um dann nach rechts in einen Treppenweg abzubiegen. Wieder zur Via Aurelia, auf ihr nach links, nach 30 Metern in Treppenweg nach rechts abwärts. Durch Olivenhaine, bei Querweg nach rechts abwärts, dann bei Gabelung (mit kaputtem Brunnen) nach links, bei Asphaltsträßchen nach links abwärts. Nach 50 m auf dem Sträßchen, vor einer Madonnenstatue, nach rechts in Salita San Prospero. Abwärts zum Hafen von *Camogli* (6:40 h).

2. Tag: **Von Camogli nach Rapallo**

■ gut 5 Stunden - Für die Überquerung des Vorgebirges von Portofino gibt es viele Möglichkeiten. Ich empfehle die relativ bequeme und landschaftlich schöne Variante *Camogli-S. Rocco-Pietre Strette-Base O-Olmi-S. Margherita.*

Wer San Fruttuoso und Portofino besuchen möchte, sollte einen zusätzlichen Tag einplanen.

Der letzte Abschnitt von *S. Margherita* nach *Rapallo,* in durchweg besiedeltem Gebiet, ist weniger reizvoll als der vorangehende Hauptteil der Wanderung; man verliert nicht besonders viel, wenn man dieses Stück ausläßt.

Hinweise zur Wanderung

- **Anstiege:** zwischen Camogli und S. Margherita etwa 500 Höhenmeter, zwischen S. Margherita und Rapallo knapp 200.

- **Verpflegung**: Restaurants in S. Rocco, S. Margherita, S. Michele di Pagana.

- **Abkürzungsmöglichkeit**: Teilstück S. Margherita - Rapallo ist weniger interessant.

- **Zelten:** Campingplätze in Rapallo. Unterwegs sonst keine Möglichkeiten: zwischen S. Margherita und Rapallo ist das Gebiet zu dicht besiedelt, am Monte Portofino (ohnehin vom Gelände her nicht geeignet) muß man mit Kontrollen rechnen (Naturschutzgebiet). Einzige Möglichkeit zum Wildcampen: Von Rapallo noch 1½ h weiterwandern (vgl. 3. Tag).

Von *Camogli* bis *S. Rocco* folgt man dem auf S. 277f. beschriebenen Weg, von *S. Rocco* bis *Base O* geht man wie auf S. 281 beschrieben. An der Weggabelung 'Base O' folgt man nach links dem Wegweiser 'Portofino Mare'. Auf aussichtsreichem Weg am Hang über dem Meer in einer halben Stunde bis *Case del Prato* (2:45 h ab Camogli). Hier biegt man nach links auf einen Pfad in Richtung *Olmi* (Wegweiser). Der Pfad verbreitert sich nach einiger Zeit, erreicht nach etwa 15 min die Häusergruppe *Olmi*. Man biegt nach rechts (Wegweiser: 'Gave/S. Margherita', Markierung: rotes Kreuz). Weiter wie auf S. 277ff, beschrieben.

Eine kürzere Variante ist bis *Pietre Strette* mit dem Hauptweg identisch. Von *Pietre Strette* bis *S. Margherita* wie auf S. 277 beschrieben:

Auf direktem Weg nach *Olmi,* dann über *Gave* und *Nozarego* nach *S. Margherita* (weiter wie auf dem Hauptweg).

In *S. Margherita* geht man auf der Straße in Richtung Rapallo (Via A. Gramsci) in östlicher Richtung, biegt unterhalb des Bahnhofs nach links in die Via Trieste. Von dieser nach 30 m (in einer Linkskurve der Straße) geradeaus in den Treppenweg Salita Banchi. Anstieg, man kreuzt einen Querweg, steigt weiter an, bis von rechts die Via Gimelli auf die Salita Banchi stößt. 10 m danach eine Gabelung, man geht nach rechts auf ebenen Weg. Nach weiteren hundert Metern eine Wegkreuzung (links oberhalb hier ein großes rosafarbenes Haus), man geht nach rechts abwärts. Bei mehreren Abzweigungen geradeaus, schließlich über Stufen hinab zur Straße S. Margherita-Rapallo. Über die Straße, geradeaus zur Kirche, links an ihr vorbei, hinab zum Ufer. Auf der Uferpromenade von *S. Michele di Pagana* nach links. Auf der Höhe des kleinen Strandes biegt man bei dem großen roten Haus Nr. 4 nach links in einen Torbogen.

Man überquert neuerlich die Hauptstraße, geht aufwärts in die Via dei Pitosfori. In einer Linkskurve über Treppen geradeaus weiter (wieder Schild 'Via dei Pitosfori'). Anstieg bis zu einem Querweg, nach rechts zur Straße. Auf der Straße nach links, nach wenigen Metern (hinter dem Ortsschild 'Rapallo') nach rechts in einen Treppenweg, abwärts zum Zentrum von *Rapallo* (gut 5 h).

3. Tag: **Von Rapallo nach Chiavari**

■ 5½ Stunden - Zu Beginn wieder ein langer Anstieg (gut 600 Höhenmeter), dann herrliche Wege auf der Höhe mit großartigen Blicken über den Tigullio-Golf und auf die Orte am Meer. Langer, zum größten Teil landschaftlich reizvoller Abstieg nach Chiavari (nur an einigen Stellen durch Autobahngeräusche gestört).

Achtung: Beim Anstieg führt ein etwa halbstündiges Wegstück über einen schmalen Pfad mit ziemlich tiefen Blicken; man braucht hier nicht schwindelfrei zu sein, sollte aber keine ausgeprägte Höhenangst haben. (Der Anstieg ist übrigens vermeidbar: mit Seilbahn oder Bus von *Rapallo* zum *Santuario di Montallegro* hinauf.)

Hinweise zur Wanderung

- **Anstiege**: insgesamt rund 700 Höhenmeter.

- **Verpflegung**: zwei Restaurants/Bars bei der Wallfahrtskirche *Montallegro* (nach 2:45 h) Trinkwasser in Montallegro und beim Bauernhof *Case Costa* (nach 4:45 h).

- **Abkürzungsmöglichkeit**: Fahrt bis Montallegro mit Bus (ab Bhf. Rapallo werktags 8.15, 10.50, 12.20, 14.05 Uhr, sonn- und feiertags 8.50, 10.20, 12.25 Uhr) oder mit Seilbahn (Talstation der Funivia in Bahnhofsnähe, Bahn fährt halbstündlich, Mittagspause von 12-14 Uhr).

- **Zelten:** Campingplätze in Rapallo und Chiavari; geeignete Plätze zum Wildzelten bei Piana dei Merli (1½ h ab Rapallo), etwa 45 min nach dem Kloster Montallegro sowie oberhalb von Chiavari (hinter Case Costa).

- **Hotels** außer in Rapallo und Chiavari auch bei der Wallfahrtskirche Montallegro: völlige Einsamkeit, mal was anderes nach den Küstenorten. *Albergo-Ristorante Montallegro°*, Tel. 0185 23 90 01 (kein RT); *Il Pellegrino°*, Tel./Fax 0185 23 90 03 (Montag RT).

Vom Bahnhofsvorplatz in *Rapallo* geht man in der Unterführung unter dem Bahnhof hindurch, am Ende der Unterführung nach links, gleich darauf nach links in das ansteigende Sträßchen Salita di Sant'Agostino. Das Sträßchen verengt sich nach fünf Minuten zum Fußweg (Markierung ab hier: roter Kreis mit waagrechtem Strich). Bei einer Gabelung auf schmalem asphaltiertem Weg links halten.

Man gelangt zum Kirchlein *Sant'Agostino* (knapp 20 min), geht rechts an ihm vorbei. Bald überquert der Weg die Autobahn, Blick zurück auf Rapallo mit seinen Wohnblocks. In einer eigenartigen Geräuschkulisse aus Vogelgezwitscher und Autogeröhre weiter aufwärts, vorbei an den wenigen Häusern von *Canessa* (180 m; 35 min). Das Vogelgezwitscher gewinnt langsam die Oberhand. Ein Sträßchen, 50 m danach biegt man nach rechts auf einen Waldpfad. Bei einer Gabelung nach weiteren 50 m nach links auf den ansteigenden Pfad.

Auf schönem Waldweg, der Linie des Hügelkamms folgend, aufwärts. Auf schmalem Pfad umgeht man den *Monte delle Pozze* auf seiner westlichen Seite. Kurz darauf gelangt man bei einem Steinhäuschen zu einer Wiese (Piana dei Merli, 539 m; schöner Zeltplatz), steigt von dem Häuschen nach rechts an zu einem kleinen Paß (1½ h).

Auf dem Hügelkamm trifft man auf einen Querweg, wendet sich nach links, geht auf schmalem Pfad am Hang nach Norden (vereinzelte

Markierungen: drei rote Punkte; der Weg mit der bisherigen Markierung biegt nach links). Man überblickt bald die gesamte Bucht von S. Margherita, gelangt zum *Passo della Crocetta* (600 m; gut 2 h), überquert hier ein Asphaltsträßchen, steigt links von einer Kapelle weiter an (Markierung: rotes Karo). Auf angenehmem, nahezu ebenem Weg mit weiten Blicken zur Wallfahrtskirche von *Montallegro* (612 m; 2:45 h).

Der Weg führt an der Rückseite der Kirche in südöstlicher Richtung weiter (Markierung von hier bis Chiavari: zwei rote Quadrate). Weiter schöne Blicke auf das Meer und die Küstenorte. Vorbei an Bar-Restaurant *Pellegrino*, weiter durch einen schönen Steineichenwald auf dem Kamm des Höhenzugs. Etwa 25 min nach der Kirche biegt man von dem nach rechts weiterführenden Hauptweg nach links auf einen schmaleren, für ein kurzes Stück ansteigenden Pfad. (Die Abzweigung ist leicht zu übersehen. Der abzweigende Weg ist mit den beiden roten Quadraten markiert.) Der Pfad führt um den *Monte Castello* herum, ist vorübergehend recht schmal am Hang. Man wandert dann durch ein Quertal mit aufgegebenen Terrassenkulturen hoch über dem Ort Zoagli; herrliche Meerblicke. Man erreicht einen Marienaltar (La Colla; 3:40 h), biegt hier vom Hauptweg nach rechts, steigt im Wald an, gelangt dann nach einem Abstieg zum Paß *Anchetta* (4 h; 474 m).

Auf asphaltiertem Weg, der nach wenigen Metern anzusteigen beginnt, in südöstlicher Richtung. Das Sträßchen führt durch einen Edelkastanienwald; im Frühjahr blühen Hunderte von Primeln. Knapp eine Viertelstunde auf Asphalt, dann biegt man - in einer Rechtskurve des Sträßchens - nach links in einen absteigenden Pfad. Achtung: Die Markierung ist hier etwas unübersichtlich! Bei einer Pfadgabelung nach gut 5 min nach links, an der linken Hangseite durch Kastanienwald. Der Weg ist streckenweise von großen Baumheide-Büschen gesäumt. Immer am Hügelkamm abwärts, vorbei am Anwesen Case Costa (4:45 h, am Eingang Wasserhahn mit Trinkwasser).

Nach rund 500 m an einem weiteren Anwesen links vorbei; dann biegt man zwischen zwei Mauern nach rechts, steigt über Stufen ab. Bei einer Gabelung unterhalb eines weiteren Hauses nach links abbiegen (5 h). Einige Minuten später erreicht man die Kirche von *Maxena*, geht links an ihr vorbei. Unterhalb der Kirche läßt man sich nicht durch das Schild 'Proprietà privata' irritieren (es bezieht sich auf das Grundstück links hinter der Toreinfahrt). Geradeaus, unter Ölbäumen abwärts bis zu einem Sträßchen. Nach 50 m nochmals auf Fußweg weiter, dann am Ortsrand von *S. Pier di Canne* auf Asphaltsträßchen nach links zur Kirche (5:25 h). Von hier aus fährt ein Bus ins Zentrum von Chiavari (Fahrkarten im Alimentari-Geschäft neben der Kirche); zu Fuß sind es nochmals 20 min durch uninteressante Vororte.

4. Tag: **Von Chiavari nach Sestri Levante**

■ 4½ Stunden - Wiederum eine überraschend schöne Wanderung oberhalb der verbauten Küste. Nur zwischen *Chiavari* und *Lavagna* (2 km) sollte man Bahn oder Bus nehmen; die Wanderung durch die ineinander übergehenden Orte bietet nichts Reizvolles...

Hinter Lavagna gelangt man dann sofort in angenehme, kultivierte Landschaft mit reicher Vegetation, passiert die ruhigen Bergdörfer *Santa Giulia* und *Sorlana,* steigt durch einen märchenhaften Kastanienwald auf die Höhe. Weite Meerblicke, einsame Gegend. Ende Mai und im Juni blühen am Wege zahlreiche Orchideen. Abstieg nach *S. Bernardo* und weiter nach *Sestri Levante.*

Hinweise zur Wanderung

- **Anstiege:** etwa 500 Höhenmeter
- **Wegbeschaffenheit**: Hinter Sorlana wird der Waldpfad nur unregelmäßig von Gestrüpp gesäubert; gelegentlich ist er ziemlich zugewachsen.
- **Verpflegung:** Am Wege zwei angenehme Dorfgasthäuser - Trattoria Colomba in S. Giulia und Trattoria Carla in S. Bernardo (vgl. jeweiliger Ortstext).
- **Abkürzungsmöglichkeiten**: Man kann die Teilstücke (Chiavari-)Lavagna-S.Giulia-Sorlana bzw. S.Bernardo-Sestri mit dem Bus zurücklegen. Busse ab Bhf. Chiavari werktags 9.50, 11.20, 13.35 Uhr, sonn- und feiertags 10.35, 13.05 Uhr, ab Bhf. Lavagna jeweils 8 min später. Busse S.Bernardo-Sestri nur werktags 14.35 und 18.55 Uhr.
- **Zelten:** Campingplätze in Lavagna und Sestri Levante. Wildcampen: Am besten zwischen Sorlana und S.Bernardo (2 bzw. 2½ h ab Lavagna, vgl. Wegbeschreibung).

Vom Bahnhof in *Lavagna* geht man auf dem Corso Mazzini in nordöstlicher Richtung, biegt nach fünf Minuten nach rechts in die Via Tedisio. Von dieser nach 50 m nach links in einen ansteigenden Weg (Wegweiser 'Pedonale S.Giulia', Markierung: roter Punkt). Man gelangt zu einer Straße, geht rechts, biegt nach ca. 200 m in einen Fußweg nach links, steigt zwischen Mäuerchen und Olivenhainen an. Vorbei an den Häusern von *S.Benedetto*.

Hinter dem letzten Haus (Via S.Benedetto 15) biegt (in einer Links-kurve des Sträßchens) ein gepflasterter Fußweg nach rechts ansteigend ab. Auf diesem Weg, meist parallel zur Straße, aufwärts zum auf der Höhe sichtbaren Dorf *S.Giulia* (250 m; 1 h).

Links an der Kirche von S.Giulia vorbei auf schiefergepflastertem Weg, der sich gleich verengt (man folgt weiter den roten Punkten). Bei einer Gabelung fünfzig Meter hinter der Kirche nach rechts. Wenige Minuten danach ein Asphaltweg, man geht links. Vor dem nächsten Haus (Nr. 12) in einen Treppenweg nach rechts aufwärts. Man gelangt wieder zu einem asphaltierten Weg, geht auf ihm nach links. Auf dem Hügelkamm gut 10 min nach Norden bis zu einem etwas breiteren Sträßchen (Via Crocetta). Noch etwa 100 m weiter geradeaus, dann biegt man - von der roten Markierung abweichend - nach rechts in den schmalen absteigenden Weg 'Via alla Chiesa'. Dieser Weg führt nach wenigen Minuten zu einer Straße, man biegt nach links. Knapp 15 min auf der (kaum befahrenen) Straße bis *Sorlana* (307 m ü.M.). Etwa 250 m nach dem Ortsschild biegt man - vor einer Linkskurve der Straße - in einen nach links ansteigenden Plattenweg (nicht den ersten links abzweigenden Treppenweg, etwa 100 m hinter dem Ortsschild, nehmen!). Ab hier ist die Strecke mit einem roten Dreieck markiert.

Links oberhalb an der Kirche vorbei, zwischen den Häusern des Ortes hindurch in südöstlicher Richtung, weiter parallel zur Straße. Bei einer Abzweigung nach rechts zur - hier nur 5 m entfernten - Straße geht man auf schmalerem, ansteigendem Weg geradeaus weiter. Vorbei an einem Steinhaus, Pfad biegt nach links, steigt oberhalb der Straße langsam an. Rechts oberhalb sieht man das näch-

ste Teilziel: einen bewaldeten Hügelkamm, auf dem sich über dem Kastanienwald eine Reihe von Kiefern erhebt. Der Weg führt am Hang durch ein mit Öl- und Obstbäumen sowie kleinen Gemüsegärten kultiviertes Gebiet, passiert eine Quelle (Trinkwasser), führt dann durch Edelkastanienwald weiter. Man geht auf schöner alten Steinbrücke über einen Bach, direkt danach bei Abzweigung eines Treppenweges (nach links) geradeaus weiter. (Gleich danach linker Hand eine zum Zelten geeignete Wiese.) Wenige Minuten darauf ein weiterer Bach, man überquert ihn und folgt dem Weg nach rechts. Auf gelegentlich im Gebüsch sehr schmalem, schönem Waldpfad in östlicher Richtung zum - quer zum Weg verlaufenden - Hügelkamm (2:20 h).

Man kreuzt einen Querpfad, geht zehn Meter geradeaus weiter abwärts, trifft auf einen weiteren Querpfad, geht hier nach links. Eben am Hang durch Kastanienwald, dann über Wiesen zu einem Fahrweg (2½ h). Auf der Höhe ein weiterer zum Campen geeigneter Platz: Traumblick, allerdings ist man voll dem Wind ausgesetzt. Man geht auf dem Fahrweg nach rechts (weiter Markierung: rotes Dreieck), passiert ein eingezäuntes Gelände und eine Abzweigung nach rechts (hier weiter geradeaus gehen), erreicht einen Rastplatz mit Holztischen und einer Schaukel. 100 m danach zweigt ein markierter Pfad nach rechts ab. Von hier bis San Bernardo hat man zwei Möglichkeiten. Die Hauptvariante ist bequem zu gehen, dauert aber rund 20 min länger und ist im letzten Stück etwas eintönig. Die zweite Strecke ist schöner, aber streckenweise - vor allem mit Rucksack - etwas mühselig, da es recht steil bergab geht - vor allem nach Regenfällen nicht zu empfehlen!

Hauptvariante: Man geht auf dem Fahrweg geradeaus weiter und steigt in Kurven abwärts. Nach 30 min bei einer Gabelung nach rechts, dann ab Cascine di Sopra auf einem Sträßchen bis *San Bernardo* (3:40 h).

Nebenvariante: Man nimmt den nach rechts abzweigenden Pfad. Er verzweigt sich nach zwei Minuten, man geht links (Markierung: rotes Dreieck). Gleich danach bei einer Gabelung wieder nach links. Auf dem Hügelkamm bzw. an seiner rechten Seite immer abwärts, z. T. durch Gebüsch. Nach etwa 20 min Abstieg verläßt man den markierten Weg: Man geht in einer scharfen Rechtskurve des Weges 10 Meter durch Gebüsch geradeaus weiter zu einem breiteren Weg. (Achtung: Diese Abzweigung ist leicht zu übersehen!) Auf dem breiten Weg nach links, in 2 Minuten zu einem Sträßchen, hier geradeaus weiter. In einer darauffolgenden Rechtskurve der Straße auf schmalen Pfad nach links; man schneidet so einen Bogen der Straße. Neuerlich auf der Straße angelangt, wendet man sich nach links und biegt nach wenigen Metern (bei Haus Nr. 12D) in einen über Stufen nach rechts abzweigenden Weg, der sich sofort verzweigt: links geht es zum unterhalb sichtbaren Dörfchen *S.Bernardo* (rund 30 min ab Beginn der 'Nebenvariante').

In *San Bernardo* treffen beide Varianten wieder zusammen. Man geht links an der Kirche vorbei, folgt den Markierungen (rotes Dreieck) auf einem Fußweg durchs Dorf, wandert weiter abwärts auf schmalem zementiertem Weg, zu einem Sträßchen, auf diesem über die Autobahn. 50 m nach der Brücke biegt man in einen nach links ansteigenden Fahrweg, der einige Häuser passiert, dann durch einen Ölbaumhain abwärts zur Kirche S.Stefano del Ponte führt (gut 4 h). Rechts an der Kirche vorbei, über Treppen und dann auf Sträßchen abwärts, geradeaus auf der Via Lazio zu einer Brücke über den Fluß Gromolo, hinter der Brücke bei einer Querstraße nach rechts, unter der Bahnlinie hindurch und zur Piazza S.Antonio am Rand der Altstadt von *Sestri* (4:30 h). Nach rechts (und bei der zweiten Querstraße nochmal rechts) geht es zum Bahnhof; geradeaus/halblinks ins Ortszentrum und zum Meer.

5. Tag: **Von Sestri Levante nach Moneglia**

■ knapp 4½ Stunden - Hinter Sestri Levante schieben sich die Berge immer näher ans Meer. Die Küste ist nur noch in vereinzelten Buchten und ihrer Umgebung besiedelt; dazwischen erstrecken sich immer neue Vorgebirge, auf denen kaum ein Haus steht und wo die wilde Macchia-Vegetation viel häufiger ist als die Kulturpflanzen wie Ölbaum, Weinrebe, Feige usw. Zwischen Sestri und Moneglia führt der Weg durch zwei dieser einsamen Gebiete; unerfreulich ist nur ein kurzer Abschnitt hinter Riva Trigoso, wo man beim Anstieg in idyllischem Pinienwald vom Fabriklärm der örtlichen Werften verfolgt wird. Ansonsten aber: lange ruhige Wegstrecken, vor allem durch Pinienwald hoch über dem Meer.

Hinweise zur Wanderung

- **Anstiege:** etwa 200 Höhenmeter zwischen Sestri und Riva Trigoso, etwa 300 m zwischen Riva und Moneglia.

- **Verpflegung, Trinkwasser:** in Riva und Moneglia

- **Abkürzungsmöglichkeit:** Man kann sich auf eines der beiden Teilstücke Sestri-Riva bzw. Riva-Moneglia beschränken.

- **Zelten:** Campingplätze in Riva Trigoso und bei Moneglia. Kein geeigneter Platz zum Wildcampen unterwegs - das Gelände ist überall abschüssig!

In *Sestri* biegt man von der Via XXV Aprile (Hauptstraße der Altstadt) beim Haus Nr. 95 in den Vico Bottone, geht nach zwanzig Metern nach links (Wegweiser 'Punta Manara', Markierung: zwei rote Quadrate). Immer der Markierung folgen. Der Weg steigt meist an, verläuft zwischendurch auch eben; Meerblicke. Bei einer Gabelung nach rund 25 min (nach links Wegweiser 'Ginestra') geht man geradeaus weiter, Richtung Punta Manara. Fünf Minuten steiler Anstieg, dann mit schönen Meerblicken eben im Wald bis zu einer weiteren Gabelung (45 min). Hier nach links (Wegweiser 'Riva', Markierung: zwei rote Kreise). Nochmaliger Anstieg, dann ebener Weg hoch über dem Meer.

Bei einer weiteren Gabelung (55 min) nach rechts abwärts (Markierung: zwei rote Dreiecke). Oberhalb des Dörfchens *Villa Ginestra* bei einem Querweg nach rechts (1:10 h), am Ortsrand auf einem Betonsträßchen ein kurzes Stück nach links abwärts, anschließend - 10 m hinter einer Schranke rechter Hand - vor dem Haus Nr. 33 über vier Stufen nach rechts hinab. (Man verläßt hier den markierten Weg, der hinter dem Haus Nr. 33 nach rechts biegt.)

Der Weg gabelt sich sofort, man geht nach rechts auf einen zunächst ebenen Weg unter Ölbäumen und anschließend über Steinstufen abwärts, links an einem eingezäunten Gelände entlang. Am Ende des Zauns hält man sich links. Auf schmalem Pfad abwärts zu einer Häusergruppe, weiter auf einem Treppenweg, schließlich auf einer Straße nach rechts zum Meer (1:30 h).

Auf der Via Giacomo Balbi parallel zum Ufer in östlicher Richtung durch *Riva Trigoso*, auf einer Brücke über das Flüßchen Petronio. 150 m nach der Brücke vor dem Banco di Chiavari nach links in die Via Antonio Gramsci einbiegen, links am Werftgelände vorbei. Bei einer Querstraße hinter der Werft nach links (Wegweiser 'La Spezia'), 50 m darauf nach rechts in ein ansteigendes Sträßchen (Wegweiser 'Punta Baffe', 'Monte Moneglia'; Markierung: zwei rote Kreise). In der ersten Linkskurve nimmt man einen rechts von der Straße ansteigenden Pfad, gelangt zu einem breiten Fahrweg, folgt ihm weiter ansteigend. Unter dem Getöse der Werft in Serpentinen bergauf. Bei der Abzweigung eines Weges nach links (vor einem Olivenhain) geht man geradeaus, schneidet gleich darauf auf steinigem Pfad eine Kurve. Man folgt dem Weg in südlicher/südöstlicher Richtung oberhalb eines Taleinschnitts. Schöne Blicke aufs Meer, dann auch ins bergige Hinterland. Einsame, ruhige Landschaft - nach dem Asphalt und dem Lärm von Riva Trigoso besonders angenehm.

Der Fahrweg verengt sich und geht dann in einen steil ansteigenden felsigen Pfad über. Bei einer Gabelung folgt man ihm bergan, sich links haltend (Wegweiser 'Monte Moneglia'). Gleich darauf noch eine Gabelung, man geht wieder links bergauf. Der Weg verläuft schließlich auf dem Hügelkamm (schöne Blicke nach beiden Seiten) in nördlicher/nordöstlicher Richtung und führt zu einer Wegkreuzung bei einem Rastplatz (1:15 h ab Riva Trigoso). Man biegt nach rechts (Markierung: zwei rote X), steigt parallel zur Küste leicht an.

Schöner Weg hoch über dem Meer durch Macchia, angenehm zu gehen, ohne größeres Auf und Ab. An einer Wegkreuzung geht man geradeaus (Wegweiser 'Moneglia', Markierung ab hier: roter Balken und roter Punkt). Nach weiteren 20 min erreicht man eine Gabelung, folgt der Markierung und einem Wegweiser ('Moneglia 45 min') nach links abwärts. Wenig später wird im Tal Moneglia sichtbar. Eine Kreuzung bei einem rosafarbenen Haus; man geht rechts abwärts, gelangt vor dem Haus zu einem Sträßchen, geht nach links. Auf dem Sträßchen erreicht man in gut 15 min *Moneglia* (2:50 h ab Riva Trigoso, 4:20 h ab Sestri Levante).

6. Tag: **Von Moneglia nach Bonassola**

■ 5 Stunden - Schöne Wanderung durch einsame abwechslungsreiche Landschaften, etwas unangenehm ist nur der sehr steile Anstieg hinter *Deiva Marina*. Man überquert zunächst ein neuerliches Vorgebirge zwischen *Moneglia* und *Deiva*, gelangt dann in besagtem Anstieg zu einem großartigen Aussichtspunkt, läuft anschließend ein Stück im Wald, findet das noch recht urtümliche Dorf *Framura* auf der Höhe. Es folgt ein Stück (2 km) Straßen-Wanderung bis zum Dorf *Montaretto*, trotz der Asphaltunterlage bei weiten Blicken nicht einmal unangenehm. Abstieg durch ein reizvolles Tal nach *Bonassola*.

Hinweise zur Wanderung

- **Anstiege:** ca. 650 Höhenmeter in zwei Abschnitten. Anstieg hinter Deiva Marina sehr steil.
- **Verpflegung und Trinkwasser:** Bars, Restaurants, Geschäfte in Lemeglio, Deiva Marina, Framura-Costa, Montaretto.
- **Campingplätze:** in Deiva und Bonassola. Wildcampen ist unterwegs kaum möglich (ungeeignetes Gelände).

In *Moneglia* auf der Fußgängerstraße Via Vittorio Emanuele in südöstlicher Richtung durch den alten Ortskern. Rechts an der Kirche S.Croce vorbei, weiter in der Via Felice Romani, dann direkt vor einer Bahnbrücke nach rechts. Nach wenigen Metern trifft man vor dem Flüßchen *Bisagno* auf die breitere Via W. Burgo, geht wenige Meter nach rechts, dann vor dem *Hotel Paradiso* auf einer Brücke nach links über den Fluß. Gleich darauf nicht den nach rechts ansteigenden, vielversprechend aussehenden markierten Fußweg nehmen, sondern auf dem Sträßchen bleiben, nach links unter der Bahnbrücke hindurch und fünfzig Meter nach der Brücke nach rechts in einen Treppenweg. Dieser führt wieder zu dem Sträßchen, hier nach rechts. Gut 150 m darauf biegt man - zwischen den Häusern Nr. 148 und 150 - in einen sehr schmalen Weg, der nach links ansteigt. Durch Olivenhain aufwärts zu einem Sträßchen. Gleich darauf eine Kreuzung.

Auf dem kleinen asphaltiertem Fahrweg geradeaus und vorbei an einem großen Haus mit zwei Palmen davor. Am Ende der Asphaltierung geradeaus weiter auf schmalem Weg im Weinberg. Nach einigen Minuten Anstieg verläuft der Weg zwischen Wein und (linker Hand) Wald. Nach zwanzig Metern auf diesem Wegstück biegt man nach rechts, geht über Steinstufen in den Weinberg. Auf der Höhe links oberhalb taucht ein großes rotes Haus auf, das von hier aus auf verschiedenen Pfaden erreichbar ist. Am einfachsten: Bei einem Backstein-Schuppen nach links, auf Pfad zu dem Haus aufwärts. Links am Haus vorbei, auf dem Hügelkamm in Pinienwald weiter aufwärts bis zu einer Pfadkreuzung (rechts ein grau verputzter Schuppen). Hier biegt man nach rechts, geht dicht an dem Schuppen vorbei. Auf schmalem Pfad durch Olivenhaine in Richtung *Lemeglio*. Kurz vor dem Ort bei einer Pfadgabelung links aufwärts, dann wieder nach rechts, an einer Steinmauer entlang zum Dorf (45 min). Im Ort trifft man auf einen breiteren Querweg, geht nach links (Wegweiser 'Monte Incisa', Markierung: rotes Quadrat).

Auf schönem Weg oberhalb des Meeres zwischen Weinterrassen nach Süden. Ein anfangs recht steiler Anstieg auf altem Maultierpfad in einem Steineichenwäldchen. Der Weg verläuft dann fast eben, biegt bei einer Holzbank -nach links in ein Quertal.

Von hier bis zum Bauernhaus Castagnole (30-45 min) gibt es zwei Varianten. Die erste ist schöner, führt aber über einen nicht markierten, streckenweise von Gebüsch überwucherten Weg; zudem muß man etwas mühselig einen Felsrutsch passieren. Die zweite Variante dauert etwa 15 min länger.

1. Variante: Etwa 50 m hinter der Kurve nimmt man bei einer Verzweigung den rechten, unteren Pfad. (Nicht den direkt hinter der Kurve abzweigenden Pfad einschlagen!). Der Weg führt für rund 25 min mit schönen Blicken hoch über dem Meer durch den Buschwald, biegt dann - sobald die Aussicht auf Deiva Marina frei wird - scharf nach links und erreicht das Bauernhaus Castagnole (1:35 h).

2. Variante: Bei der Wegverzweigung 50 m hinter der Kurve bleibt man auf dem breiteren, nach links führenden Weg. Er steigt an bis zu einer grüngestrichenen Wellblechhütte, von der aus man eine weite Aussicht nach Nordwesten genießt. 15 Meter hinter der Hütte biegt man in einen schmalen, nach rechts ins Gebüsch abzweigenden Pfad (Markierung: blaue Punkte). Nach einer Minute auf diesem Weg zweigt ein Pfad nach links abwärts ab; man geht hier geradeaus weiter. Es folgt ein rund fünfzehnminütiger, etwas mühseliger Abstieg auf felsigem Pfad im Buschwald. Schließlich biegt der Weg scharf nach links und erreicht das Bauernhaus Castagnole (1:50 h).

Bei dem Bauernhaus verbreitert sich der Weg. Man folgt ihm ins Tal bis *Deiva* (knapp 2 h). Bei der Piazza Zinara nach rechts (kurzer Abstecher geradeaus in den alten Ortskern empfehlenswert), auf der Via della Libertà zur Hauptstraße, die am Flüßchen Deiva entlang führt.

Man geht auf der Straße nach rechts, unter der Bahnbrücke hindurch, dann bei einer Gabelung vor der *Bar Sereno* nach links, weiter am Fluß entlang. Kurz vor dem Strand nach links biegen, auf einer Brücke über den Fluß, anschließend sofort wieder nach links. Nach 100 m biegt man auf dem Sträßchen nach rechts. Nach weiteren 100 m überquert das Sträßchen ein altes Bahngleis. Man biegt anschließend nach rechts, geht parallel zum Gleis. Nach weiteren 20 m verläßt man die Straße, schlägt nach links einen steil im Buschwald ansteigenden Pfad ein (blaue Markierung, Weg Nr. 1).

Anstrengender Aufstieg (ca. 300 Höhenmeter) durch Macchia mit Baumheide, Erdbeerbäumen, Ginster zu einem großen Haus, das nach einiger Zeit oberhalb sichtbar wird. Der Weg erreicht schließlich das Haus auf der Höhe, führt links an ihm vorbei (3 h). Man wendet sich oberhalb des Hauses nach rechts, biegt - sobald man das Haus passiert hat - in einen Waldpfad nach links. (Hier weisen Schilder 'Bonassola-Framura' in zwei Richtungen - man nimmt den dritten, unbeschilderten Weg ganz links, in östlicher Richtung!) Bei der Abzweigung des Waldwegs ein sehr schöner Blick über den Küstenbogen mit dem Monte Portofino, der Bucht von Genua - die Stadt selbst ist versteckt -, den Bergen der Riviera di Ponente, bei klarer Sicht bis zu den französischen Seealpen.

Auf dem Waldpfad umgeht man in leichtem Auf und Ab den *Monte Serra* auf seiner Nordseite. Blicke nach Norden auf - zum Teil von Neubauten umgebene - Bergdörfer, die Viadukte der Autobahn La Spezia-Genua und die Berglandschaft um den *Passo del Bracco*. Unter Edelkastanien und Kiefern wandert man immer in östlicher/südöstlicher Richtung. Der Weg verbreitert sich schließlich, erreicht kurz danach ein Bauernhaus (knapp 3½ h). Man geht geradeaus an diesem vorbei, gelangt in weiterem Auf und Ab, schließlich stärker absteigend, nach *Framura-Costa* (284 m ü.M.). Im Ort nochmals leicht ansteigend, erreicht man die Kirche, dahinter die Straße (3:40 h).

■ Wer das folgende Asphaltstück vermeiden will, kann eine **Variante** einschlagen, die allerdings mit einem zusätzlichen An- und Abstieg (200 Höhenmeter) verbunden ist und rund eine Stunde länger dauert: In *Costa* nimmt man vor dem Haus Nr. 52 den Treppenweg, der zum Meer hin absteigt. Man folgt dem Weg durch

Setta (Hinweisschild 'Alimentari Enrica' folgen, dann im Ort nach links biegen, vorbei an *Bar Gianni*, am Ortsende in Treppenweg nach rechts abwärts, Markierung: blauer Punkt), passiert den Weiler *Ravecca*, erreicht am Rand von *Anzo* einen ebenen Querweg. Auf diesem nach links, durch das Dorf zur Straße, auf ihr abwärts. Nach wenigen Minuten nach links in Via Luigi Duina (30 min ab Costa). Weiter wie bei Wanderung 1 *(Bahnhof Framura-Bonassola)* beschrieben.

Der Hauptweg führt in *Framura-Costa* auf der Straße nach links, nach 100 m bei einer Abzweigung auf die Straße nach rechts (Wegweiser 'Bonassola'). Nach gut einer halben Stunde bequemer Asphaltwanderung erreicht man eine Straßengabelung. Links oberhalb ist hier das Dörfchen *Reggimonti,* rechts unterhalb Montaretto sichtbar, beide mit ihren farbigen Häusern recht malerisch. Hier rechts, in Richtung Montaretto, das in wenigen Minuten erreicht wird (4:20 h; 294 m ü.M.).

Durch *Montaretto*, im Ort vor einer Kapelle nach rechts abwärts (gleich hinter der Kapelle ein Brunnen, Trinkwasser). Die gleich darauf folgende Bar ist - unberührt von allen Schwankungen des Zeitgeists - nach wie vor mit Lenin-, Gramsci-, Togliatti- und Ho-Chi-Minh-Porträts geschmückt. Hundert Meter weiter steht am Weg der katholische Kontrapunkt, eine Gebetsnische; hier folgt man dem Hauptweg nach links abwärts, geht gleich darauf bei einer Wegverzweigung geradeaus weiter, am Sportplatz vorbei. Hinter dem Sportplatz eine Gabelung; man geht auf dem breiteren Weg nach links hinab. Auf z.T. gepflastertem Weg in ein schönes Bachtal. Bei einer Weggabelung (4:40 h) nach rechts. (Nach links die Brücke überquerend, gelangt man in wenigen Minuten zu einer Kirche; Blick auf die Bucht von Bonassola.) Auf Treppenweg, z.T. durch schöne Olivenhaine, zum Schluß auf Beton-Weg, hinab nach *Bonassola*. Am Ortsrand überquert man ein Sträßchen, geht auf Treppenweg (Via Caneva) weiter abwärts zum Bahnhof (5 h) - von dort sind es nur noch wenige Minuten ins Ortszentrum.

7. Tag: **Von Bonassola nach Monterosso**

■ 3½ Stunden - Von Bonassola steigt man zunächst durch recht besiedeltes, wenn auch landschaftlich schönes Gebiet zu dem kleinen Paß, der die Buchten von Bonassola und Levanto trennt. Gleich hinter dem Paß wird die Landschaft wilder und einsamer. Levanto mit seinen ausgebreiteten Bauten unterbricht noch einmal das ungestörte Naturerlebnis - aber dann folgt ein großartiger, einsamer Weg hoch über dem Meer durch Buschwald und Ginster, unter Pinien und Erdbeerbäumen. Begeisternd sind die Blicke über steile Felsabstürze aufs Meer. Bei der *Punta Mesco* erreicht man die Cinque Terre, überblickt ihren gesamten Küstenbogen. Abstieg durch Pinienwald nach Monterosso.

Hinweise zur Wanderung

Nicht zu früh am Morgen aufbrechen! Zwischen Levanto und Monterosso hat man unangenehmes Gegenlicht, solange die Sonne niedrig steht.

- **Anstiege**: ca. 450 Höhenmeter in zwei Abschnitten
- **Verpflegung und Trinkwasser:** in Levanto
- **Campingplätze** in Levanto. Anschließend keine Gelegenheit mehr: ungeeignetes Gelände und Campverbot in den Cinque Terre.

In *Bonassola* in südlicher Richtung auf der Uferstraße. An ihrem Ende ein kleiner Sportplatz; von drei rechts am Sportplatz vorbeiführenden Straßen nimmt man die mittlere (Via Maxinara), passiert gleich darauf das Hotel *Feluca*, steigt hinter der Pension auf Treppen an. Bei abzweigenden Treppenwegen geht man geradeaus, bis der Hauptweg selbst nach links biegt (Via del Poggio). Weiter aufwärts, eine Straße überqueren, zu einem Querweg, auf diesem nach rechts aufwärts. Noch ein Querweg, hier rechts. Dieser Weg verbreitert sich zu einem Sträßchen. Hundert Meter danach biegt man in einen nach links ansteigenden Treppenweg, der bald darauf nochmals ein Sträßchen überquert. Man gelangt zur Paßhöhe (40 min), überquert wieder die Straße, geht durch Olivenhaine ins Tal von Levanto. Ein Sträßchen (55 min), man biegt auf ihm nach links und nach 30 m nach rechts, abwärts in einen

Treppenweg, der dem Anschein nach zu einem Privathaus, in Wirklichkeit jedoch daran vorbei führt. Man erreicht *Levanto* (1:10 h).

In *Levanto* geht es in südlicher Richtung durch den Ort, am südlichen Ortsende hinauf zur Kirche Sant'Andrea (am schwarz-weiß gestreiften Turm von weitem zu erkennen). Rechts an der Kirche vorbei, durch einen Torbogen, dann auf Treppenweg nach rechts aufwärts. Man überquert vor einem gelben Haus (wenige Meter oberhalb der Burg) eine Straße, steigt auf gepflastertem Sträßchen an. Das Sträßchen verengt sich zu einem schönen Pfad unter Ölbäumen. Man erreicht eine Asphaltstraße (1:40 h). Auf der Straße nach rechts aufwärts, nach fünf Minuten beim Restaurant *La Giada del Mesco* in einen nach rechts abzweigenden Weg. In leichtem Auf und Ab, immer in südlicher Richtung, an einigen schön gelegenen Bauernhäusern vorbei. Nach dem letzten Haus (2 h) beginnt ein gut zehnminütiger, steiler Anstieg, dem ein kurzer Abstieg folgt. Anschließend ein langer allmählicher Anstieg auf schönem Weg hoch über dem Meer. Man erreicht eine kleine Kuppe (2:50 h). Gleich danach eine Gabelung: Nach links der Cinque-Terre-Höhenweg Nr. 1. Nach Monterosso geht es (Weg Nr. 10) geradeaus. Wenige Minuten später biegt der markierte Weg nach links ins Tal; hier empfiehlt es sich, zunächst geradeaus weiterzugehen: Kurz darauf kommt der 'Semaforo' (Leuchtturm) genannte Punkt - mit den Ruinen eben des Leuchtturms und einer Kirche - von dem aus man in südöstlicher Richtung die gesamten Cinque Terre überblickt. Zurück zur Abzweigung und in knapp 40 min abwärts nach *Monterosso* (3½ h).

8. und 9. Tag
Von Monterosso nach Riomaggiore und von Riomaggiore nach Portovenere

Diese beiden Wanderungen (von jeweils etwa 4½-stündiger Dauer) sind unter den Cinque-Terre-Wanderungen Nr. 4 und Nr. 5 auf den Seiten 75f und 77f beschrieben.

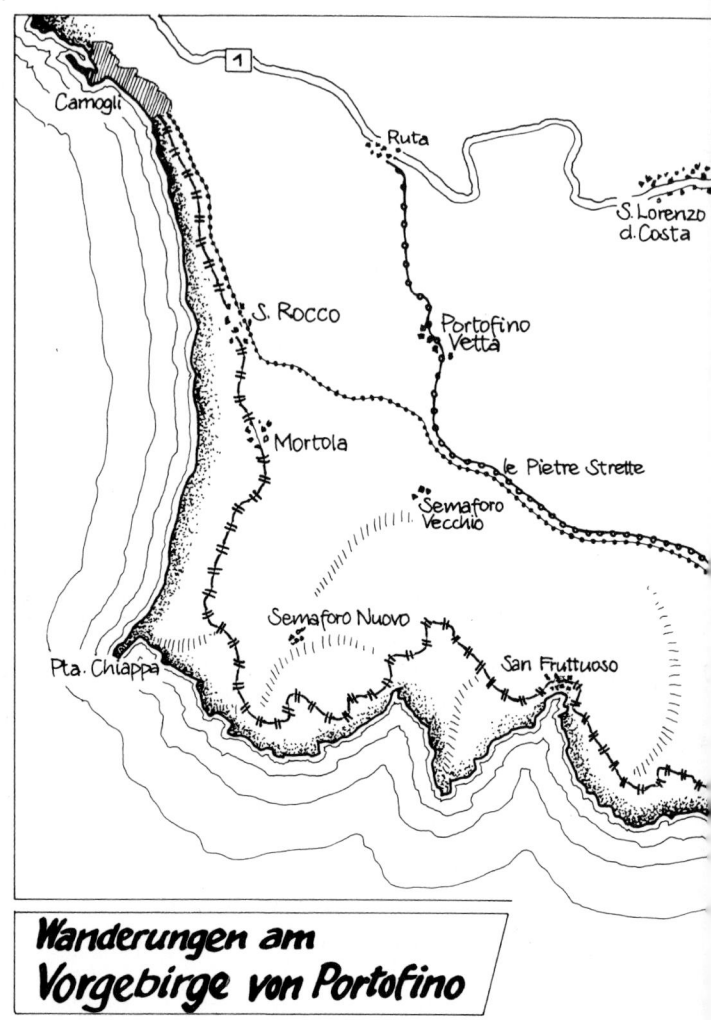

Camogli
Ruta
S. Lorenzo d. Costa
S. Rocco
Portofino Vetta
Mortola
le Pietre Strette
Semaforo Vecchio
Semaforo Nuovo
Pta. Chiappa
San Fruttuoso

Wanderungen am Vorgebirge von Portofino

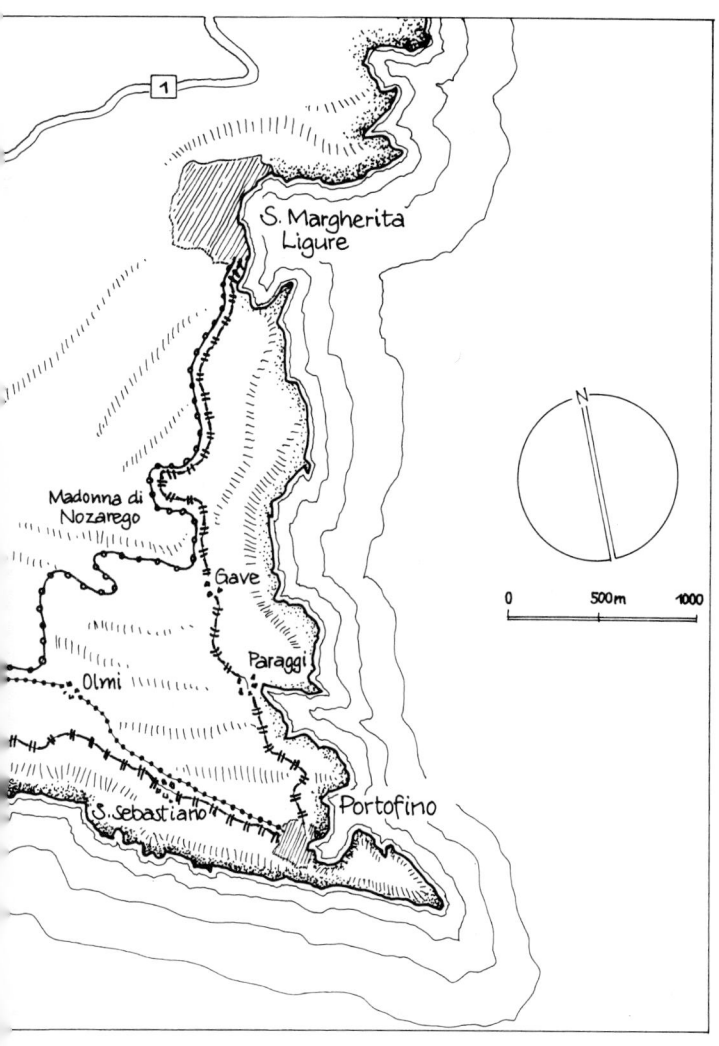

S. Margherita
Ligure

Madonna di
Nozarego

Gave

Paraggi

Olmi

S. Sebastiano

Portofino

N

0   500m   1000

1

Am Monte Portofino

DAS VORGEBIRGE des Monte Portofino zwischen *Camogli* und *Santa Margherita Ligure* ist neben den Cinque Terre das zweite zum allgemeinen Gebrauch eingerichtete Wandergebiet der Riviera di Levante. Markierte Wege, Hinweisschilder, genaue Wanderkarten hindern am Sich-Verlaufen.

Die Landschaft (unter Naturschutz) ist unverbaut, man braucht sich nicht über Wohnblocks und Einfamilienhäuser zu ärgern.

Die Wege: zumeist die alten Verbindungswege zwischen Orten und Gehöften der Halbinsel, zum Teil mit Steinplatten gepflastert, im allgemeinen recht bequem zu gehen. (Nur an der Steilküste zwischen *Camogli - S. Fruttuoso - Portofino* schmale Pfade im Macchia-Gesträuch.)

Alles in allem ein angenehmes Wandergebiet; nicht so aufregend wie die Cinque Terre, nicht so einsam wie das Hinterland der Küste (vgl. Abschnitt 'Die große Tour'), aber überall schöne Landschaft, abwechslungsreiche Vegetation, weite Blicke aufs Meer. Aus den verschiedenen ausgeschilderten und markierten Wegen kann man sich leicht ein eigenes Programm zusammenstellen.

■ Die Wanderkarte *'Golfo Tigullio'* (1:25 000) ist überall in den Orten der Gegend erhältlich.

Ich schlage im folgenden fünf Wanderungen vor, auf denen man die Region ziemlich vollständig kennenlernt:

Wanderung
Ruta - Portofino Vetta - Santa Margherita

■ 2¾ Stunden - Bequeme Überquerung der Halbinsel auf angenehmen Wegen. Abwechslungsreich: Zuerst auf der Höhe im Pinienwald, dann zwischen verstreuten Bauernhäusern mit Gärten und Ölbaumhainen, schließlich Abstieg nach Santa Margherita (viele hundert Treppenstufen!) mit Meerblicken.

- Der Ausgangspunkt *Ruta* ist sowohl von Camogli als auch von S. Margherita aus mit Linienbussen erreichbar (häufige Verbindungen).

In *Ruta* (250 m ü.M.) unterhalb der Kirche, von Camogli kommend kurz vor dem Straßentunnel der Via Aurelia, biegt man in ein rechts von der Kirche ansteigendes Treppchen ein (Via Pietro Chiesa). Man passiert die Kirche, geht auf einem Sträßchen noch 30 m weiter bergan, biegt dann nach rechts in einen Treppenweg (Schild 'Via di S.Fruttuoso e Portofino', Markierung: rotes Quadrat). Anstieg auf gepflastertem Weg im Wald bis zum Hotel *Portofino Vetta* (430 m ü.M.).

Hier biegt man auf einem Sträßchen nach rechts und nimmt 50 m weiter einen nach links abzweigenden Weg (weiterhin mit roten Quadraten markiert), der gleich darauf an zwei Fernsehmasten vorbeiführt. Bei den kurz nacheinander folgenden Abzweigungen nach San Rocco und Semaforo Vecchio/Semaforo Nuovo geht man jeweils geradeaus (Wegweiser: Portofino, Pietre Strette) und erreicht die *Pietre Strette*, einige kleine Felsblöcke am Weg (50 min).

Weiter geradeaus (Wegweiser 'S.Margherita Ligure/Portofino Mare', weiter mit roten Quadraten markiert). Gleich darauf verzweigt sich der Weg. Man folgt geradeaus den roten Quadraten und dem Wegweiser 'S.Margherita Ligure/ Portofino Mare'. 5 Minuten darauf biegt nach links ein Pfad in Richtung S.Margherita ab (Wegweiser). Hier geht man geradeaus weiter und erreicht kurz darauf den höchsten Punkt der Wanderung (470 m ü.M.).

Es folgt ein knapp halbstündiger Abstieg in Pinien- und Kastanienwald bis zu der Häusergruppe *Olmi* (1:30 h). Hier ändert sich die Vegetation, es beginnt die Ölbaumzone.

Man passiert ein weißes Haus mit großer Terrasse rechter Hand, biegt 100 m danach nach links in einen Weg in Richtung Nozarego (Markierung: rotes Kreuz). (Geradeaus geht es über *San Sebastiano* in etwa 45 Minuten nach *Portofino*.) Mit schönen Ausblicken wandert man durch bäuerliches Kulturland meist abwärts bis zum Kirchlein von *Gave* (knapp 2 h).

Vor der Kirche nach links, mit Blick auf den Golfo del Tigullio am Hang über dem Meer, bei einer Gabelung links halten (kurzer Anstieg); anschließend senkt sich der Weg im Bogen zu einer Straße. Auf der Straße nach links, zum Kirchlein 'Madonna di Nozarego' (2:15 h). Unterhalb der Kirche biegt man nach rechts in einen absteigenden Treppenweg, vorbei an der Trattoria 'La Primula'. Auf diesem Weg, vorbei an Bauernhäusern, abwärts nach *S. Margherita*. Man erreicht den Ortsrand, geht weiter auf Straße zwischen neuen Häusern, gelangt zum Ufer, und, sich nach links wendend, zur zentralen Piazza Vittorio Veneto (2¾ h).

Wanderung
Camogli - San Rocco - San Fruttuoso

■ gut 3½ Stunden - Der abenteuerlichste, einsamste, anstrengendste Weg am Monte Portofino - nur für trittsichere, schwindelfreie Wanderer! Im ersten Teilstück geht alles noch recht bequem, doch dann kommen mehrere schmale Strecken hoch über dem Ufer. Zu Recht warnt ein Schild in San Rocco vor dem 'schwierigen Pfad für erfahrene Wanderer'.

Wem die Tiefblicke nichts ausmachen, der hat seinen Spaß: Gemsenpfade über dem Meer. Blicke auf abgelegene, unberührte Buchten, Macchiavegetation, schroffe Felsen. Nach dem anfänglichen Anstieg bis San Rocco (220 Höhenmeter) geht es viel auf und ab, zum Schluß dann steil zum Kloster *San Fruttuoso* hinab. Von dort fährt man mit dem Schiff nach Camogli oder Portofino (Abfahrtzeiten vor der Wanderung am Hafen in Camogli erfragen, die Boote fahren nicht bei ungünstigen Wetterverhältnissen). Konditionsstarke Wanderer können die Tour noch bis Portofino verlängern.

In *Camogli* in südlicher Richtung am Meer entlang (Via Garibaldi), dann weiter geradeaus, vorbei am Hotel *Cenobio dei Dogi* (Via Cuneo). In einer Linkskurve der Straße geradeaus weiter in ein kleineres Sträßchen, am Bach entlang aufwärts. Nach 200 m auf dem Sträßchen biegt man nach links, nach weiteren 30 m nach rechts in einen Fußweg (Wegweiser 'S. Rocco', Markierungen: roter Kreis, zwei rote Punkte). Schöner Anstieg zwischen Mäuerchen, Olivenhainen, Gärten, Bauernhäusern nach *S. Rocco* (220 m; 45 min).

Rechts an der Kirche vorbei, bei Gabelung an der rechten Kirchenseite nach rechts (Wegweiser 'Via Mortola, Punta Chiappa'; Markierungen: zwei rote Punkte, zwei rote Dreiecke). Also nicht den aufwärts führenden, nach S. Fruttuoso ausgeschilderten Weg (die harmlose Variante) nehmen! Nach wenigen Minuten bei einer Abzweigung geradeaus weiter, dann geht es auf ebenem Weg durch den Weiler *Mortola* (rechts unterhalb die romanische Kirche S. Nicolò sichtbar). Einige Minuten nach dem Ort bei einer kleinen Brücke links eine Quelle (Trinkwasser). Eine Gabelung (60 min): hier rechts (Wegweiser 'Batterie'; Markierung: zwei rote Punkte). Der Weg verläuft eben, steigt dann kurz an; schöner Blick zurück auf Camogli. Man biegt um eine Felsnase. Verschiedene Bunker aus dem Zweiten Weltkrieg. Nun beginnt das spannendste Wegstück, hoch über dem Meer durch völlig einsame Fels- und Macchia-Landschaft. Der Pfad ist z.T. sehr schmal, gelegentlich auch von Pflanzen überwuchert. Auf zumeist ebenem Weg umrundet man mehrere Buchten, steigt dann - nach einer Bachüberquerung - in Kurven nach links an. Steiler Anstieg zum Hügelkamm (3 h) und Abstieg nach *S. Fruttuoso* (3:40 h).

Wanderung
San Fruttuoso - Portofino

■ knapp 2 Stunden - Schöner, relativ stark begangener Weg hoch über dem Meer. Anstrengender, aber nicht allzu lang dauernder Anstieg; dann eben am Hang durch immergrüne Macchia mit zahlreichen Erdbeerbäumen, Baumheide, Steineichen. Schließlich Abstieg durch die Kulturlandschaft der Bauernhäuser und Villen, mit Ölbäumen, Eßkastanien, Feigen, Zitronen. Schöne Meerblicke auf der gesamten Strecke.

Der Weg läßt sich genauso gut in der Gegenrichtung wandern; in diesem Fall Einstieg in *Portofino*: Von Straße Richtung Genua nach kurzem Stück nach links in Treppenweg (Wegweiser: San Sebastiano/Olmi), gleich rechts und wieder links. Nach rund 40 min aufpassen: Die Abzweigung des (mit zwei roten Punkten markierten) Weges nach *San Fruttuoso* - Feldweg nach links - ist leicht zu übersehen.

- **Markierung**: zwei rote Punkte
- **Anfahrt nach San Fruttuoso** mit dem Schiff von Camogli

oder Portofino (nur im Sommerhalbjahr). Von Portofino kann man weiterwandern bis S. Margherita (s. u.).

In *San Fruttuoso* vom Platz vor der Kirche in nördlicher Richtung eine Treppe hinauf, über eine Brücke, dann bei einer Gabelung nach rechts auf ebenen, betonierten Weg. In fünf Minuten zu einer kleinen Bucht, dort unter dem Torbogen eines Hauses hindurch, auf Treppen aufwärts. Der Weg steigt an, meist im Wald. Gelegentlich schöne Blicke auf San Fruttuoso und aufs Meer. Vorbei an einem Hubschrauberlandeplatz, weiter aufwärts, schließlich hoch über dem Meer freier Blick. Nach 40 min ein als *Base 0* bezeichneter Punkt (185 m ü.M.) Weiter Rg. Portofino Mare (Wegweiser). Sehr schöner Weg in leichtem Auf und Ab am Hang, Pinien, immergrüne Vegetation, rötlicher Fels, kein Haus bis Case del Prato (1:10 h). Hier geht man bei einer Abzweigung geradeaus abwärts, gleich darauf bei einem Querweg links. Fünf Minuten später biegt man - immer den Wegweisern und Markierungen folgend - nach rechts hinab. Es geht nun auf gepflastertem Weg ständig abwärts über den Weiler *San Sebastiano* (1½ h) bis *Portofino* (1:50 h).

Wanderung
Portofino - Paraggi - Santa Margherita

■ gut 1½ Stunden - Weniger reizvoll als die anderen Wege, da man sich anfangs in der Nähe der besiedelten und vielbesuchten Uferstrecke zwischen *Portofino* und *Santa Margherita* hält; relativ anstrengend der Aufstieg *Paraggi-Gave*. Zwischendurch aber immer wieder reizvolle Teilstrecken, typische mediterrane Kulturlandschaft, Bauernhäuser und alte Villen. Blicke über den Golfo Tigullio bis Sestri Levante.

In *Portofino* geht man auf der Straße in Richtung Genua/La Spezia (Wegweiser). 150 m nach Beginn der Straße, unmittelbar vor einem Kirchenportal, biegt nach links ein Plattenweg ab (Wegweiser: 'Pedonale Portofino-Paraggi'). Auf diesem fast durchgehend ebenen Weg erreicht man in gut 20 min Paraggi. Etwas störend der Lärm der unter dem Weg entlangführenden Straße.

In *Paraggi* auf der Hauptstraße nach links, nach wenigen Metern - vor dem *Hotel Argentina* - in ein Sträßchen nach links. Gleich darauf, hinter dem Hotel, in einen nach rechts aufwärts führenden Treppenweg (Wegweiser: 'Gave, Nozarego, Portofino Vetta'). Steiler Anstieg auf Treppenweg. Auf der Höhe bei einer Gabelung nach links. Man gelangt zum *Kirchlein von Gave* (60 min). Weiter bis *S. Margherit*a (1:40 h) wie im letzten Abschnitt der Wanderung *Ruta-Portofino Vetta-S. Margherita* (vgl. S. 277).

Wanderung
Camogli - Portofino Vetta - Portofino

■ 3½ Stunden - Neben der Wanderung *Ruta-Santa Margherita* die zweite große Durchquerung der Halbinsel. Von Camogli Anstieg durch noch gut erhaltene kultivierte Landschaft (Ölbaumhaine, kleine Gärten; allerdings Blick auf die vielen Villen am gegenüberliegenden Hang von Ruta). Später Wanderung durch Pinienwälder auf der Höhe und Abstieg nach Portofino. Viele Überschneidungen mit den bisher beschriebenen Wegen: bis S. Rocco wie in der 'Abenteuerwanderung' *Camogli-S. Fruttuoso*, von Portofino Vetta bis Pietre Strette wie bei *Ruta-S. Margherita*, die letzten 70 min wie bei *S. Fruttuoso-Portofino*.

Von *Camogli* bis *S. Rocco* geht man wie bei der Wanderung *Camogli-San Fruttuoso* beschrieben (vgl. S. 278). In *S. Rocco* rechts an der Kirche vorbei, dann bei Gabelung auf dem linken Weg (Wegweiser 'S. Fruttuoso/Portofino Vetta') ansteigen. Anstieg bis zu einem Querweg (1¼ h). Nach rechts (Wegweiser 'Portofino Mare/ S. Fruttuoso') bis zu den kleinen Felsen 'Pietre Strette' (1½ h). Kurz hinter den *Pietre Strette* nimmt man bei einer Gabelung den rechten Weg (Wegweiser: 'Portofino mare/Base O/S. Fruttuoso). Der Weg senkt sich mit schönen Meerblicken. Bei zwei Abzweigungen hält man sich jeweils rechts (Wegweiser 'S. Fruttuoso'), geht weiter abwärts. Tief unterhalb sieht man das Kloster *San Fruttuoso,* erreicht dann die Weggabelung *'Base O'* (2¼ h). Man biegt nach links (Abstecher nach rechts bis San Fruttuoso möglich, hin und zurück gut 1 h). Weiter wie Wanderung *S. Fruttuoso-Portofino* ab 'Base O'. Bis *Portofino* insgesamt 3½ h.

Die Italiener,
das fröhliche Volk

Die Heiterkeit

Seit die Romantik den touristischen Wert der einfachen
Leute entdeckte, geistern die Italiener als fröhliches Volk
durchs Un- und Halbbewußte der nordischen Reisenden.
Alles klar, wenn man sich die Italien-Bilder des frühen 19.
Jahrhunderts anschaut: singende Landleute vor malerischen
Ruinen, beschaulich hingelagerte Hirten in arkadischen
Naturszenerien. Bescheidene, gutmütige, vor allem aber (der
Armut zum Trotz) lebensfrohe Menschen: Das war' s, was
die melancholischen nordischen Seelen im heiteren Süden
suchten. Schon hatten die Landesbewohner ihr Etikett weg,
eine solide Projektion, die immer neue Nahrung fand.

So geht es nun seit bald zweihundert Jahren. Aufgeschlos-
sene Herzen interessieren sich schon lang nicht mehr für
klassische Bildung, die Spuren abendländischer Vergangenheit lassen sie kalt - sie suchen das eigentliche Erlebnis im
Kontakt mit der Bevölkerung. Und die Bevölkerung, mit
ihrer Lebhaftigkeit, ihrer Genußfähigkeit, ihrem unaus-
gesetzten fröhlichen Kommunizieren, dankt das Interesse
tausendfach, indem sie kühle mitteleuropäische Seelen in
neue Schwingungen versetzt. Zwei Beispiele (von hundert
möglichen): In Peter Schneiders Roman *Lenz*, einer Schlüs-
selerzählung der frühen siebziger Jahre, erholt und regene-
riert sich der Ich-Erzähler von deutscher Kälte und Starre
bei italienischen Genossen. In Margarete von Trottas Film
Die bleierne Zeit sticht von all den bleiernen Szenen eine
einzige fröhliche ab: Ein kurzer Ferienaufenthalt in Itali-
en, ein lärmendes, sinnliches, genußfrohes Essen im Risto-

rante (aber die schwere deutsche Realität bricht per Fernseher in das kurze Italien-Glück ein).

Was hat es damit auf sich? Die projektive Seite all dieser Bilder - der Traum von etwas, das einem selbst fehlt - ist deutlich; aber zugleich müßte man schon mit Blindheit geschlagen sein, um allen Ernstes zu leugnen, daß in Italien mehr auf der Straße geschwätzt, ausgedehnter getafelt, lauter diskutiert und großzügiger Geld ausgegeben wird als in nördlicheren Regionen. Ein fröhliches Volk?

SCHAUEN WIR GENAUER HIN. Ganz aus der Luft gegriffen ist das Bild vom lebensfrohen Italiener nicht. In den meisten Gebieten Italiens gibt es - bei aller Verschiedenheit dieser Gebiete untereinander - eine Tradition des Lebensgenusses und des spielerischen Umgangs, die den nordischen Ländern (vor allem den protestantischen Regionen) weitgehend fehlt. Wenige Dinge gelten als so ernst, daß man nicht auch darüber scherzen könnte; Pflichtgefühl und Arbeitsethos haben niemals den Sinn fürs Konkrete, unmittelbar Greifbare verdrängt; Müßiggang und Kontakt wurden immer hochgeschätzt. Manches davon hat sich heute verloren - aber es genügt, eine Großfamilie auf dem Sonntagsausflug stundenlang essen zu sehen oder manchem Bargespräch zu folgen, um sich von dieser Lebenskunst ein Bild zu machen. Vor allem: das dumpf-stumpfe Brüten (und die dumpfe Aggressivität), die für manche unserer Landsleute so kennzeichnend sind (tief eingefressen in die Physiognomien...), finden sich in Italien fast nie.

Mit der 'Lebensfreude' hängt auch der Umgang der Italiener mit ihrem Körper zusammen. In den Bewegungen, im Gehen und Stehen zeigen sich die Italiener fast immer physisch unverkrampfter als ihre reisenden Gäste, sie bewegen sich selbstverständlicher. Häufig kann man auf große Entfernung an der bloßen Gangart den Fremden erkennen. Lässigkeit, Genuß, Gesprächsfreude, Witz - alle Italien-Berichte sind voll davon. Das Land liefert dem ersten (auch dem zweiten und dritten) Blick genügend Material, um das Vorurteil vom lebensfrohen Volk zu bestätigen. Es liefert sogar so viel Material, daß manche Italienkenner zeitlebens daran festzuhalten vermögen und in immer neuen Variationen das alte Lied vom heiteren Südmenschen singen. Ein altes Lied, ein (teilweise) falsches Lied. Denn die große Heiterkeit ist nur eine (die sichtbare) Seite der Medaille. Die Kehrseite hat seit jeher daneben existiert.

In Süditalien sagte mir einmal ein Student: „Wir waren immer freundlich und umgänglich - weil wir arm waren und uns vor allen Fremden in acht nehmen mußten." Luigi Barzini beschreibt in dem lesenswerten Buch *Die Italiener* die italienische Kunst des menschlichen Umgangs in vergleichbarer Weise: als Schutzmechanismus in einer unsicheren und bedrohlichen Welt. Heute haben sich zudem über die südländische Fröhlichkeit neue Schatten gebreitet: die Schatten einer gesellschaftlichen Umwälzung, mit der das traditionelle Selbstverständnis nicht immer Schritt hält.

Italien hat sich in der Nachkriegszeit in atemberaubendem Tempo gewandelt. Aus einem ökonomisch und sozial rückständigen Agrarland ist es binnen weniger Jahrzehnte zu einer der reichsten und technisch fortgeschrittensten Gesellschaften der Welt geworden. Diese Veränderung war von großen sozialen Erschütterungen begleitet: von der Binnenwanderung einiger Millionen Menschen aus Süditalien nach Norden, vor allem in das Industriedreieck zwischen Mailand, Turin und Genua; von den erbitterten Arbeitskämpfen und sozialen Unruhen der 60er und 70er Jahre; vom nachhaltigen Wandel der Frauenrolle; von der Auflösung überkommener Lebenszusammenhänge und Verhaltensweisen. Dieser Veränderungsprozeß hat alte Selbstverständlichkeiten erschüttert und zu Spannungen und Krisen geführt.

Irritationen

EINIGE SCHRIFTSTELLER und Filmregisseure haben die Irritationen, die Kommunikationsbrüche, die Schwäche der scheinbaren Selbstverständlichkeiten im gegenwärtigen Italien mit seismographischer Genauigkeit dargestellt. Sie sind im Ausland vergleichsweise unbekannt: vermutlich, weil das spezifisch Modern-Italienische, das in ihren Werken zum Ausdruck kommt, außerhalb des Landes gar nicht vollständig verstanden wird (während beispielsweise die Filme Fellinis genau der Vorstellung vom chaotischen, lebendigen, sinnlichen Italien entsprechen). So hat *Natalia Ginzburg* in ihren Romanen eine historische Chronologie des Wandels der Beziehungen in Italien gegeben; *Gianni Celati* trifft in 'Erzähler der Ebenen' und 'Der wahre Schein' Stimmungen des zeitgenössischen Norditalien mit größter Präzision; *Andrea del Carlo* beschreibt meisterhaft aktuelle Haltungen und Kommunikationsformen, vor allem in 'Techniken der Verführung'.

Unter den Regisseuren sind besonders *Gianni Amelio* und *Nanni Moretti* zu nennen. Morettis 'La messa è finita' wurde von Alberto Moravia als die genaueste Momentaufnahme des heutigen Rom bezeichnet; 'Liebes Tagebuch' erhielt 1994 in Cannes den Preis für die beste Regie. In all diesen Werken werden Kontaktstörungen, depressive Tendenzen, das Verstummen und Aneinander-vorbei-Leben zum Thema gemacht, also gerade nicht die allumfassende Kommunikation und Heiterkeit, die unser Italien-Bild prägen. Die folkloristische Vorstellung vom fröhlichen Volk - das sehen wir in diesen Filmen und Büchern - stimmt nicht mehr so recht. *Pier Paolo Pasolini* hat die Entwicklung bereits zu Beginn der siebziger Jahre gespürt: Die Bilderbuch-Figur des armen, aber zufriedenen Bäckerburschen, der pfeifend das Brot austrägt - so schrieb der Regisseur und Dichter - verschwindet. Mittlerweile gibt es solche Bäckerburschen in Italien nicht mehr - und mit ihnen hat sich manches andere verloren, das zu dieser sympathisch-traditionellen Welt gehörte.

Der schnelle Wandel

WOHER KOMMEN diese Kommunikationsprobleme? Manche von ihnen finden sich in allen Industrienationen - sie haben wenig mit der besonderen Situation Italiens zu tun. So sind mit steigendem Wohlstand die Konsum-Werte in den Vordergrund getreten. Das tut den menschlichen Kontakten bekanntlich nicht gut, in Italien ebensowenig wie anderswo.

Der Schauspieler und Sänger *Giorgio Gaber* hat sich in 'Die Überflüssigen' über die Banalität der Konsum-Konversation lustig gemacht: „Was für ein Wandel! Ich erinnere mich, vor einiger Zeit wurde immer geredet. Man redete mit den Freunden, in den Wohnungen, aber auch draußen, man diskutierte, man diskutierte über alles: die Politik, die Welt, das Leben, die persönlichen Angelegenheiten, man redete eben, manchmal sogar zuviel! Und dann auf einmal - nichts mehr. Nein, ich will sagen andere Dinge: Tennis, die Rheinweine, wie ist der Schnee in Cortina... Ich hab jetzt Freunde, die auch im Winter braungebrannt sind. Es sind dieselben wie früher. Nein, ich hab nichts gegen die Berge und auch nichts gegen Tennis oder Kricket oder Squash. Und alle fahren Ski, und segeln, surfen, reiten, spielen Golf... " Der Einbruch moderner Werte und Verhaltensformen hat in Italien aber irritierender gewirkt als anderswo, weil er viel schneller ablief als in den Ländern Nord- und Mitteleuropas. Noch in den fünfziger Jahren war Italien durch agrarische Traditionen geprägt. Der Anteil der Landbewohner an der Gesamtbevölkerung war hoch, der Lebensstandard niedrig, die Lebenseinstellung stark durch die katholische Kirche geformt. Noch bis in die siebziger Jahre gab es beispielsweise keine Möglichkeit der gesetzlichen Ehescheidung! In diese traditionelle Welt brachen dann Modernisierungsprozesse ein, auf die das Land nicht vorbereitet war. Viele Menschen bekamen Schwierigkeiten, eine neue Rolle und neue Lebensorientierungen zu finden.

Das gilt besonders für die Frauen. Im italienischen Frauenbild verbinden sich starke Widersprüche. Einerseits stellt
die Rolle der *Mamma* immer noch ein unangefochtenes Ideal
dar, andrerseits sind heute in Italien mehr Frauen berufstä-
tig als in der Bundesrepublik. Einerseits wird genau zwischen verheirateter und unverheirateter Frau (*signora* und
signorina) unterschieden; andrerseits ist heute die Mehrzahl
der Studenten weiblich. Emanzipation und konservatives
Frauenbild laufen nebeneinander her. Es ist klar, daß damit Orientierungsprobleme einhergehen - für Männer wie
Frauen gleichermaßen. Wie sollen Beziehungen gestaltet
werden, wie sind Prioritäten zwischen Beruf und Familie
zu setzen, wie ist das gesellschaftliche Bild der unabhängigen, selbständigen Frau? Alle diese Fragen, die sich ja
auch bei uns stellen, treten in verschärfter Form auf, wenn
- wie in Italien - die traditionellen Werte noch stark sind
und sich zugleich moderne Strukturen mit aller Kraft gel-
tend machen.

Familiengeschichten

DIE LETZTE BASTION. In all diesen Umwälzungen aber
hat eines gehalten: die italienische Familie. Gewiß lebt man
auch in Italien nicht mehr in Großfamilien, gewiß nimmt
die Zahl der Singles zu. Aber in ganz anderem Maß als in
Nord- und Mitteleuropa ist die Familie für die meisten Italiener der wesentliche Bezugspunkt des Lebens. Sie scheint
allen Stürmen der Modernisierung zu trotzen. Zwar werden ihre Werte oft mehr in Worten hochgehalten als in Taten.
Aber sie bleibt von großer emotionaler und praktischer
Bedeutung. Vielfach bildet sie die Basis für die berufliche
Laufbahn. Sie übernimmt viele Funktionen, die bei uns dem
Staat zukommen.

Einige Beispiele: 88% aller italienischen Männer und
Frauen zwischen 20 und 24 Jahren leben noch im Elternhaus, bei den 25- bis 29-jährigen sind es 51% und bei den

30-34-jährigen immer noch 20%! Von den 13,5 Millionen Italienern zwischen 20 und 34 Jahren wohnen gerade 4% allein. Ein hoher Prozentsatz der Italiener arbeitet im Geschäft oder Betrieb der Eltern (oder sonstiger Verwandter). Eine staatliche Studienförderung existiert praktisch nicht, Studenten und Auszubildende bleiben ökonomisch von den Eltern abhängig. Familiäre Kontakte - der Onkel in der Gemeindeverwaltung, der Schwager im Finanzamt usw. - spielen eine entscheidende Rolle bei der Bewältigung von Alltagsproblemen. Und, besonders kennzeichnend: Die Pubertät als Lebensabschnitt der Auflehnung gegen Eltern und Familie ist in Italien unbekannt - Auflehnung und Ablösung finden nicht statt. Der italienische Alltag ist voll von Details, die ohne diese zentrale Rolle der Familie nicht verständlich wären: Da muß eine dreißigjährige Frau, Ärztin, abends zu einer bestimmten Uhrzeit nach Hause, „weil die Eltern sich sonst ärgern"; da hat ein findiger Hausbesitzer im Krankenhaus einer Großstadt eine Anzeige ausgehängt: „Vermiete Zimmer an Familienangehörige" - weil die nämlich während der Krankheit ihres *caro* möglichst nah sein wollen; da stehen überall in der Landschaft die Autos mit den Liebespaaren herum - weil die jungen Erwachsenen keine eigene Wohnung haben, den Partner aber nicht nach Hause zu Mamma und Papa mitbringen dürfen (jedenfalls nicht zum Liebe machen...).

Alles Dinge, die auch bei uns vorkommen mögen - aber eher als Ausnahme denn als Regel. Den Italienern hingegen gilt ein rein individualistisches Denken als befremdlich. Eine mir bekannte Lehrerin, die sich mit siebenundzwanzig Jahren in Rom eine eigene Wohnung nahm, wurde von der gesamten Verwandtschaft immer wieder entsetzt nach ihren Gründen gefragt; daß sie einfach Lust hatte, allein zu wohnen, verstand niemand.

DIESE ORIENTIERUNG an Familienwerten ist nicht widerspruchsfrei. Krisenzeichen sind unübersehbar. Die Zahl der Ehescheidungen steigt stark an. Die Geburtenrate ist - man mag es kaum glauben - nirgendwo auf der Welt niedriger als in Italien! Immer mehr alte Leute leben, von ihren Verwandten im Stich gelassen, allein. Dennoch ist die psychische Macht des Familiensystems kaum gebrochen. Zudem hat die italienische Gesellschaft die Familie mit starken materiellen Klammern gesichert. Gesetze und Sozialstrukturen erschweren eine individualistische Lebensführung. So gibt es nur einen kleinen Arbeitsmarkt für Gelegenheits-Jobber; Studenten und Arbeitslose können sich ökonomisch kaum vom Elternhaus unabhängig machen. Die Sozialleistungen sind weniger umfassend als bei uns: kaum Stipendien, kein ausgebautes Sozialhilfesystem - so behält die Familie ihre Macht schon durch die finanziellen Zwänge.

Die zum Teil verinnerlichten, zum Teil erzwungenen Abhängigkeiten lasten besonders stark auf Jugendlichen, die nach Selbständigkeit streben. Sie haben, da die Wege zur Autonomie blockiert sind, oft nur zwei Alternativen: Die Anpassung an den Lebensstil der Eltern oder das völlige Ausflippen. Der Zwischenbereich eines unabhängigen und doch geordneten Lebens existiert nicht; wer ausschert aus der Arbeits- und Konsumwelt, wird leicht zum völligen Außenseiter. Drogen und Terrorismus waren bis vor wenigen Jahren die beiden Facetten des Ausflippens; der Terrorismus - in Italien ein Massenphänomen, an bewaffneten Aktionen waren tausende beteiligt - wurde weitgehend zerschlagen, die Drogenszene ist geblieben - und wird immer größer.

Der feindliche Staat

SO HAT die Familie ihre zentrale Rolle trotz aller gesellschaftlicher Veränderungen behalten. Soziologen sprechen vom 'Familismus' der italienischen und auch anderer mediterraner Gesellschaften und führen eine Reihe von Eigenarten des Sozialsystems darauf zurück. Vor allem ist das Verhältnis zum *Staat* anders als in Mittel- und Nordeuropa. Wichtigster Bezugspunkt - gerade in Krisensituationen - bleibt die Familie, nicht der Staat. Man arrangiert sich unter Verwandten und im erweiterten Bekanntenkreis, nicht im Umgang mit Behörden. Arbeitslose beispielsweise setzen ihre Hoffnungen nicht aufs Arbeitsamt, sondern auf Verwandte „mit Kontakten". Für eine schwierige Operation wird man nicht mit dem Krankenschein ins Hospital gehen, sondern - wenn die Möglichkeit dazu besteht - durch Beziehungen einen vertrauenswürdigen *professore* suchen, bei dem man persönlicher Fürsorge sicher ist. Die Bürger erwarten von den staatlichen Institutionen keine Hilfe, sie sehen sie eher als Einrichtungen, die den Menschen das Leben erschweren. Wer mit der Bürokratie des Landes zu tun hat, kann diese Auffassung aus eigener Erfahrung bestätigen.

Der Journalist *Beppe Severgnini* beschreibt in dem Buch 'Un Italiano in America' seine Überraschung über die einfachen Verwaltungsverfahren der USA: „Was die Italiener, die in die Vereinigten Staaten ziehen, glücklich macht, ist der Kampf mit der amerikanischen Bürokratie. Das Motiv? Wir sind trainiert, mit der italienischen Verwaltung zu kämpfen und fühlen uns daher wie ein Stier, der eine Mücke vor sich hat. Eine angenehm entspannende Angelegenheit." Italiener können sich oft nicht recht vorstellen, daß der Staat gerecht und objektiv sei, daß er für alle gleichermaßen da sei und über den Einzelinteressen stehe. Sie erwarten vom Staat keinen Schutz, sondern verteidigen sich gegen seine Ansprüche. Daher befolgen sie auch seine Gesetze oft nur unwillig - oder gar nicht.

DIE VIELGERÜHMTE italienische Improvisationsgabe hängt damit zusammen, daß auf geschriebene Regeln und Vorschriften kein Verlaß ist. Man muß sich an wechselnde Regeln und Vorschriften anpassen und flexibel reagieren. Das offenkundigste Beispiel dafür ist der Autoverkehr. Die Verkehrsregeln haben nur begrenzten Einfluß. Scheinbar tut jeder, was er will. Autos parken in zweiter und dritter Reihe, gelegentlich werden Einbahnstraßen in falscher Richtung befahren, Fußgänger überqueren die Straße bei roter Ampel, mehrspurige Straßen sind nicht durch Markierungslinien aufgeteilt und laden zu ständigem Spurwechsel ein. Doch jeder Verkehrsteilnehmer ist höchst aufmerksam und hat genau im Blick, was die anderen machen. So ähnlich läuft es vielfach auch im gesellschaftlichen Leben. Die Rechtslage spielt kaum eine Rolle, starre Vorschriften werden nicht beachtet, Improvisation ist alles.

Das hat Vor- und Nachteile. Ohne den Druck starrer Regeln wird das Leben unterhaltsamer und farbiger. Doch zugleich leiden die Menschen unter dem nicht-funktionierenden Staat. Bewundernd und leicht ungläubig schauen sie auf die „gut organisierten" Schweizer oder Deutschen. Die meisten von ihnen möchten nicht in diesen - in ihren Augen etwas langweiligen - Ländern leben. Aber sie stellen es sich angenehm vor, wenn Vorschriften befolgt werden, die Züge pünktlich sind und die Steuerrückzahlungen nicht erst nach zehn Jahren kommen.

Das Spektakel geht weiter

DIE FAMILIE IST ein Schutz, aber mit ihren Ansprüchen wird sie von vielen Italienern zunehmend als Hindernis für die individuelle Entfaltung empfunden. Der Staat ist ohnehin eine Last - und ein Feind. Angesichts solcher Gegner kann sich die Heiterkeit auch schon mal verlieren. Damit sind die italienische Lässigkeit und Lebensfreude jedoch zum Glück nicht verschwunden, sie gedeihen nach wie vor. Sie nähren sich aus eben der emotionalen Sicherheit, welche die Familie gibt; aber auch aus einer jahrhundertelangen Tradition der ästhetischen Formung des Lebens, die sich in Kleidung, Essensgewohnheiten, der Gestaltung der Städte und vielem anderen kundtut. Das Leben mag noch so schwierig sein; man findet doch immer etwas, an dem man sich freuen kann, ob es nun eine neue Art ist, die Nudel-Saucen zuzubereiten oder ein gelungenes Arrangement von Sonnenbrille, Jacke und Schuhen. Besonders deutlich wird die *Ästhetisierung des Alltags* im sozialen Kontakt. Er wird nach dem Modell des Theaters gestaltet. *Orson Welles* - der es beurteilen konnte - hat behauptet, in Italien gebe es fünfzig Millionen Schauspieler; die meisten von ihnen seien ausgezeichnet. (Den wenigen schlechten italienischen Ak-

teuren begegne man auf der Bühne und beim Film, fügte er maliziös hinzu.) Mimik und Gestik der meisten Italiener sind bühnenwirksam, Kommunikation wird nicht in schüchterner Zurückhaltung betrieben, sondern nimmt Bezug auf Zuhörer und Zuschauer. Im Restaurant und auf der Piazza murmeln die Menschen nicht diskret vor sich hin, voller Angst, jemand anderen mithören zu lassen oder womöglich zu stören. Vielmehr schallen tragende Stimmen in die Umgebung und lassen alle an den schulischen Erfolgen der Tochter und den Magenbeschwerden des Großonkels teilhaben. Man könne, schreibt *Luigi Barzini*, in Italien „Tage und Jahre oder auch ein ganzes Leben damit zubringen, eine Kavalkade von Tausenden von Akteuren und Hunderten von dramatischen Nebenhandlungen an sich vorüberziehen zu lassen."

So bleibt das Land, trotz all seiner Widersprüche, immer lebendig, unterhaltsam und farbig. Die italienische Heiterkeit ist - jedenfalls zum Teil - eine Erfindung der nordischen Reisenden, auch *dolce* ist das Leben hier nicht. Aber pulsierend und immer interessant für die Reisenden. Langweilen wird man sich in Italien nur selten.

Die Ligurische Küste
von A bis Z

Ärzte

Adressen deutschsprachiger Ärzte erfährt man über die Konsulate (s.u.) oder vom ADAC München (Tel. 089/22 22 22). Erste Hilfe in Notfällen leistet der *Pronto Soccorso* der Krankenhäuser oder - in kleineren Orten - der Notarzt *(Guardia Medica)*.

Guardia Medica Levanto: Tel. 0187 80 04 09.

Auskünfte

Prospektmaterial und Hotelverzeichnisse bei:

Staatliche Fremdenverkehrsämter *(ENIT)*

- Bundesweite Servicenummer: Tel. 0190 79 90 90
  ENIT Frankfurt: enit.ffm@t-online.de   www.enit.it
- 60329 Frankfurt/M., Kaiserstr. 65
  Tel. 069/23 74 34, Fax 23 28 94
- 10178 Berlin, Karl-Liebknecht-Str. 34
  Tel. 030/247 83 97/98, Fax 247 83 99.
- 80336 München, Goethestr. 20
  Tel. 089/53 13 17, Fax 53 45 27
- CH-6900 Zürich, Uraniastr. 32
  Tel. 01/211 36 33, Fax 211 38 85
- A-1010 Wien, Kärntnerring 4
  Tel. 01/505 43 74, Fax 505 02 48

Regionale Fremdenverkehrsämter *(APT)*

- APT Genova, Via Roma 11, 16121 Genova, Tel. 010 56 6791, Fax 010 58 14 08, www.genova.apt.it (für Genua, Nervi und Camogli).

- APT S. Margherita, Via XXV Aprile 2/B, 16038 S. Margherita Ligure, Tel. 0185 36 96, Fax 0185 29 02 22. www.apttigullio.liguria.it (für alle Orte von Portofino bis Sestri Levante)
- APT La Spezia, Via Mazzini 47, 19100 La Spezia, Tel. 0187 77 03 12, Fax 0187 77 09 08, www.aptcinqueterre.sp.it (für alle Orte zwischen Deiva Marina und La Spezia)

Örtliche Informationsstellen

- 19011 Bonassola, Via Fratelli Rezzano Tel. 0187 81 35 00, Fax 0187 81 35 29
- 16032 Camogli, Via XX Settembre 33 Tel./Fax 0185 77 10 66
- 16043 Chiavari, Corso Assarotti 1 Tel. 0185 32 51 98, Fax 0185 32 47 96.
- 16033 Lavagna, Piazza Libertà 48A, Tel. 0185 39 50 70
- 19015 Levanto, Piazza Cavour, Tel./Fax 0187 80 81 25
- 16030 Moneglia, Corso Longhi 32, Tel./Fax 0185 49 05 76
- 19016 Monterosso al Mare: Pro Loco, Stazione Tel. 0187 81 75 06, Fax 0187 81 78 25
- 16035 Rapallo, Via A. Diaz 9 Tel. 0185 23 03 46, Fax 0185 63 05 51
- 16034 Portofino, Via Roma 35, Tel. /Fax 0185 26 90 24
- 16039 Sestri Levante, Piazza S. Antonio 10 Tel. 0185 45 70 11, Fax 0185 45 95 75

Bahnfahren

Die Bahnverbindungen zwischen allen Riviera-Orten sind gut, Züge fahren meist im Abstand von 1 bis 2 Stunden. Die Preise sind sehr niedrig (um 10 Pfennig/km).

Viele kleinere Bahnhöfe haben keinen Fahrkartenschalter, auch auf größeren Bahnhöfen sind die Schalter nicht immer geöffnet. Dennoch müssen Reisende ohne gültiges Billett eine Nachgebühr (3-6 Euro) zahlen! Man sollte daher immer einen Vorrat von Streckenkarten *(biglietto chilometrico)* bei sich haben. Man erhält sie an den Bahnhöfen, in klei-

neren Orten, häufig auch in Bars und Tabac-
chi-Läden (im allgemeinen z.B. in den Bahnhofs-
bars). Besorgen Sie sich für Notfälle einige 30-
km-Tickets; die kosten ca. 2 Euro und schützen Sie auf kürzeren Strecken vor dem unverhältnismäßig teuren Nachlösen. (Es gibt auch
10-, 15-, 20-km-Tickets und viele andere; aber
wer weiß schon, wie weit die einzelnen Bahnhöfe voneinander entfernt sind? Sie können es
allenfalls aus dem Gesamtfahrplan entneh-
men, s.unten.)

- Alle Tickets müssen vor Fahrtantritt abgestempelt werden (gel-
ber Kasten). Sie gelten dann 6 Stunden (bei Strecken über
200 km 24 Stunden; durch nochmaliges Entwerten kann diese
Frist auf 48 Stunden verlängert werden), Fahrtunterbrechun-
gen sind erlaubt.

- Im Bereich der Cinque Terre ist eine verbilligte Tageskarte für
beliebig viele Fahrten zwischen La Spezia/Monterosso oder
Riomaggiore/Levanto erhältlich.

- Für Fahrten nach Genua empfiehlt sich die Kombi-Karte, die
auch für die öffentlichen Verkehrsmittel im Stadtbereich gilt
(biglietto integrato Treno + Genova Città).

- Einen Fahrplan der Linie Genua-La Spezia *(orario piccolo)* erhält man gratis an den Bahnhöfen, den Gesamtfahrplan *(orario
generale)* preiswert an Kiosken.

Botschaften und Konsulate

- *Deutsches Generalkonsulat*, Via Solferino 40, 20121 Mailand,
Tel. 02 62 31 101, Fax 02 65 54 213

- *Schweizer Generalkonsulat,* Piazza Brignole 3, 16122 Genua, Tel.
010 54 54 11, Fax 010 54 54 12 40

- *Österreichisches Generalkonsulat,* Via Assarotti 5, 16122 Genua,
Tel. und Fax 01 08 39 39 83

Campen

An der Riviera di Levante gibt es relativ wenig reizvolle Campingplätze; zumeist liegen sie in den weniger schönen Gegenden. In den Cinque Terre, aber auch bei Camogli und Portofino ist das Campen unmöglich; reiches Angebot dagegen im verbauten Gebiet um Rapallo, Chiavari und Sestri. Am schönsten sind nach meinem Eindruck die Campingplätze von Levanto, Framura und Moneglia (vgl. Ortstext).

Feiertage

1. Januar, 6. Januar, Ostermontag, 25. April (Tag der Befreiung), 1. Mai, 15. August (Mariä Himmelfahrt, 'Ferragosto'), 1. November, 8. Dezember, 25. und 26. Dezember.

Liegt zwischen einem Feiertag und dem Wochenende nur ein Werktag, so machen viele Geschäfte einen *ponte* (Brükke) - man schließt für 3 oder 4 Tage. An solchen verlängerten Wochenenden schwillt auch der Ausflugsverkehr an die Riviera enorm an.

Fernsehen

ist mittlerweile eine der Lieblingsbeschäftigungen der Italiener (wird allerdings oftmals nebenher, zugleich mit anderen Dingen wie Reden, Essen, Kartenspielen betrieben). Alberto Moravia sagte in einem Interview: „Ich liebe Italien, obwohl es zuviele Autos hat und Rom zu einer Garage geworden ist. Davon abgesehen scheint mir Italien eine Familie vor dem Fernseher, die sich über kindliche Dinge freut und immer Beifall klatscht…“.

Rund zwanzig Programme (darunter viele lokale Sender) sind überall zu empfangen; das Geflimmere geht schon zum Frühstück los. Praktische Folge: In vielen Bars kann man nicht mehr in Ruhe seinen Kaffee trinken, ohne von der Donnerstimme irgendeines Entertainers beschallt zu werden. Pazienza...

Feste

Zweiter Mai-Sonntag: Sagra del Pesce in *Camogli* (vgl. Ortstext).

24. Juni: Ortsfeste in *Monterosso* und *Riomaggiore*.

1. - 3. Juli: Fest der Madonna di Montallegro in *Rapallo*

2. und 3. Juli: Fest der Madonna dell' Orto in *Chiavari*

20. Juli: Ortsfeste in *Santa Margherita* und *Vernazza*

25. Juli: Festa di San Giacomo in *Levanto* (vgl. Ortstext)

Erster August-Sonntag: Fest der Stella Maris in *Camogli* (Bootsprozession zur Punta Chiappa). Palio del Golfo (Regatta und Feuerwerk) in *La Spezia*

10. August: Ortsfest in *Manarola*

14. August: Torta dei Fieschi in *Lavagna* (vgl. Ortstext)

17. August: Fest der Madonna Bianca in *Portovenere* (vgl. Ortstext)

Erstes September-Wochenende: Ortsfest in *Recco* mit einem besonders schönen Feuerwerk

13. September: Fest des Hl. Venerio in *Portovenere* (vgl. Ortstext)

14. September: Fest des Heiligen Kreuzes in *Moneglia*

Gepäck

kann man auf vielen Bahnhöfen in der Gepäckaufbewahrung *(deposito bagagli)* deponieren. Allerdings sind die Gebühren sehr hoch: pro Gepäckstück und angebrochene 12 Stunden rund 3 Euro. Schließfächer sind unbekannt.

Karten

- **Straßenkarten**

  'Liguria' (1:200 000) (*Touring Club Italiano,* im deutsch-sprachigen Raum von *Kümmerly&Frey* und *Marco Polo* aufgelegt).

- **Wanderkarten**

  Am preiswertesten und für die Cinque Terre ausreichend ist die 'Carta dei Sentieri delle Cinque Terre' (1:40 000) des *Club Alpino Italiano.*

  Empfehlenswert sind die genauen Karten des *Studio F.M.B. Bologna:* 'Cinque Terre - La Spezia' (1:50 000, von Sestri Levante bis Lerici); 'Portofino - Sestri Levante' (1:25 000, von Nervi bis Sestri Levante).

  Ebenfalls präzis sind die Karten des Verlags *Multigraphic Florenz* im Maßstab 1:25 000 'Cinque Terre/Golf von La Spezia' (von Monterosso bis Carrara); 'Appennino Ligure' (von Nervi bis Moneglia).

  Nicht ganz so gut ist die *Kompass*-Karte 'Cinque Terre' (1:50 000, von Sestri Levante bis Sarzana).

→ Die meisten dieser Karten sind auch in Deutschland erhältlich: *Jürgen Schrieb*, Karten und Reiseführer, Schwieberdinger Stra-ße 10/2, 71706 Markgröningen, Tel. & Fax 07145/26078, karten.schrieb@t-online.de

Literatur

Ferienlektüre mit Riviera-Ambiente

- *Cesare Pavese*, 'Am Strand' (Fischer Taschenbuch; im Ri-viera-Urlaub angesiedelte Psycho-Erzählung). *Italo Cal-vino*, 'Wo Spinnen ihre Nester bauen' (dtv). Calvinos erster Roman: Die Erfahrungen eines Jugendlichen in der ligurischen Widerstandsbewegung während des Zweiten Weltkriegs.

- Der Lyriker *Eugenio Montale*, Nobelpreisträger, verbrachte einen großen Teil seiner Jugend in Monterosso; in seinen Gedichten finden sich Landschaftseindrücke der Küste: 'Gedichte 1920-54' (Hanser).
- *Antonio Tabucchi* hat in dem Roman 'Der Rand des Horizonts' (dtv) meisterhaft die Atmosphäre Genuas skizziert.

Reiseführer

- *Alberto Girani,* 'Führer durch die Cinque Terre' (SAGEP Genua). Die Stärke dieses Führers liegt in den detaillierten naturkundlichen Informationen zu Geologie, Tier- und Pflanzenwelt.

Märkte

Ein besonders schöner Lebensmittelmarkt (z.T. Bauernmarkt) findet an jedem Werktagvormittag in der Altstadt von *Rapallo* statt. Der größte Wochenmarkt: freitags in *La Spezia*. Weitere Wochenmärkte (meist Lebensmittel, Kleider, Schuhe; i.a. nur vormittags):

Dienstag:	*Nervi*
Mittwoch:	*Levanto, Camogli*
Donnerstag:	*Monterosso, Lavagna* (Piazza Vittorio Veneto), *Rapallo* (Piazza IV. Novembre)
Freitag:	*Chiavari, S. Margherita Ligure*
Samstag:	*Sestri Levante* (Piazza del Mercato)
Sonntag:	*Moneglia*

Antiquitätenmärkte

1. Wochenende im Monat in der Altstadt von *Genua*
2. Wochenende in *Chiavari*
3. Wochenende in *Recco*
4. Wochenende in *Rapallo*

Öffnungszeiten

- **Geschäfte:** montags bis samstags 8.30/9-12.30 Uhr und 15.30/16-19 Uhr (im Sommer auch 16/17-19.30/20 Uhr). An einem Nachmittag in der Woche (von Ort zu Ort unterschiedlich) geschlossen. Im Sommerhalbjahr sind viele Geschäfte in den Küstenorten auch an Sonn- und Feiertagen geöffnet.
- **Banken:** montags bis freitags 8.30-13.15 Uhr, 14.45-15.45 Uhr.

Post

Normal aufgegebene Briefe und Karten nach Deutschland sind von Italien aus gewöhnlich zwischen drei und zehn Tagen unterwegs - es kann aber auch schon mal länger dauern. Ziemlich verläßlich innerhalb von zwei bis drei Tagen kommen dagegen als *posta prioritaria* aufgegebene Briefe an - die kleine Mehrausgabe lohnt!

Preise

Lebensstandard und Preise liegen in Norditalien etwas unter dem deutschen Stand.

Wesentlich billiger sind nach wie vor die öffentlichen Verkehrsmittel. Bei Lebensmitteln, Gebrauchsgegenständen, Kleidung gibt es große Unterschiede von Geschäft zu Geschäft und von Ort zu Ort. (La Spezia ist beispielsweise recht preisgünstig, auch in Genua kann man günstig einkaufen, die mondänen Badeorte wie Santa Margherita und Portofino sind natürlich teuer.)

Telefonieren

In den meisten Telefonkabinen kann man sowohl mit Telefonkarten *(scheda telefonica)* als auch mit Münzen telefonieren. Für Ferngespräche sind Karten einfacher zu handhaben. Man erhält sie in Tabacchi-Geschäften. Ein einminütiges Auslandsgespräch kostet rund 0,80 Euro. Hotels berechnen oft den doppelten Tarif.

- **Vorwahl von Italien aus**

  nach Deutschland: 0049
  in die Schweiz: 0041
  nach Österreich: 0043

  und Nummer (mit Vorwahl) ohne Null. Also z.B. deutsche Nummer 040-179341 von Italien aus: 0049-40-179341

- **Neu: Vorwahl vom Ausland nach Italien**

  0039 und italienische Nummer (abweichend von den internationalen Gepflogenheiten einschließlich der ersten Null!)

- **Innerhalb Italiens sind die Vorwahlnummern seit 1998 abgeschafft bzw. genauer gesagt: sie müssen jetzt auch bei Ortsgesprächen mitgewählt werden.**

Inlandsauskunft: 12
Auslandsauskunft: 176

Wassersport

Für **Taucher** besonders interessant sind die Halbinsel von
Portofino und die Küste der Cinque Terre. Zum **Surfen** am
besten geeignet ist die Bucht von Levanto.

- **Tauchkurse und -exkursionen:**
  D&WS, Via Jacopo Ruffini 2/A, Santa Margherita Ligure, Tel.
  0185 282 578, Fax 0185 292 482, www.dws-scubaservice.com
  Diving Center Cartura, Via Zoppi 8, Levanto, Tel. und Fax
  0187 808 766.
  Cinque Terre Diving Center, Via San Giacomo, Riomaggiore
  (auch Verleih von Tauchausrüstung). Tel. 018792 00 11, Fax
  0187920742, http//utenti.tripod.it/diving_5terre

- **Segelkurse:** *Lega Navale Italiana*, Calata Porto, Santa Margherita Ligure, Tel./Fax 0185 28 47 97, www.tigullio.net/leganawsml

- **Segel-, Surf- und Kanukurse** (auch für Kinder): *Tigullio Sail*,
  Lungomare Descalzo, Sestri Levante, Tel./Fax 0185 48 00 00.
  www.velanet.it/tigulliosail

- **Kanuverleih**: *Ondasport* (auch Kanukurse), Via Mazzini 8,
  Levanto, Tel. 0187 801 483; *Cinque Terre Diving Center*, Riomaggiore, Adresse siehe oben 'Tauchen'.

Wassertemperaturen

Mittlere Meerestemperaturen von April bis November:

April 14°C
Mai 17,5°C
Juni 21°C
Juli 24°C
August 24,5°C
September 23°C
Oktober 19,5°C
November 16°C

Zeitungen

In Italien wird insgesamt weniger Zeitung gelesen als in Mitteleuropa (siehe 'Fernsehen'). Was gänzlich fehlt, ist der Boulevard-Journalismus vom Typ BILD-Zeitung. Das entsprechende Unterhaltungsbedürfnis zieht sich nicht so sehr an spektakulären Sexualmorden und Prominentenklatsch hoch wie vielmehr am Sport: Mehrere Sportzeitungen erscheinen täglich, die *Gazzetta dello Sport* ist die auflagenstärkste Zeitung im Lande. Da wird dann jeder Rülpser eines Fußballspielers zum zweispaltigen Artikel, und um die Seiten zu füllen, erscheint vor einem wichtigen Spiel der ersten Liga ein Rückblick auf sämtliche Partien beider Mannschaften seit 1921...

Unter den seriösen Blättern hat die *Repubblica* die höchste Auflage; sie hat es geschickt verstanden, in Aufmachung und Textauswahl sowohl höhere Kulturansprüche zu befriedigen als auch Klatsch-, Skandal- und Showgeschichten zu bringen - von der neuesten Proust-Edition bis zum Schlagerfestival von San Remo findet der interessierte Leser alles abgedeckt.

Eher traditionell, weniger flott der altehrwürdige Mailänder *Corriere della Sera*: manchmal gute Hintergrundartikel.

Daneben werden regionale Zeitungen viel gelesen (in La Spezia die vor allem in der Toskana verbreitete *La Nazione*); sie haben oft einen vergleichsweise informativen Politik- und Kultur-Teil.

Unglaubliche Mengen von Hochglanzpapier-Zeitschriften, vielfach mit glänzenden Fotos und sehr informativen Artikeln: Verbreitet sind z.B. *Airone* (Natur, Reisen engagiert für den Umweltschutz), *Oasis* (Naturzeitschrift mit fundierten wissenschaftlich-popularisierenden Beiträgen), *Bell' Italia* (Reiseziele im unbekannten Italien, manchmal oberflächlich, manchmal sehr informativ) und zahlreiche Kunst-, Geschichts-, Archäologie- und Foto-Zeitschriften.

Ausgewählte Oasen: Unterkommen

Bonassola: *Delle Rose*°°, solide Unterkunft im ruhigen Badeort. (S. 233)
Villa Belvedere°°, kleiner Garten, große Aussicht und Frühstück unter Oleander. (S. 233)

Camogli: *La Camogliese*°-°°, engagiert geführter Familienbetrieb. Bescheiden und gepflegt. (S. 191)

Chiavari: *Monterosa*°°, das gut geführte Kleinstadt-Hotel. (S. 213)

Genua: *Europa*°°°. Der ruhige Punkt in der Großstadt. (S.184)

Manarola: *Ca d'Andreean*°°. Freundlicher Familienbetrieb, kleiner Garten. (S. 53)

Moneglia: *Villa Edera*°°, freundliche Stimmung, gute Küche und Komfort. (S. 227)

Monterosso: *Porto Roca*°°°°. Komfort auf dem Fels. (S. 51)
Suisse Bellevue°°°, an jedem Morgen wieder die Begeisterung: Das große Cinque Terre-Panorama (S. 51)
Villa Steno°°°, das gepflegte Haus mit Aussicht übers Dorf zum Meer. (S. 51)

Rapallo: *Bandoni*°, Gummibäume, Meerblick, leichtes Verkehrsrauschen. Angenehme Familienpension im Jugendstil-Palazzo. (S. 208)

S. Margherita Ligure: *Fasce*°°, der freundliche und ruhige Familienbetrieb. Als Extra die Dachterrasse. (S. 205)

S. Saturnino: *La Vigna*°°. Hoch über dem Meer, für Kenner und Liebhaber. (S. 228)

Sestri Levante: *Helvetia*°°°, herrliche Lage an der 'Bucht der Stille'. (S. 220)

Vernazza: *Barbara*°, der Traumblick auf die Hafenpiazza. (S. 53)

Ausführliche Kommentare im Ortstext. Für alle Cinque Terre-Orte gilt: Privatzimmer und -wohnungen sind oft die schönste und meist die preiswerteste Lösung!

Bonassola: *L'Arcidiacono*°°, legere Kneipen-Atmosphäre und süditalienische Gerichte. (S. 233)

Camogli: *Dal Lama*°, perfekte Regionalküche in schlichtem Ambiente. (S. 192)

Chiavari: *Osteria Luchin*°, filmreifer Dekor, gute Stimmung, angenehmes Essen. (S. 213)

Cornua: *Trattoria Cornua*°, Omas Küche lebt. (S. 196)

Genua: *Rina*°°, seit 50 Jahren die gleiche Chefin - und immer noch gilt: Genuß garantiert. (S. 186)

Groppo (bei Manarola): *Cappun Magru*°°, Leuchtfeuer im kulinarischen Nebel der Cinque Terre. (S. 61)

Leivi: *Ca'Peo*°°°, das edle Haus der Riviera di Levante, Haute Cuisine auf dem Dorf. (S. 216)

Levanto: *L'Oasi*°°-°°°, hier merkt man, wie Fisch schmecken kann! (S.238)

Puin (oberhalb von Monterosso): *Locanda del Villaggio*°, deftige Küche, große Portionen - die klassische Trattoria im Hinterland. (S. 59)

Rapallo: *La Goletta*°°, Pasta- und Fisch-Überraschungen und die kleinen Aufmerksamkeiten des Chefs... (S. 210)

Ruta (bei Camogli): *Aurelia*°, cucina casalinga auf hohem Niveau. (S.194)

S. Andrea di Rovereto: *La Campagnola*°, die versteckte Trattoria, in der alles stimmt. (S. 215)

San Bernardo (oberhalb Sestri Levante): *Trattoria Carla*°, Mamma kocht - und wie ! (S. 224)

S. Giulia (bei Lavagna): *Trattoria Colomba*°, Hausmacher-Küche unter Weinlaub, traumhaftes Meerpanorama. (S. 217)

Vernazza: *Gambero Rosso*°°°, das edle Haus der Cinque Terre, manchmal mit Kiwis am falschen Platz. (S. 60)

Ausführliche Kommentare im Ortstext

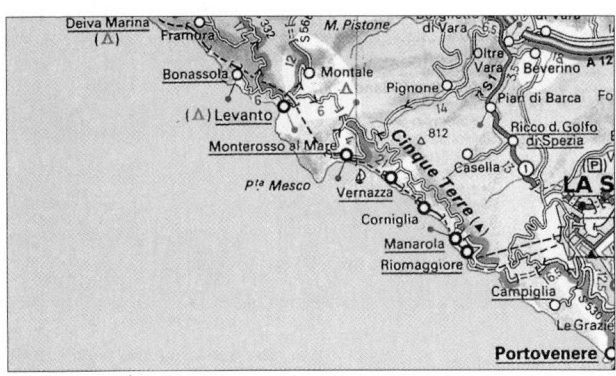

Hotels & Restaurants

In den Cinque Terre

Die Ape bringt das tägliche Brot

Außerhalb der Cinque Terre

Orte

Wanderungen

In den Cinque Terre

Wanderungen außerhalb der Cinque Terre

Karten

Kartennachweis

Franz Letsch: 39, 170/171, 193, 205, 209, 214, 222, 229, 237, 248/249, 274/275
Auszug aus Michelin-Karte Nr. 428 (1:400000): Umschlaginnenseiten, 34, 164, 197, 225, 310, 311

Fotonachweis

Verena Eggmann: 50
Sergio Fregoso: 32/33, 96/97, 114/115, 282/283, 296
Georg Henke: 121, 127u, 128, 129, 130-131, 133, 142, 143u, 316
Christoph Hennig: 132
Christian Oster: 19, 61, 66, 78, 221
Martin Schulte-Kellinghaus:122, 123u, 124, 125, 126, 127o, 134-139, 143o, 144u, 263, 294, 307
Cornelia Stauch: Titelbild und Umschlagklappe, 2/3, 23, 31, 36, 42, 123o, 144o, 195, 203, 216, 217, 222, 224, 314

Alle Angaben in diesem Buch wurden vom Autor nach bestem Wissen erstellt und von ihm und dem Verlag mit größtmöglicher Sorgfalt geprüft. Inhaltliche Fehler sind dennoch - wie wir im Sinne des Produkthaftungsrechtes betonen - nicht vollständig auszuschließen. Daher erfolgen alle Angaben ohne Garantie des Verlags und des Autors. Beide übernehmen keine Verantwortung und Haftung für etwaige Unstimmigkeiten.

Verlag und Autor freuen sich jederzeit über Anregungen, Tips und Korrekturhinweise!

Oase Verlag,
Obermattweg 3
D-79410 Badenweiler
Tel. 07632-7460, Fax: 5098
E-Mail: oaseverlag@t-online.de
www.oaseverlag.de

CIP-Titelaufnahme der Deutschen Bibliothek

Hennig, Christoph:
Cinque Terre & Ligurische Küste / Christoph Hennig . -
13. Aufl. - Badenweiler: Oase Verl., 2001
ISBN 3-88922-062-2

Das Buch zum gelobten Land

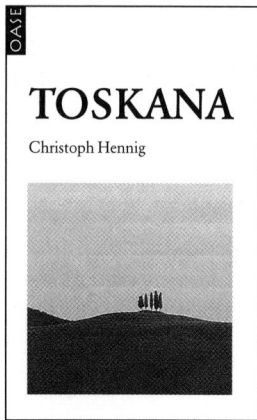

OASE

TOSKANA

Christoph Hennig

3. völlig neu bearbeitete Auflage 1999
ISBN 3-88922-063-0
340 Seiten, Karten, Fotos
36 DM

Christoph Hennig zeigt Ihnen seine Toskana:

- **Toskana praktisch:** Orientierung in der Idylle. Zimmer mit Aussicht, Trattorien ohne Chichi.

- **Geschichte, Kunst und Alltag in der Toskana:** Plätze und Dörfer, Figuren und Kuppeln.

- **Toskana auf schmalen Straßen:** Heiße Quellen, duftende Wälder, Zypressen und Meer.

„Eine Fundgrube für Kostbarkeiten."

DIE ZEIT

"Hennig gehört zweifellos zur ersten Garde der Reisebuchautoren."

Frankfurter Allgemeine Zeitung

Oase lesen

Wir ertrinken im Mittelmaß, am wirklich Guten herrscht bitterer Mangel. Unsere Reiseführer zeigen handverlesene Adressen zum Schlafen und Träumen, zum Einkehren und Ausgehen. Dazu feine Fluchten, weite Touren und stille Wanderungen:

Toskana Hennig

Leben in der Toscana Kretzschmar

Tessin Abel & Salamander

Freiburg, Markgräflerland Abel

Süd-Elsaß und Sundgau Salamander & Abel

Südschwarzwald Abel

Badische Küchenkunde Abel

Spaniens Paradores Abel

Portugals Pousadas Abel

Roussillon und Cote Vermeille Dominé

In Vorbereitung:
Kanarische Strand- und Landhotels Abel

Verlag und Autoren freuen sich über Kritik und Anregungen zu unseren Büchern. Zweckdienliche Hinweise werden mit einem Freiexemplar honoriert. Gerne schicken wir unser **aktuelles** Programm:

Oase Verlag
Obermattweg 3
D-79410 Badenweiler
Tel. 07632-7460
Fax: 07632-5098
www.oaseverlag.de